Breve Historia del Holocausto

Breve Historia
del Holocausto

Ramon Espanyol Vall

Título: **Breve Historia del Holocausto**

Autor: © Ramon Espanyol Vall
Copyright del editor © 2023 Ediciones Nowtilus, S.L.

Copyright del editor de la presente edición:
© 2023 AMERICAN BOOK GROUP

Cualquier forma de reproducción, distribución, comunicación pública o transformación de esta obra solo puede ser realizada con la autorización de sus titulares, salvo excepción prevista por la ley. Para solicitar permisos, contactar con el editor en info@trialtea.com

ISBN ABG: 978-1681656-73-1
Fecha de publicación: April 2023

Elaboración de textos: Santos Rodríguez

Impreso en los Estados Unidos de América

American Book Group
books.americanbookgroup.com

A la familia por inculcarme el espíritu crítico;
a los alumnos y amigos por enseñarme;
a los ancianos por humanizar la historia;
a los supervivientes del Holocausto que aún viven.

A la Cristel·la, per tot i una mica més.

No hay camino para la paz, la paz es el camino.

Mahatma Gandhi

Índice

Prólogo 15
Capítulo 1. Las raíces del Holocausto 19
    Introducción 19
    Conceptos imprescindibles 21

Capítulo 2. El camino de Hitler hacia el poder 37
    El final de la Primera Guerra Mundial: la
    humillación de Versalles 37
    Alemania al borde del abismo 41
    Hitler, punto y aparte 43
    El Partido Nazi entra en escena 45
    Del *Putsch* de 1923 al *Mein Kampf* 49
    La recuperación económica (1924-1929) 53
    El cambio estratégico del Partido Nazi 56
    El ascenso de los nazis al poder (1930-1933) 60

Capítulo 3. Antisemitismo nazi 65
    Dictadura nacionalsocialista 65
    La obsesión por la pureza racial 70
    La persecución judía 73
    Leyes de Núremberg (1935) 76
    Segregación social 78
    La *Kristallnacht* 80
    Indiferencia internacional 81
    Se agrava la represión 83

Capítulo 4. El desafío del *führer* conduce a la guerra 89
    Lebensraum o 'espacio vital' 89
    El rearme de Alemania 92
    ¿Qué país podía ejercer el liderazgo político suficiente para frenar la militarización nazi? 94
    De la demanda a la exigencia, de la política de pactos a la conquista 96
    Un guiño al antisemitismo nazi permitió el Pacto germano-soviético 102
    La persecución judía en Europa antes de la Segunda Guerra Mundial 106

Capítulo 5. Alemania arrasa e impone sus leyes 115
    Alemania conquista Europa (1939-1941) 115
    Vida en la retaguardia 125
    Territorios ocupados y estados satélites 129
    Los guetos 150
    Campos de concentración 166

Capítulo 6. La Solución Final 175
    El contexto social y político para el genocidio 175
    La preparación de la Conferencia de Wannsee 178
    La Solución Final, 20 de enero de 1942 182
    ¿Cómo pudo pasar? De Martin Heidegger a Hannah Arendt 191

Capítulo 7. Campos de exterminio 195
    La solución: campos de exterminio 195
    Chelmno 199
    Campos de la Operación Reinhard: Belzec, Sobibor y Treblinka 201

Majdanek 211
Auschwitz 213
El exterminio en otros campos de
concentración 216
El vaciado de los guetos 221
La vida en el infierno 225

Capítulo 8. El fin de la barbarie y la guerra 249
Colaboracionismo europeo en la *Shoah* 249
El conocimiento del Holocausto 259
Las rutas de escape de los judíos en la Europa
ocupada 261
Huidas e intentos de fuga 263
La contraofensiva aliada de 1944 265
Marchas de la muerte 267
La liberación de los campos 270
El final de la guerra... 273

Capítulo 9. De los Juicios de Núremberg a la aparición
de Israel... 277
Las cifras del Holocausto................................ 277
Los Juicios de Núremberg 279
Los judíos supervivientes en una Europa
devastada... 287
El éxodo o la diáspora judía............................ 290
Palestina.. 292
La creación del Estado de Israel 295
Las Guerras árabe-israelíes durante la Guerra
Fría.. 298

Capítulo 10. La herencia del Holocausto en el
siglo XXI... 307
Israel y Palestina en la actualidad................... 307

Indemnizaciones y compensaciones a las víctimas de la *Shoah* 315
Revisionismo, negacionismo y pensamiento neonazi 319
Los genocidios continúan… 326
La memoria de las víctimas es la herencia del siglo XXI 334

Bibliografía 339

Prólogo

Las personas que se dedican a hacer y a recordar la historia, cosa que muchas veces no se ha hecho como se debería, tienen el mérito y trabajan para hacer resurgir una de las páginas más importantes de la historia de los tiempos modernos, la de los años de la resistencia contra el totalitarismo. Los pocos que se salvaron del Holocausto, que quedamos pocos, continuamos cumpliendo el juramento que hicimos de que mientras viviéramos, hablaríamos sobre lo que era el nazismo, sobre lo que fueron los campos de la muerte y sobre todo lo que habíamos sufrido. Los campos de la muerte fueron la consecuencia de los regímenes fascistas que imperaron en toda Europa, de los cuales uno de los primeros pueblos víctima y resistente fue la República Española, cosa que nunca perdonaré a muchos de los dirigentes de Europa.

Para mí y para mucha gente, para los republicanos, la Guerra Civil española fue el preludio y el comienzo de la Segunda Guerra Mundial. Cuando se habla del Holocausto y del nazismo no hay que olvidar que también había mucha gente antinazi en Alemania que luchó por la libertad y la democracia, pero la verdad es que la mayoría del pueblo no se pudo levantar. El Holocausto vino cuando empezó la Segunda Guerra Mundial, y aunque el término se ha apropiado especialmente al exterminio del pueblo judío, fue también un genocidio de personas de todos los pueblos de Europa, y sobre todo de España, Polonia, Francia y la Unión Soviética, entre otros países y colectivos. Nosotros, como deportados a los campos nazis, sufrimos las máximas consecuencias de lo que significaba el totalitarismo. Los españoles exiliados y refugiados de la República, sabíamos lo que nos podía pasar, sabíamos lo que nos jugábamos, por eso siempre tuvimos claro que cuando nos detuvieran, torturaran o maltrataran, debíamos pensar en los motivos que nos habían llevado hasta allá, la búsqueda de la libertad, la justicia social y la defensa de la democracia, y por eso nunca perdimos la conciencia de por qué luchábamos, eso fue lo que nos hizo resistir. Nosotros, los antifascistas, sabíamos lo que eran los campos de la muerte pero nunca hubiéramos podido imaginar la inmensidad del abismo y la deshumanización de un régimen contra los demócratas y los combatientes por la libertad. Es importante no perder la memoria histórica, porque el olvido podría regenerar hechos similares, que de hecho, en algunos lugares, no lejos de aquí, ya se están produciendo y que deberíamos combatir y frenar. El libro que a continuación leeréis tiene el propósito de hacer comprender las razones que permitieron al nazismo declarar la guerra a Europa, y mostrar también la esencia y el peligro del fascismo hasta nuestros días.

Neus Català i Calleja

Neus Català i Calleja, hija de campesinos de Els Guiamets, un pueblo de la comarca catalana del Priorat, al estallar la Guerra Civil española entró a militar en el Partido Socialista Unificado de Cataluña (PSUC) para implicarse en la defensa de la República frente al golpe de estado franquista de 1936. Enfermera de profesión, acabará siendo la jefe sanitaria de una colonia de niños refugiados en Premià de Dalt, con los que cruzará la frontera hacia al exilio en febrero de 1939. Refugiada en Francia, cuando se inició la Segunda Guerra Mundial retomó la lucha en la Resistencia francesa con la organización de un maquis. Al ser denunciada, en 1943, fue detenida por la Gestapo y recluida en la prisión de Limoges. Dos meses después fue deportada a los campos nazis de Ravensbruck y Holleischen, de donde salió con vida gracias a la suerte y al mantenimiento de la moral, el espíritu de lucha, y el afecto y la solidaridad entre sus compañeras. Desde entonces, continuó implicada en la lucha clandestina contra el régimen franquista, transportando propaganda para el partido comunista desde el exterior y militando en la *Unión de Mujeres Antifascistas Españolas* y en la *Unió de dones de Catalunya*, organizando actividades para el fomento de la paz, en defensa de la infancia y los derechos humanos. Ha dedicado los últimos años de su vida a la recuperación de la memoria histórica de las mujeres españolas que participaron en la Resistencia francesa y que sufrieron la deportación a los campos nazis. Hoy en día, con 96 años, es una de las cinco supervivientes del Holocausto que vive en España y participa como representante española del Comité Internacional de Ravensbrück para la defensa, conservación y memoria de los campos nazis.

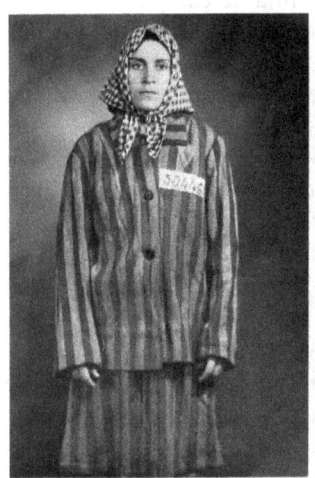 

Fotografías cedidas por María Prenafeta.

1

Las raíces del Holocausto

Introducción

Breve historia del Holocausto es un libro que no dejará indiferente. Es una invitación a comprender uno de los episodios más conmovedores de la Segunda Guerra Mundial y más influyentes de la historia del siglo XX. Esta obra abarca un período histórico muy amplio, con la finalidad de entender la complejidad del exterminio judío y observar las consecuencias que se reflejan en el actual contexto político internacional. El libro supera el clásico análisis del Holocausto, va más allá de obras concretas que mantienen una visión fragmentada, proyecta una síntesis del genocidio que permite una visión general de fácil entendimiento. Es una guía para el lector deseoso de conocer el pensamiento nazi, entender el antisemitismo o sorprenderse ante una barbarie que a ojos humanos puede parecer imposible. Pretende además ser un manual enriquecido y actualizado para quien esté familiarizado con el nacionalsocialismo, la Segunda Guerra Mundial o los campos de exterminio; pero ante todo busca despertar el interés del lector común, ávido de descubrir las claves de una historia que no podemos ignorar ni esquivar. La obra no sólo se fija en qué pasó, sino en las causas de la lúgubre evolución histórica que provocó el exterminio y en las lógicas políticas que justificaron su desenlace.

De la mano de la tradición antisemita y el impulso del sionismo, nos acercamos a la ideología nazi, a las primeras persecuciones judías, y profundizamos en la «Solución Final», en las curiosidades de la vida en los guetos y en las crueldades de los campos de exterminio. Posteriormente nos adentramos en los entresijos de los Juicios de Núremberg y en el camino que conduce al nacimiento de Israel. Y, por último, examinamos el esfuerzo de las víctimas por preservar la memoria y las tendencias negacionistas, un revisionismo histórico que minimiza el Holocausto nazi amparándose en que las cifras del exterminio están manipuladas para legitimar la existencia del Estado de Israel en Palestina.

Esta crónica del Holocausto pretende ofrecer una visión global para facilitar la comprensión de su desarrollo histórico. Se incluyen anécdotas, ilustraciones, fotografías y testimonios cotidianos que nos ayudan al entendimiento de la época y nos acercan a la implacable realidad. Para la realización de este libro se han utilizado documentos originales y a menudo fuentes confrontadas; asimismo se presentan las últimas investigaciones y las nuevas tendencias de pensamiento.

Breve historia del Holocausto pretende mostrar las causas de una barbarie que cambió el mundo. De forma entretenida y agradable, el libro recorre la historia del siglo XX, reflexiona sobre la crueldad humana sin sensacionalismos y analiza, sin prejuicios ni partidismos, las complejas relaciones internacionales que buscaron una solución al tradicional antisemitismo europeo.

Conceptos imprescindibles

No obstante, para poder comprender bien *Breve historia del Holocausto* es necesario entender el significado de una serie de conceptos imprescindibles («raza» y «racismo»; «judío», «antisemitismo» y «sionismo»; «ario» y «nacionalsocialismo»; «exterminio», «genocidio» y, cómo no, «Holocausto») que habrán de ser esenciales para lograr transitar por este libro con mayor precisión y conocimiento de causa.

Raza

De la palabra latina *radix*, que significa 'raíz'. Son las raíces de individuos, familias, linajes o grupos humanos.

Grupo en que se divide o clasifica la especie humana basándose en criterios biológicos, considerando principalmente el color de la piel. Una raza es un conjunto de individuos que poseen caracteres comunes y diferenciales que se perpetúan por herencia.

Racismo

Ideología que defiende la superioridad de unas razas sobre otras. Este sentimiento justifica y legitima la supremacía de un grupo étnico que actúa con discriminación, explotación económica, segregación o genocidio hacia el pueblo o raza considerado inferior.

Las acciones racistas se remontan al principio de los tiempos a través de la lucha y el dominio de unos clanes tribales sobre otros. Multitud de ejemplos de persecuciones raciales y étnicas se han sucedido a lo largo de la historia. A finales de la Edad Media acontecen constantes campañas militares y persecuciones por parte del cristianismo católico contra los infieles, ya fueran musulmanes, judíos, eslavos o cátaros. En los siglos XVI y XVII, durante la ocupación europea de América, el racismo justificó la sumisión, la opresión y el exterminio de muchos pueblos indígenas. A medida que los pueblos europeos entraron en contacto con comunidades tecnológicamente menos avanzadas, el discurso adquirió un tinte de superioridad racial, de una supuesta preeminencia económica, social, cultural y militar del hombre blanco. El comercio de esclavos del continente africano al americano que se produjo entre los siglos XVII y XIX es una de las manifestaciones racistas más vergonzantes de la historia de la humanidad. Las personas esclavizadas que tuvieron la suerte de no dejarse la vida al cruzar el océano Atlántico trabajaron sin derechos ni libertades en grandes plantaciones agrícolas de propietarios de raza blanca. A mediados de siglo XIX el darwinismo social justificó a través de la selección natural que las especies más fuertes sobrevivían y se imponían a las débiles y sirvió para reafirmar las doctrinas que legitimaban las jerarquías raciales. De este modo, en prestigiosas comunidades científicas europeas como la Sociedad Antropológica de Londres, se utilizaron las diferencias físicas entre individuos, pueblos y razas para argumentar distintos niveles de inteligencia y civilización. Las grandes teorías racistas, evidentemente europeas, se edificaron sobre la superioridad de la raza blanca y convirtieron este axioma en el epicentro de las tesis biológicas y antropológicas.

Judío

Individuo de Judea, de la provincia romana de la región de Palestina y nombre originario del antiguo reino de Judá. Por extensión, grupo religioso o étnico que profesa el judaísmo. Esta comunidad que habitó en Palestina descendía del antiguo pueblo bíblico de Israel, de la provincia de Judea o del reino de Judá. El pueblo de Israel mantuvo su autonomía administrativa hasta la ocupación romana de Palestina (63 a. C.). Los templos y los sacrificios antiguos dieron paso a una mayor interiorización espiritual a través de la oración en sinagogas. Se rompió el lazo religioso con Jerusalén y los rabinos tomaron Galilea como centro de culto principal. En el siglo v, la dirección del judaísmo exiliada de Palestina pasó a Babilonia, aunque conservando núcleos de población y espiritualidad en Tierra Santa (Jerusalén).

El pueblo judío ha vivido numerosas persecuciones y opresiones a lo largo de la historia. Bajo el dominio del imperio islámico los judíos sufrieron discriminaciones legislativas (impuestos especiales, prohibiciones de manifestaciones públicas de culto o la obligación de vivir en un barrio asignado). El cristianismo también aplicó graves leyes represivas durante la Edad Media. Los judíos fueron excluidos de cargos públicos, se les prohibió tener sirvientes cristianos y se les vetó a la hora de contraer matrimonios mixtos. Imposibilitados para convertirse en terratenientes, los judíos se orientaron a trabajos relacionados con el comercio, la artesanía o la banca. Los judíos de Europa se concentraron en los barrios de las grandes ciudades (juderías), se relacionaron de forma endogámica y tuvieron a menudo negocios comerciales, lo cual derivó que muchas veces se los asociara peyorativamente con la usura. Se dieron persecuciones judías (pogromos) y expulsiones locales más o menos contundentes en Inglaterra en 1290; en Francia en 1182, 1306, 1322 y 1394; en Castilla en 1348 (los judíos fueron vendidos y subastados en un acto público con todos sus bienes) y en 1391 (el gran pogromo de Sevilla); en Austria en 1421, o en Colonia en 1424. Los decretos de los Reyes Católicos en Castilla y Aragón en 1492 y Manuel I en Portugal en 1496 y 1497 promulgaron la expulsión de los judíos de la península ibérica y de los reinos dominados por estas monarquías en los Países Bajos e Italia.

La emigración judía se dispersó por el este de Europa, el Imperio otomano, Palestina y el norte de África. En el siglo XVI las expulsiones judías se continuaban produciendo, como se vio en Brandemburgo en 1510 o en Baviera en 1554. Las nuevas corrientes religiosas e intelectuales representadas por Erasmo de Rotterdam o Martín Lutero animaban el pensamiento antijudío. No obstante, una etapa histórica más tolerante se abrió en el siglo XVII, lo cual permitió establecer por ejemplo comunidades judías en Inglaterra y sus colonias norteamericanas.

El pueblo judío fue adquiriendo los mismos derechos a partir de la irrupción de las ideas de la ilustración, que se vieron reflejadas en los nuevos estados liberales. Las ideas propias de las revoluciones románticas —*liberté, egalité, fraternité»*—, de finales del siglo XVIII y la primera mitad del siglo XIX, condujeron a los judíos hacia la igualdad política y social y la libertad religiosa en Estados Unidos en 1790, Francia en 1791, Prusia en 1812, Reino Unido en 1858, Italia en 1870 y Rusia en 1917.

En la segunda mitad del siglo XIX la creencia antropológica y social de la superioridad racial blanca justificó los nuevos proyectos imperialistas europeos, alegando retos colonizadores, evangelizadores y civilizadores. En este contexto histórico, el pueblo judío volvió a situarse en el epicentro de los debates raciales y vivió otra oleada de vejaciones, discriminaciones y persecuciones. De este modo, y ante una presión social creciente, apareció una conciencia política hebrea que defendía el derecho a un Estado moderno propio, origen del sionismo.

Antisemitismo

La palabra «semita» proviene de Sem, uno de los hijos del Noé bíblico. «Semita» incluye tanto a árabes como a judíos. Pertenecen a las lenguas semíticas el árabe, el hebreo, el asirio, el arameo, el acadio, etc. «Anti-» es el prefijo griego que significa 'opuesto' o 'contrario'.

El «antisemitismo» es un término acuñado en 1879 por el político alemán Wilhelm Marr para describir la persecución y opresión contra el pueblo judío no sólo con tradicionales argumentos culturales y religiosos sino añadiendo elementos raciales.

En las últimas décadas del siglo XIX creció en Alemania una corriente intelectual que desprestigiaba al pueblo judío, al cual se acusaba de que su influencia racial desvirtuaba y desintegraba el verdadero espíritu nacional (uno de los más célebres defensores de esta idea fue el compositor Richard Wagner). El creciente nacionalismo de los estados europeos y el aumento del integrismo cristiano precipitaron episodios como las persecuciones antisemitas en la Rusia del zar Alejandro III, a través del pogromo de 1881 y las «Leyes de Mayo» de 1882, donde se dictó la exclusión de los judíos de las ciudades. Asimismo, en esos años se celebró el Primer Congreso Antisemita en Dresde en 1882, se llevó a cabo la constitución en Francia de la Liga Antisemita y tuvo lugar el famoso Caso Dreyfus. El juicio a Alfred Dreyfus, un oficial judío del ejército francés acusado y condenado por espionaje en 1894, despertó una gran expectación en la opinión pública. Los discursos y prejuicios antisemitas marcaron la investigación y el veredicto del tribunal. Finalmente, Dreyfus fue rehabilitado por el Tribunal Supremo francés en 1906.

La tragedia humana y el choque psicológico de la Primera Guerra Mundial no ablandaron las legislaciones antisemitas en Europa. En el período de entreguerras los judíos únicamente fueron respetados en Checoslovaquia, Canadá y Estados Unidos (a pesar de los episodios de antisemitismo del Ku Klux Klan en la década de 1930 durante la Gran Depresión). La comunidad judía de Polonia, claramente la minoría más numerosa del continente europeo, vivió tratos de discriminación muy duros, tal y como pasó también en Rumanía, Hungría y Austria, aunque ningún país llegó al extremo de la Alemania nazi.

Sionismo

«Sión» es uno de los nombres bíblicos de Jerusalén y la Tierra de Israel. En origen se refiere al monte Sión, cercano a Jerusalén.

El «sionismo» como filosofía política surgió a finales de siglo XIX a partir de la obra de Theodor Herzl, un periodista austriaco que defendió la creación de un Estado judío. Ante las crecientes persecuciones antisemitas, rabinos y pensadores judíos de Europa Oriental y Rusia se sumaron a las propuestas de Herzl y fundaron un movimiento con objetivos políticos y nacionalistas que permitiera formar un Estado judío propio en el antiguo reino de Israel (en Palestina, región del extremo oriental del mar Mediterráneo que tiene como límites el desierto del Sinaí, la cordillera del Líbano y el río Jordán). En 1897 se convocó el Primer Congreso Sionista en la ciudad suiza de Basilea. El epicentro del movimiento estaba en la austriaca Viena y era liderado por Herzl, quien estableció contacto con los jefes de Estado de las grandes potencias europeas con el objetivo de encontrar solución a las aspiraciones sionistas. En este sentido se rechazó en 1903 una oferta británica de establecer un Estado judío en Uganda. En sus orígenes, el proyecto de Herzl era una tendencia minoritaria y a menudo despreciada en los círculos judíos más poderosos de Europa. Cuando su principal impulsor murió en 1904, el movimiento se trasladó a Alemania, aunque la mayoría de adhesiones y liderazgos procedían de Rusia. Durante la Primera Guerra Mundial el centro del sionismo se desplazó de Alemania a Gran Bretaña.

Chaim Weizmann, líder sionista ruso y futuro primer presidente de Israel, presionó al ministro de Asuntos Exteriores británico Arthur James Balfour para que proclamara en 1917 la famosa «Declaración Balfour», en la cual afirmaba el compromiso británico de facilitar una patria y un Estado judío en Palestina. La presencia muy mayoritaria del pueblo árabe en la región, cerca del 80 %, era una circunstancia que no preocupaba al Imperio británico. En 1922, la Sociedad de Naciones encomendó un mandato británico sobre Palestina. El Reino Unido sería el país encargado de la administración territorial de la antigua región otomana tras su derrota en la Primera Guerra Mundial. El mandato permitiría poner en práctica con plena legitimación de la comunidad internacional la Declaración Balfour. De este modo se facilitó la llegada de aliyás, las migraciones judías a Palestina. En mayo de 1939, el Gobierno británico del primer ministro Neville Chamberlain publicó el «Libro Blanco» en el que se abandonaba la idea de dividir en un futuro el mandato británico en dos estados y se posicionaba a favor de una sola Palestina independiente, gobernada en común por árabes y judíos. La resolución británica no gustó ni a los árabes, que la consideraron insuficiente, ni a los judíos, que la tuvieron por una traición al compromiso adquirido con la Declaración Balfour.

Durante la Segunda Guerra Mundial los principales dirigentes del sionismo se trasladaron a Estados Unidos huyendo de la persecución alemana. Tras el Holocausto y los desplazamientos de población judía que se dieron durante la guerra, el éxodo de refugiados apátridas multiplicó la población judía en Palestina, llegando en 1948 a ser de seiscientas cincuenta mil personas (el 30 % de la población total del país).

En 1947, la recientemente creada Organización de las Naciones Unidas (ONU) propuso por medio de la Resolución 181 la creación en Palestina de dos estados: uno judío y otro árabe. La tensión política y social entre ambos pueblos derivó en un conflicto armado que se resolvió con una manifiesta superioridad judía, lo cual permitió al sionismo proclamar su anhelado Estado de Israel en Palestina en mayo de 1948. El apoyo de Estados Unidos fue decisivo para la consecución del sueño de Herzl, en tiempos donde empezaban a definirse los intereses internacionales de la Guerra Fría. Posteriormente, la Organización Sionista Mundial reorientó sus esfuerzos para organizar la inmigración judía a Israel durante la larga posguerra. Tuvieron que producirse tres guerras árabe-israelíes más, en 1956, 1967 y 1973, para la consolidación y aceptación mínima del Estado de Israel por parte del mundo árabe. A pesar de eso, adentrados en el siglo XXI, Israel y el conjunto del Próximo Oriente siguen siendo la región más políticamente inestable y conflictiva del mundo. Asimismo no podemos olvidar que episodios como la Gran Nakba, el gran desastre de 1948 en el que fueron expulsados setecientos mil árabes de Palestina, o la debilitada situación de los palestinos árabes en Israel propiciaron que la ONU en 1976 acabara condenando el sionismo (en tanto que movimiento posterior ya a la creación del Estado de Israel) como un movimiento racista.

Theodor Herzl (1860-1904). Escritor judío austrohúngaro que fundó el sionismo, un movimiento político cuyo objetivo era la creación de un Estado judío en Palestina, aunque en un principio no cerró la puerta a establecer el nuevo país en tierra argentina.

Ario

Del sánscrito *arya*, que significa 'noble' o 'de alto rango'.

Individuo de ascendencia nórdica que procede de los antiguos pueblos indoeuropeos y que hablaba una de sus lenguas. La ideología racial del pensamiento nazi proviene de las tesis del filósofo francés Joseph Arthur Gobineau, quien profundizó a mediados del siglo XIX en la justificación de la superioridad racial blanca y de entre sus variantes estableció que la raza aria era la más pura de todas. Establecida la raza blanca con un origen físicamente indoeuropeo (blanco, alto, ojos claros), los argumentos de su preeminencia racial se basaban en el hecho de haber creado una civilización tecnológicamente, científicamente y socialmente más avanzada.

Nacionalsocialismo o nazismo

El nacionalsocialismo es la ideología política totalitaria que impulsó Adolf Hitler a través de su partido, el Partido Nacionalsocialista Alemán de los Trabajadores (en alemán, Nationalsozialistische Deutsche Arbeiterpartei, NSDAP, conocido popularmente como Partido Nazi).

Los principios del partido se basaban en un fuerte nacionalismo que no aceptaba el Tratado de Versalles, en un proyecto de recuperación del prestigio alemán a través de un gran impulso militar, en la exaltación de la superioridad racial aria con un fuerte antisemitismo y en la inclusión de una serie de demandas para la protección social obrera. El liderazgo de Hitler dentro del partido propició que se abandonara progresivamente la preocupación social y se asumieran tesis fascistas y anticomunistas, imitando el modelo que impulsaba Benito Mussolini en Italia.

Retrato de Joseph Arthur Gobineau (1816-1882).
Aristócrata, filósofo y diplomático francés que, a través de
su libro *Ensayo sobre la desigualdad de las razas humanas*
(*Essai sur l'inégalité des races humaines*, 1853), estableció
la teoría racial que sirvió posteriormente al Partido Nazi
para justificar la superioridad de la raza aria.

El libro de Hitler *Mein Kampf* (*Mi lucha*, 1925) sintetiza la filosofía del nacionalsocialismo y se presenta como única alternativa para la recuperación moral, económica, social, racial y política de Alemania tras la derrota en la Primera Guerra Mundial. Los nacionalsocialistas encumbraron las tesis raciales de Gobineau sobre la raza blanca, y la aria en particular, construyendo así una base ideológica y política propia. Es en ese momento cuando el Partido Nazi edificó un ambicioso proyecto imperialista y concentró sus esfuerzos en la expulsión judía y la depuración de la raza aria. El Partido Nazi llegó al poder de Alemania en 1933. Las ideas nazis se aplicaron desde el primer momento y se alargaron hasta el fin del régimen dictatorial a raíz del desenlace de la Segunda Guerra Mundial en 1945. Durante la guerra, la ideología fascista, totalitaria y antisemita se aplicó, si bien de forma desigual, en todos los territorios europeos dominados por los nazis.

Adolf Hitler (1889-1945). Político de origen austriaco que fue presidente de una Alemania totalitaria liderada por el Partido Nazi desde 1933 hasta 1945. El impulso imperialista de su dictadura provocó la Segunda Guerra Mundial. Fue el máximo responsable del Holocausto.

Exterminio

Acción de exterminar. Acabar con, destruir o eliminar por completo todos los individuos de un grupo.

Genocidio

Exterminio parcial o total de un grupo humano —planificado, premeditado, deliberado y sistemático— por motivos de religión, etnia, nacionalidad, política o raza. El genocidio comprende tanto el asesinato en masa como la persecución o discriminación que dificulte en gran medida la supervivencia del grupo o su cultura. Los genocidios, al ser planificados, son habitualmente perpetrados por el grupo dominante de un Estado contra las minorías integradas en el país. La intencionalidad es fundamental en la perpetuación de un genocidio, ya sea en forma de asesinato, lesiones físicas o mentales, robo o traslado de niños o la adopción de medidas que impidan la reproducción natural de un grupo humano.

La primera vez en la historia que se juzgó un genocidio fue en los Juicios de Núremberg, que tuvieron lugar en los años 1945 y 1946, y por medio de los cuales un tribunal internacional formado por representantes de los países vencedores de la Segunda Guerra Mundial valoró la implicación de los altos dirigentes nazis en crímenes de guerra y en el Holocausto.

En diciembre de 1948, la ONU creó la Convención para la Prevención y Castigo del Crimen del Genocidio (en vigor desde 1951) con el objetivo de juzgar a nivel internacional responsabilidades individuales en genocidios y crímenes de guerra. Las acciones cometidas en tiempos de guerra o paz no quedarían impunes e iban a ser juzgadas por competencia y jurisdicción de la ONU.

En crímenes y asesinatos dirigidos a la población civil, se contemplarían elementos como la crueldad de los métodos, la premeditación o la magnitud de la tragedia ante un tribunal internacional. Las prácticas genocidas han sido una constante a lo largo de la historia, pero es a partir del siglo XX cuando adquieren especial trascendencia pública, por la creciente universalización de los derechos humanos, la presencia de medios de comunicación de masas y el mayor peso político de las organizaciones internacionales. A pesar de disponer a partir de la Segunda Guerra Mundial de una base legal internacional para juzgar los genocidios, la Guerra Fría y las alianzas políticas internacionales lo evitaron en gran medida.

Los principales genocidios y crímenes de guerra del siglo XX se han desarrollado al amparo de venganzas étnicas y objetivos políticos y económicos. En Armenia, en 1915, los otomanos planificaron el exterminio del pueblo armenio tras su apoyo a Rusia durante la Primera Guerra Mundial, ocasionando entre un millón y un millón y medio de muertos. El dictador soviético Iósif Stalin provocó alrededor de diez millones de muertos en Ucrania en 1932 y 1933, a raíz de las hambrunas forzadas para conseguir la rápida industrialización del país, y a finales de la década de 1940 realizó deportaciones masivas que forzaron la migración de más de tres millones de personas. En el Holocausto nazi durante la Segunda Guerra Mundial, el brutal acontecimiento que es el objeto de este libro, se asesinó a seis millones de judíos y a más de dos millones de gitanos, eslavos, rumanos, homosexuales y enfermos mentales. En la China de Mao Zedong, entre 1959 y 1962, la forzosa industrialización del «Gran Salto Adelante» provocó la muerte por hambrunas de entre veinte y treinta millones de personas. En Nigeria, durante el desarrollo de la Guerra de Biafra entre 1967 y 1970, la etnia de los ibo sufrió una matanza en manos del gobierno nigeriano que provocó alrededor de un millón de muertos. En Camboya, de 1975 a 1979, el régimen de Pol Pot buscó la supremacía étnica de los Jemeres Rojos en el país y con este fin asesinó a más de dos millones de personas. Bajo las dictaduras militares de Argentina (1976-1983) y Chile (1973-1990), hubo desapariciones masivas de opositores. Un genocidio enmascarado por intereses políticos internacionales fue el que sufrió el pueblo kurdo en Irán, Irak y Turquía en la década de 1980. En 1994 se llevó a cabo el genocidio de Ruanda, donde cerca de un millón de hutus moderados y tutsis fueron asesinados por hutus radicales que habían accedido al poder en el país. En la Guerra de Bosnia en 1995 tuvo lugar el genocidio de Srebrenica, en el que los serbios masacraron a ocho mil varones bosnios musulmanes. En el transcurso de la Guerra de Kosovo en 1999 los serbios persiguieron a los albaneses, hecho que forzó una emigración masiva a Macedonia y Albania para sobrevivir.

Holocausto (*Shoah*)

Del griego *holos*, 'todo', y *kaustos*, 'quemado': 'quemarlo todo'. Procede del sacrificio religioso entre los hebreos de época bíblica en el cual un animal, generalmente un buey, era quemado. «*Shoah*» significa 'catástrofe' en hebreo. Los judíos hablan de «*Shoah*» más que de «Holocausto».

Holocausto es el genocidio (persecución y exterminio planificado) de judíos llevado a cabo por la Alemania nazi durante la Segunda Guerra Mundial, con el objetivo de conseguir la *Volksgemeinschaft,* una comunidad racialmente pura. Popularmente, el concepto se asimila al exterminio judío; a pesar de eso algunos investigadores incluyen a otros grupos de víctimas de los nazis, como los rumanos, gitanos, homosexuales, enfermos mentales, eslavos o testigos de Jehová. El presente libro se centra en el Holocausto como exterminio del pueblo judío, aunque se tiene en cuenta también al resto de comunidades damnificadas.

De nueve millones de judíos que vivían antes de la Segunda Guerra Mundial, la Alemania nazi mató aproximadamente a seis millones; mediante fusilamientos, por exceso de trabajo forzado, por hambre o a través de cámaras de gas, en campos de concentración y exterminio.

El Holocausto nazi se pudo realizar gracias a la complicidad de países como Francia, Rumanía, Lituania, Letonia, Bielorrusia, Ucrania o Suiza. Pocos esfuerzos políticos y diplomáticos demostraron los estados europeos para salvar al pueblo hebreo del destino que le esperaba ante la ocupación nazi. En este sentido cabe destacar a modo de ejemplo cómo Dinamarca envió a sus judíos a Suecia, oficialmente neutral durante la guerra, para evitar su persecución.

El libro que tiene el lector entre las manos pretende ofrecer una visión global del Holocausto, desde sus raíces ideológicas hasta sus indudables influencias en la política internacional del siglo XXI, especialmente a partir del triunfo del sionismo y la existencia del Estado de Israel en Palestina. Para la comprensión y explicación de lo que sucedió se analizan las causas del antisemitismo, el discurso racial de los nacionalsocialistas y su obsesión por purificar al pueblo ario ante la supuesta amenaza judía. Asimismo, se profundiza en cómo se proyectó el exterminio de todo un pueblo. Un genocidio que se amparó y se refugió en los límites éticos de la magnitud de una guerra total, sin límites ni precedentes en la historia de la humanidad.

2

El camino de Hitler hacia el poder

*Lo único que se necesita para que el mal triunfe
es que los hombres buenos no hagan nada.*

Edmund Burke

EL FINAL DE LA PRIMERA GUERRA MUNDIAL: LA HUMILLACIÓN DE VERSALLES

Se acercaba el ocaso de la Primera Guerra Mundial. La ofensiva militar del verano de 1918 de los aliados (Francia, Gran Bretaña y Estados Unidos) en el frente occidental evidenció a Alemania la imposibilidad de insistir con los combates. El mariscal Paul von Hindenburg y el general Erich Ludendorff pidieron al káiser Guillermo II de Alemania que iniciara las negociaciones para una paz inmediata. La tensión interna y las insurrecciones revolucionarias se desataron y aceleraron los acontecimientos. Tras perder el apoyo de los militares, Guillermo II abdicó el 9 de noviembre y huyó a Holanda. El 11 de noviembre la delegación alemana firmó en Rethondes, en la región francesa de Picardía, en un vagón de tren y de forma secreta, el armisticio con Francia.

El II Reich alemán que había impulsado Guillermo II caía derrotado, pero la rendición evitaba la ocupación del territorio alemán y salvaguardaba el potencial económico e industrial del país. La población veía cómo tras casi cuatro años y medio de enfrentamientos el envite acababa en fracaso. Cerca de dos millones de personas habían muerto y quedaba la sensación de que semejante catástrofe no había servido de nada. El alivio del final de la guerra se mezclaba con la decepción y el desánimo de la derrota. Parte del pueblo nunca entendió la debacle, un tanto extraña después de la victoria de los ejércitos alemanes en el frente oriental. El Gobierno alemán y la propaganda nacionalista habían vendido la retirada rusa tras el Tratado de Brest-Litovsk en marzo de 1918, como el anticipo de un triunfo que nunca llegó. Paz deseada y derrota sorprendente, en este contexto los socialdemócratas se hacían con el control del *Reichstag* (parlamento alemán) y tras pactar las condiciones con el ejército nacional, proclamaban la República de Weimar, así conocida por ser esa ciudad el lugar donde se fundó.

Friedrich Ebert, del Partido Socialdemócrata Alemán (SPD), se convirtió en febrero de 1919 en el primer presidente del país. El 31 de julio del mismo año, la Asamblea Constituyente aprobaba la Constitución democrática que establecía el sufragio universal y una república federal. La descentralización del Estado permitiría contentar a las elites regionales y mitigar sus aspiraciones políticas. De igual manera quedaba protegida la fuerza del Estado a través de dos artículos que establecían poderes extraordinarios para el presidente de la República ante una situación crítica y excepcional del país. El artículo 47 afirmaba que el presidente ostentaría el mando supremo de todas las fuerzas armadas y el artículo 48 señalaba que si la seguridad y el orden social quedaran alterados, el presidente podría suspender temporalmente, en parte o en su totalidad, los derechos fundamentales para restablecer la situación.

Alemania y los países aliados firmaron las condiciones definitivas de la paz el 28 de junio de 1919 por medio del conocido como Tratado de Versalles, haciendo coincidir la fecha con el quinto aniversario del asesinato del archiduque Francisco Fernando de Austria, incidente que había desencadenado el inicio de la Primera Guerra Mundial. En la primera parte del Tratado de Versalles, que entró finalmente en vigor el 10 de enero de 1920 (concretamente en los primeros veintiséis artículos), fue creada la Sociedad de Naciones, un organismo que asociaba todos los estados con el objetivo de conseguir una paz duradera y un compromiso multilateral para el cumplimiento de los tratados tras la Gran Guerra. Bajo el liderazgo del presidente estadounidense Woodrow Wilson se estructuraba el nuevo orden mundial. La Sociedad de Naciones permitiría crear un marco para las relaciones políticas a nivel internacional, garantizar la reducción del armamento, asegurar la renuncia de pretensiones coloniales y establecer una seguridad mutua para la independencia política y la integridad territorial de las naciones. La propia Alemania se incorporaría posteriormente, en 1926, a la Sociedad de Naciones.

Pero, sobre todo, el Tratado de Versalles instauraba unas durísimas condiciones de paz para una Alemania sumida en una gran depresión nacional. Las colonias alemanas serían un protectorado de los países vencedores, Francia recuperaba los territorios de Alsacia y Lorena, se limitaba el ejército nacional a cien mil soldados, se acotaban regiones desmilitarizadas, se obligaba a unas reparaciones de guerra por un valor de doscientos sesenta y nueve millones de marcos en oro. El artículo 231 establecía que «los gobiernos aliados y asociados declaran, y Alemania reconoce, que Alemania y sus aliados son responsables, por haberlos causado, de todos los daños y pérdidas infligidos a los gobiernos aliados y asociados y sus súbditos a consecuencia de la guerra que les fue impuesta por la agresión de Alemania y sus aliados».

Tratado de Versalles. Por orden, de izquierda a derecha, el primer ministro británico David Lloyd George, el primer ministro italiano Vittorio Emanuele Orlando, el presidente francés Georges Clemenceau y el presidente estadounidense Woodrow Wilson: el Consejo de los Cuatro Grandes, líderes de los países aliados y vencedores de la Primera Guerra Mundial, que promovieron el Tratado de Versalles, en el que se enjuició el papel de Alemania durante la guerra y se fijaron las condiciones para la paz. Clemenceau fue quien presionó más para infligir una dura represión a Alemania. Llegó a comentar que el Tratado de Versalles había sido poco contundente en este sentido.

La paz que impusieron los vencedores generó un gran descontento entre la población alemana. Las compensaciones económicas y la aceptación de la culpabilidad en la Gran Guerra sembraron un sentimiento de humillación e injusticia entre la opinión pública. Los nuevos dirigentes de la República de Weimar fueron a menudo acusados de traidores a la patria por haber aceptado el acuerdo de Versalles, una paz que dejaba herido el orgullo nacional y acrecentaba la desilusión que dejó la propia guerra.

Alemania al borde del abismo

Los efectos de la guerra y las reparaciones pactadas en Versalles llevaron a Alemania a un espiral de asfixia económica muy profunda que se manifestó en un proceso inflacionista con una virulencia sin precedentes. La crisis social no sólo afectó a las frágiles economías de los países vencidos en la Gran Guerra, sino que se extendió por la vieja Europa como una mancha de aceite imparable. Asimismo, el Gobierno socialdemócrata alemán no estuvo especialmente afortunado en sus decisiones ante la crisis, y para solucionar las necesidades económicas a corto plazo emitió una cantidad de billetes excesiva y provocó una creciente devaluación del marco. El precio de los alimentos básicos aumentaba muy por encima de los salarios, de modo que el poder adquisitivo disminuía y la situación llevaba al precipicio de la hambruna y a la desesperación a gran parte de la población. Un ejemplo de ello es la evolución de los precios de una barra de pan: si en 1918 costaba 0,53 marcos, en 1922 ya se pagaba a ciento sesenta y tres marcos y en enero de 1923 a doscientos cincuenta marcos; el alza de precios se disparó y en agosto se necesitaban más de tres mil quinientos marcos para llevar una barra de pan a casa, dos meses después más de un millón y medio de marcos y finalmente en noviembre se llegaron a pagar a doscientos un millones de marcos.

La imparable inflación arruinaba a la burguesía, que veía cómo se devaluaban sus capitales. De esta manera se cerraban muchas empresas, se disparaba el paro y aumentaban la inestabilidad social y los movimientos revolucionarios tanto de derechas como de izquierdas.

Diversas ciudades alemanas sufrían convulsiones sociales, iniciadas en Bremen, Kiel, Múnich y Berlín en noviembre de 1918. Los comunistas berlineses (los llamados espartaquistas) se alzaron otra vez en enero de 1919, en Múnich se reprodujeron grandes protestas obreras en marzo y abril de 1919, al igual que en Hannover, Ruhr y Colonia en marzo de 1920, en Lübeck, Brünswick y Leipzig en marzo de 1921 y en Hamburgo en octubre de 1923, coincidiendo todo ello con la gran inflación económica.

La República de Weimar, que arrastraba el descrédito de la firma de Versalles, comprobaba cómo su política económica resultaba un fracaso y se veía superada por una tensión social desbocada. Ahora bien, el freno de muchos movimientos de desafío proletario en las ciudades no lo llevaban a cabo ni la policía ni el ejército, sino grupos paramilitares de soldados desmovilizados de extrema derecha que veían el comunismo como una amenaza a la unidad nacional. Uno de estos grupos eran las SA (*Sturmabteilung* o 'tropas de asalto'), uniformadas con camisas pardas y lideradas en Baviera por Ernst Julius Röhm.

Pero Alemania no era un islote de tensión social y revolucionaria. La fuerza del comunismo creció por toda Europa a partir del feliz desenlace en 1917 del proyecto bolchevique en Rusia y su triunfo revolucionario. Las insurrecciones obreras se multiplicaron en muchas capitales del viejo continente como Viena, Cracovia, Milán, Turín, Sofía, Riga o Budapest, ciudad esta última donde el húngaro de origen judío Béla Kun fue derrotado tras intentar constituir una república comunista.

El enojo social que generó la posguerra en Alemania también mostró reacciones de grupos de ultraderecha. Un sector desmovilizado del ejército liderado por el político Wolfgang Kapp ocupó Berlín e intentó un golpe de Estado *(putsch)* en marzo de 1920. Era la primera vez que se postulaba un grupo organizado, conservador y nacionalista, que no aceptaba las condiciones de paz e intentaba establecer el orden y frenar la revolución social comunista.

HITLER, PUNTO Y APARTE

La tensión social y económica de la posguerra convirtió Alemania en escenario y epicentro de los movimientos políticos que marcarían el devenir de la historia. Sin duda un personaje destacó entre todos y lideró los grandes cambios, un hombre un tanto histriónico y obsesivo que impresionó a sus contemporáneos; nos referimos a Adolf Hitler.

Adolf Hitler nació en Braunau en 1889, una localidad austriaca perteneciente entonces al Imperio austro-húngaro, cercana a la frontera con la región meridional alemana de Baviera. Hitler venía de una familia humilde; su padre, Alois Hitler, había tenido dos esposas (Anna Glass y Franziska Matzelberger, con la que tuvo dos hijos, Alois y Angela) antes de casarse con su madre, Klara Pölzl, con la que tuvo tres hijos más (Ida, que murió a los dos años, un año antes de nacer Adolf; Edmund, que murió a los siete años, cuando Adolf tenía once años, y Paula).

Adolf Hitler fue un buen estudiante de primaria y rápidamente quedó atraído por las artes plásticas, especialmente la pintura. La familia se desplazó a la también austriaca Linz en 1899, donde el joven sufrió junto a su madre y su hermana Paula numerosos arrebatos violentos de su padre, quien descargaba su ira contra la familia ante cualquier excusa. La muerte del progenitor repentinamente en 1903 casi fue un alivio; en cambio, la de su madre en 1907 por cáncer de mama le afectó en gran manera e influyó negativamente en sus estudios artísticos.

Tras esos trágicos acontecimientos, Adolf se marchó a Viena para ingresar en la Escuela de Bellas Artes, pero no pasó las pruebas de selección. Desorientado y sin trabajo, anduvo desencantado en una sociedad en la que no encajaba, vivió dificultades económicas y llevó una vida bohemia, perdido, sin motivación ni retos. Su formación autodidacta se basó en la literatura y la filosofía de Johann Gottlieb Fichte, Friedrich Nietzsche y Arthur Schopenhauer. Y si su inspiración —tal y como él siempre proclamó— fue la música de Richard Wagner, Johann Strauss y Arnold Schönberg, sus ideales se asentaron en un fuerte nacionalismo étnico basado en la unidad de la cultura germánica entre Austria y Alemania.

Hitler, ya en aquellos tiempos de juventud, proclamaba un obsesivo odio a los círculos de poder judío, a quienes acusaba de controlar las principales escuelas y galerías de arte del país y a los que culpabilizaba de su ostracismo. Esta sensación personal la extrapolaría años después para señalar a los judíos como responsables de la derrota alemana y austro-húngara en la Gran Guerra y de la inestabilidad social y económica de ambos países.

La educación recta y disciplinada que aplicó su padre, la cruel muerte de su madre, la frustración de su vocación artística o su inadaptación social fueron elementos que influenciaron al carácter fuerte, agrio, desafiante e histriónico de Hitler. Pero situémonos antes en los antecedentes de la Gran Guerra.

Hitler se marchó a Múnich en 1912 a la edad de veintitrés años, Alemania era para él la esencia de la patria germana cuando, en junio de 1914, empezó la Primera Guerra Mundial y el país entró en ella para defender los intereses del Imperio austro-húngaro. Adolf se alistó como voluntario en el ejército y fue destinado a Bélgica en octubre de 1914, donde vivió la dureza de las trincheras. Herido en batalla y condecorado por ello con la Cruz de Hierro de primera clase, consiguió diversas distinciones pero sólo llegó al grado máximo de caporal, ya que según sus superiores estaba falto de aptitudes para conducir a los hombres. En 1918 resultó nuevamente malherido, esta vez por granadas de cloro gaseoso, y medio ciego tuvo que abandonar el frente. Fue atendido en el hospital de Pasewalk, en el nordeste del país, donde un mes después le informaron de la rendición de Alemania y el fin de la Gran Guerra. Hitler, que había abandonado el frente de batalla a pocos kilómetros de París, cuando las tropas luchaban aún en suelo extranjero, nunca entendería la rendición: fue para él una verdadera puñalada por la espalda al pueblo y culpó de todo ello a pacifistas, marxistas, socialdemócratas, comunistas y judíos.

El Partido Nazi entra en escena

Múnich 1919. Decenas de facciones políticas emergían en la nueva República de Weimar. El despertar de la posguerra era una cruda realidad plasmada en crisis, falta de abastecimiento, alto desempleo y convulsión social. Anton Drexler había formado en enero de 1919 el Partido Alemán de los Trabajadores (Deutsche Arbeiterpartei o DAP). Hitler asistió a las reuniones que hacía el nuevo partido en la cervecería Hofbrauhaus e intervino por primera vez como orador en octubre de 1919. Pero si las tesis de Drexler se impregnaban de catolicismo y tenían como finalidad recuperar los valores tradicionales a partir de la independencia política de la región de Baviera, los discursos que realizaba Hitler contradecían en gran medida estas ideas, ya que se basaban en un fuerte nacionalismo alemán y en el desafío a la elite política de la República que había condenado al país con la firma del Tratado de Versalles. El 24 de febrero de 1920, como evolución política del DAP se fundó el Partido Nacionalsocialista Alemán de los Trabajadores (en alemán, Nationalsozialistische Deutsche Arbeiterpartei, NSDAP, conocido popularmente como el Partido Nazi, apócope del nombre). Drexler continuaba siendo el presidente pero Hitler se había convertido en el hombre fuerte, el jefe de propaganda y el gran ideólogo del renovado partido.

El programa inicial del Partido Nazi comprendía como puntos clave la exigencia de unión de todos los alemanes en una gran nación, la abolición del Tratado de Versalles, el requerimiento para poder establecer colonias y dominios territoriales que permitieran el desarrollo del país, la demanda para la nacionalización de las grandes compañías en interés del Estado y la formación de una gran Alemania con aquellos de sangre alemana, esto es, sin inmigrantes ni judíos. El apoyo social a los nazis crecía. El 3 de febrero de 1921 tuvo lugar en el Circo Krone de Múnich el mitin hasta entonces más multitudinario del Partido Nazi. Tras un discurso entusiasta, apocalíptico y provocativo, Hitler fue aclamado por más de seis mil seguidores, de tal forma que su carisma le catapultó al liderazgo del Partido Nazi en julio de 1921 y se convirtió en el nuevo y verdadero *führer* ('líder', en alemán) del partido. Las sensaciones de aquella noche inducirían al partido a creerse con suficiente fuerza como para dar en el futuro un golpe de Estado o *putsch* y cambiar la dirección de un país que transitaba a la deriva. La admiración creciente que sentía Hitler por Benito Mussolini y su ideología fascista, que triunfaban en Italia, acabó de ajustar la doctrina nacionalsocialista.

La cervecería Hofbrauhaus en Múnich se ha convertido en un centro de atracción turística de la capital bávara. En ella se fundó el Partido Nazi en 1920 y en ella Hitler fascinaba a los asistentes con sus disertaciones anticomunistas y antisemitas por medio de unos encendidos discursos con los que demostraba sus dotes de orador. La expresividad, la gesticulación, la contundencia y la simplicidad del mensaje cautivaron a un público ávido de referentes y de un verdadero guía espiritual a través del cual poder proyectar sus esperanzas.

El desastre económico provocado por la gran inflación del marco alemán llevó a parte de la burguesía bávara a apoyar activamente al partido, hecho que permitió impulsar unos símbolos, como la esvástica negra sobre círculo blanco con fondo rojo en la bandera, u obtener una gran publicidad a través de la aparición en diciembre de 1920 de un semanario del partido, el *Völkischer Beobachter*, que ya en 1923 se publicaría diariamente.

La esvástica es el emblema más elocuente del nazismo. Se trata de una cruz negra que tiene los brazos doblados en ángulo recto, también conocida como cruz gamada (ya que los brazos de la cruz se asemejan a la letra griega *gamma*). El icono nacionalsocialista que impulsó Hitler en 1920 tiene su origen en un monograma sánscrito milenario que utilizó el hinduismo. Otras religiones indias como el jainismo o el budismo también la han usado. El símbolo de la esvástica a menudo se asociaba con augurios de buena suerte.

Eran tiempos difíciles, las huelgas se multiplicaban y, a ojos de quien quisiera verla como tal, crecía la amenaza comunista. El nuevo Partido Nazi se mostraba como una alternativa política. Las ideas nacionalsocialistas, centradas en las duras críticas a socialdemócratas y comunistas, persuadían progresivamente a una clase media ahogada por la crisis y a grupos de ultraderecha como los paramilitares de las SA dirigidos por Rohm, que se convirtieron en los verdaderos gendarmes del partido. A pesar de que la inestabilidad social se situaba en el centro del debate político, Hitler persistía en su obsesión respecto a los judíos, a quienes culpabilizaba de controlar la banca y empujar al abismo a Alemania.

DEL *PUTSCH* DE 1923 AL *MEIN KAMPF*

La crisis económica desbocada azotaba a una Alemania que se declaraba insolvente y no podía pagar a Francia las reparaciones de guerra. En enero de 1923 tropas franco-belgas ocupaban la rica región minera del Ruhr como garantía de cobro de las deudas establecidas en Versalles, de manera que gran parte de la opinión pública alemana percibió esta acción de fuerza militar como una nueva humillación. La inseguridad se apoderaba de las calles, la frustración se propagaba entre la clase trabajadora, la hambruna señalaba a los parados. Los extremos políticos parecían tesis lógicas de tiempos extraordinarios.

El golpe finalmente partió el 8 de noviembre de 1923 de la cervecería muniquesa Hofbrauhaus. Los seguidores del Partido Nazi liderados por Hitler se dirigieron a la cervecería Burgerbraukeller, donde se llevaba a cabo una reunión de diversos grupos políticos de la derecha bávara. Acompañados y protegidos por las milicias de las SA, los nazis proclamaron la unidad de la derecha y apoyados en un primer momento por una facción del ejército liderada por el general Erich Ludendorff intentaron el golpe de Estado. Los nacionalsocialistas intentarían tomar el poder del Gobierno de Baviera en Múnich y aunarían más fuerzas y seguidores para continuar la marcha sobre Berlín. Pero el efecto multiplicador que buscaba Hitler no se produjo en ningún momento y, falto de apoyo social, sucumbió el conocido como *Putsch* de Múnich o de la Cervecería tan precipitadamente como se preparó. El *putsch* se desvaneció y el ejército de la República de Weimar reprimió esta revuelta de extrema derecha como había hecho con las numerosas sublevaciones comunistas.

Esta es una de las pocas fotografías que se conservan del *putsch* que lideró el Partido Nazi en 1923. En ella se observa cómo un grupo de militares nazis llegaron en camión a una abarrotada plaza del ayuntamiento, la Marienplatz de Múnich.
Fue entonces cuando entre dos y tres mil seguidores retomaron la marcha y se dirigieron al Ministerio de Defensa, pero al entrar en Odeonsplatz vieron que la policía les bloqueaba el paso. Tras unos instantes de incertidumbre y tensión empezó un tiroteo en el que Hitler cayó herido, que provocó el fin de la insurrección.

Hitler fue detenido y juzgado a partir de febrero de 1924 con enorme expectación de los medios de comunicaciones nacionales e internacionales. En el juicio, a diferencia de Ludendorff, el líder nazi se declaró culpable del intento de golpe de Estado y, en un discurso inaudito ante el tribunal, sedujo a los magistrados y al público con su capacidad oratoria. Consiguió presentarse como víctima y mártir de una república que estaba a merced de los países vencedores de la Gran Guerra. La intervención impresionó al juez hasta el punto de que el 1 de abril de 1924 Hitler fue condenado a cinco años por alta traición, pero resulto liberado seis meses después por buena conducta.

Mientras estuvo en prisión, en una celda confortable de la cárcel de Landsberg con todas las comodidades, dictó a su secretario personal Rudolf Hess la historia de su vida y las líneas fundamentales de su pensamiento político, social y racial. Estas fueron finalmente compiladas y editadas en julio de 1925 en el libro *Mi lucha* (en alemán *Mein Kampf*). A través de una literatura un tanto inconexa y una presentación confusa se exponían las tesis de Hitler, la verdadera hoja de ruta del ideario nazi. En *Mein Kampf* se postulaba la necesidad de crear una gran nación agrupando todos los territorios de habla y cultura alemana, una unidad que debía defender la prosperidad de una civilización superior ante la barbarie y la contaminación que representaban los inmigrantes. Se criticaba asimismo el armisticio de Versalles por la innecesaria humillación que ejercieron los vencedores y la vergonzosa traición al pueblo alemán que había aceptado la nueva clase dirigente de la república. Hitler muestra reiteradamente en su famoso y deplorable libro un odio hacia bolcheviques y marxistas, cuyo ascenso y empuje atribuía al fracaso de las formas parlamentarias.

El menosprecio a la democracia deriva para Hitler de la debilidad intrínseca del propio sistema político, que ampara una falsa igualdad de derechos y capacidades de los ciudadanos. Para recuperar el prestigio internacional de la patria se necesitaba un líder nacido del pueblo, alguien capaz de salvar al país de la crisis económica y el descrédito político, una persona íntegra y con coraje suficiente para abordar uno de los problemas clave de la sociedad: los judíos. En el libro se acusa a estos de tener un plan para dominar Alemania y el mundo, y se proclama que hay que declarar una guerra contra ellos, así como realizar una actuación sin piedad con el doble objetivo de salvaguardar la pureza racial aria y liberar al país del control económico de los círculos de poder judío.

Pero tal vez baste para comprender la catadura moral de semejante obra con leer algunos fragmentos de *Mein Kampf* referentes a la superioridad racial aria y al menosprecio de los judíos:

> Si se divide la humanidad en tres categorías de hombres (creadores, conservadores y destructores de cultura), encontraríamos seguro el elemento ario como único representante del primer grupo [...] Casi siempre el proceso de desarrollo ha sido el mismo: grupos arios, generalmente en proporción numérica pequeña, dominan pueblos extranjeros [...], favorecidos por el gran número de elementos auxiliares de raza inferior que encuentran disponibles en estos pueblos, y gracias al trabajo y la capacidad intelectual y organizadora latente en aquellos grupos arios.
>
> La mezcla de la sangre y el menoscabo del nivel racial que le es inherente constituyen la única

y exclusiva razón del hundimiento de antiguas civilizaciones. No es la pérdida de una guerra lo que arruina a la humanidad, sino la pérdida de la capacidad de resistencia, que pertenece a la pureza de la sangre solamente.

Todo cruzamiento de razas provoca tarde o temprano la decadencia del producto híbrido, mientras el elemento superior del cruzamiento sobreviva en puridad racial. Cuando se ha bastardeado hasta el último vestigio de la unidad racial superior, es cuando desaparece para el producto híbrido el peligro de extinción.

Así, desde el momento en que el judío no poseyó jamás una cultura propia, las bases de su actividad intelectual fueron suministradas siempre por otros. En todos los períodos, su intelecto se ha desarrollado merced al contacto con las civilizaciones que le rodeaban. Jamás ha ocurrido de modo contrario.

El judío ahuyenta por la fuerza a todos sus competidores.

Para poder continuar subsistiendo como un parásito dentro de la nación, el judío necesita consagrarse a la tarea de negar su propia naturaleza íntima.

La recuperación económica (1924-1929)

El proceso inflacionista, la crisis económica y las convulsiones sociales imposibilitaban a la República de Weimar cumplir con el pago de las reparaciones de guerra firmadas en Versalles. Y la ocupación de la región del Ruhr como garantía de cobro no aportaba una solución sino sumaba por el contrario más tensión política. Finalmente el ministro de Exteriores Gustav Stresemann llegó a un acuerdo internacional auspiciado por Estados Unidos en agosto de 1924, el llamado Plan Dawes. En lo que concierne a Alemania, se le mantenían las cantidades de dinero en concepto de compensaciones de guerra pero se aplazaban las deudas al ritmo que permitiera la recuperación económica del país y se reducían los intereses contraídos. Asimismo, Estados Unidos concedió un elevadísimo préstamo para pagar las reparaciones retrasadas que debía la República de Weimar a Gran Bretaña y Francia, y luego estas a su vez podrían devolver el pago de sus deudas adquiridas con Estados Unidos. La inversión permitiría el retorno de capitales y un desarrollo económico equilibrado y global. Igualmente debía recuperarse la estabilidad monetaria.

La reforma monetaria se inició a través de la creación de una nueva moneda de uso interno sin posibilidad de cambio de divisas, el marco de renda o *rentenmark*. El paso definitivo se produjo unos meses después cuando se acuñó la nueva moneda alemana, el *reichsmark*, que sustituyó al *papiermark*, devaluado al cambio de un billón de *papiermarks* por cada *reichsmark*. El Plan Dawes, la reforma monetaria y la llegada de capital estadounidense facilitaron una progresiva recuperación de la producción y la economía, y de esta manera se consiguió algo parecido a la estabilidad política y social.

Las relaciones internacionales que estableció Stresemann tuvieron un éxito notable y permitieron la reconciliación definitiva con las grandes potencias europeas. Se retiraron las tropas extranjeras del Ruhr, en la Conferencia de Locarno (Suiza) de 1925 se suavizaron las condiciones para el pago de las reparaciones de guerra y al año siguiente Alemania ingresó en la Sociedad de Naciones tras aceptar las fronteras establecidas en Versalles. El triunfo diplomático que obtuvo Stresemann le valió el Premio Nobel de la Paz en 1926.

Paul von Hindenburg (1847-1934), descendiente de una familia aristocrática prusiana, fue un relevante militar y político de principios del siglo XX. Participó en la Guerra franco-prusiana que supuso la unificación de Alemania en 1870-1871, posteriormente, ya con el rango de general, en la Primera Guerra Mundial al mando de los ejércitos del frente oriental y en 1916 fue proclamado jefe del Estado Mayor alemán. En 1918 pidió el armisticio y fue uno de los dirigentes que aceptó y firmó el controvertido Tratado de Versalles. Tras la muerte de Freidrich Ebert se convirtió en presidente de la República de Weimar en 1925.

No obstante, el aumento de la producción fue lento y condicionado, y gran parte de la mejora económica sirvió para pagar la reparaciones de guerra y las deudas contraídas. La clase media y el Estado caminaban con extrema austeridad, a diferencia del gran impulso consumista que vivían las sociedades británica, francesa y estadounidense especialmente. A pesar de eso bajó el nivel de parados, se redujo la presión social y la democracia recuperó crédito. El presidente de la República de Weimar, Friedrich Ebert, murió en 1925 y fue relevado por el mariscal Paul von Hindenburg, el antiguo máximo responsable del ejército durante la Gran Guerra y persona decisiva para las negociaciones de Versalles.

No resulta extraño por todo ello que, en este contexto de recuperación económica, paz social y estabilidad política, los partidos de extrema derecha e izquierda sufrieran un fuerte retroceso electoral.

El cambio estratégico del Partido Nazi

El prestigio del Partido Nazi quedó dañado tras el fracaso del *putsch* de 1923. Mientras estaba en prisión, Hitler abandonó lógicamente la política activa y dejó voluntariamente el liderazgo del partido, que pasó a manos de Ludendorff. Cuando obtuvo la libertad se retiró a la residencia Berghof en Obersalzberg, una tranquila región montañosa de Baviera, donde pasó unos meses alejado de la vida pública.

Allí acabó de escribir su libro y recibió la visita de su hermanastra Angela y su sobrina Angelika Maria Raubal (Geli). La joven Geli se convirtió a partir de ese momento en la niña de los ojos de Adolf Hitler. En un principio ella quedó fascinada con las habilidades oratorias de su tío, los caprichos que le daba y el poder que desprendía, pero luego se vio prisionera de él. Hitler se obsesionó con su sobrina; a partir de entonces nunca la dejó sola, viajaba con él a todas partes, la pintaba como modelo, le compraba regalos, la sobreprotegía hasta privarla de libertad. Fue un enamoramiento imposible que acabó en tragedia; Geli se suicidó en 1932 aterrada por su tío y prisionera en su propia casa.

La residencia Berghof en Obersalzberg, en los Alpes bávaros, fue refugio de Hitler tras su estancia en la prisión de Landsberg. En esta auténtica mansión, provista de todas las comodidades, fue donde Hitler acabó su libro *Mein Kampf* y donde planificaría, años después, la invasión de Polonia en septiembre de 1939. Luego, será uno de los centros más importantes del Gobierno alemán; prueba de ello es que Hitler pasó más tiempo en Berghof que en su oficina de Berlín durante la Segunda Guerra Mundial. Finalmente la casa fue bombardeada por la Royal Air Force británica en abril de 1945, cuando la guerra tocaba a su fin.

Este período de reflexión y retiro provocó que Hitler replanteara la estrategia nacionalsocialista y proyectara una vía democrática para la conquista del poder político. Así, tras los decepcionantes resultados electorales del Partido Nazi en 1924 (sólo treinta y dos diputados) y la clara derrota en las presidenciales de Ludendorff ante Hindenburg, Hitler regresó al plano político. Volvió en febrero de 1926 y reunificó bajo su dirección las tendencias que emergían en el partido. Joseph Goebbels, que se había convertido en el nuevo hombre fuerte, cedió el liderazgo y pasó a ser el jefe de propaganda.

En 1925 el Partido Nazi creó su propia milicia: las SS (*Schutzstaffel* o 'grupos de protección', organización que acabaría convirtiéndose en la guardia personal de Hitler).

Cuatro años después, Heinrich Himmler fue escogido como jefe de las SS y las transformó en el cuerpo de elite del Partido Nazi, constituyendo una casta privilegiada que se encontraba ligada por juramento a Hitler y al partido.

A finales de la década de 1920, el Partido Nazi moderó su discurso con el fin de aunar un tejido social más amplio. El carácter anticomunista y antisemita persistía pero se redujo la agresividad verbal en los discursos. Se crearon asociaciones de estudiantes, de profesores, de mujeres, de funcionarios, se recuperaron demandas obreras y campesinas. Al tiempo que el número de afiliados del partido aumentaba, la política de gestos funcionaba a través de mítines, congresos, marchas y publicidad. Los símbolos del partido se popularizaron y la normalidad en la participación democrática del país convenció a gran parte de la clase media del centrismo ideológico del nacionalsocialismo. A pesar de ello, la

El símbolo de las SS expresa la abreviatura de *Schutzstaffel*, los grupos de defensa y protección del Partido Nazi creados en 1925. Las SS tuvieron un ala política *(Allgemeine-SS)* y un ala militar *(Waffen-SS)*. Bajo mandato de Heinrich Himmler (entre 1929 y 1945), las SS se impregnaron de una identidad muy singular; tenían sus propios uniformes, su lema *«Meine Ehre heißt Treue»* ('mi honor es la lealtad'), sus ritos de espiritualidad y juramentos. Sus miembros se tatuaban el grupo sanguíneo en el antebrazo izquierdo. Las SS tuvieron un papel determinante en la solución del Holocausto y controlaron los campos de exterminio. En los Juicios de Núremberg, en 1946, se acusó a las SS de ser una organización criminal cómplice y responsable de genocidio.

buena evolución económica del país y la estabilidad social consolidaron electoralmente a los partidos mayoritarios. En 1928, el Partido Nazi sólo obtuvo doce diputados en el *Reichstag*. Los nazis continuaban siendo un partido marginal, quedaban aún lejos de la conquista del poder político por la vía democrática, aunque Goebbels no andaba con hipocresías y dejaba claro el camino, como demuestran sus declaraciones aquel mismo año al periódico *Der Angriff*:

> Entramos en el *Reichstag* para abastecernos de armas en el mismo arsenal de la democracia. Nos presentamos a diputados para paralizar la democracia de Weimar con su propia ayuda. Si la democracia es tan estúpida que nos concede dietas y viajes pagados para nuestra labor inclemente, peor para ella [...]. Si en estas elecciones conseguimos introducir de 60 a 70 agitadores de nuestro partido en los distintos parlamentos, el Estado mismo financiará nuestro equipo de combate [...]. También Mussolini entró al Parlamento y no tardó mucho en desfilar con sus «camisas negras» por Roma [...] No hace falta creer que el parlamentarismo sea nuestra finalidad [...] venimos como enemigos. ¡Venimos como el lobo que ataca al rebaño!

El ascenso de los nazis al poder (1930-1933)

El 24 de octubre de 1929, el *crack* de la Bolsa de Nueva York cambió el rumbo económico del mundo. El desplome del sistema financiero internacional provocó el hundimiento de la banca, el descenso del crédito, la retirada de los inversores, la contracción del mercado y la ruina económica a grandes y pequeñas empresas. La crisis de la economía capitalista tuvo sus trascendentes consecuencias sociales y políticas.

Alemania sufrió los efectos del derrumbe financiero estadounidense con especial vehemencia. El sistema financiero del país estaba fuertemente endeudado, el rescate monetario de años atrás y el crecimiento económico se sustentaban principalmente en las inversiones y los créditos de Estados Unidos. La falta de un desarrollo autónomo hipotecó en esos momentos la economía alemana. Si bien es cierto que los préstamos de capital extranjero habían permitido pagar reparaciones de guerra, habían a la vez generado una dependencia económica exterior que en aquel entonces iba a pasar una tremenda factura. De 1929 a 1932 la producción industrial y agrícola cayó un 40 %, pero el descenso de la oferta no evitó la paralización del consumo. Los salarios disminuyeron un 20 % y los parados crecieron un 100 %, de tres millones en 1929 a seis millones en 1932 (casi el 45 % de la población activa del país).

La crisis económica condujo al país nuevamente al desempleo, al descontento social, a las huelgas y a la inestabilidad política. El aumento de las fuerzas extremistas y alternativas a la coalición de los gobiernos socialdemócratas y democristianos entraba en la lógica de una realidad convulsa y extraordinaria.

Es en este contexto en el que los nazis empezarían la escalada imparable hasta la conquista del poder. El aumento del voto nacionalsocialista en las elecciones fue directamente proporcional al aumento del paro, pues no en vano el discurso populista del Partido Nazi se edificaba en grandes promesas de cambio. Bajo el lema «trabajo, pan y plena ocupación», los nazis captaron el desengaño de la clase media y trabajadora. Ofrecían un proyecto basado en el orden social y una disciplina policial contra la delincuencia y el desorden, e identificaban a los que tildaban como verdaderos enemigos de la patria: los comunistas como los agitadores sociales que invocaban la revolución y el caos, los demócratas como los ineptos que mostraban diariamente la debilidad de una república supeditada a intereses extranjeros y los judíos como aquellos que contaminaban la pureza racial aria y controlaban bajo sus intereses egoístas la economía del país.

El nazismo simbolizaba el orden ante el caos y el desgobierno de una república superada por la presión obrera y comunista. Una parte nada despreciable de la burguesía alemana, arruinada por la crisis económica y temerosa ante una posible revolución social, decidió entonces apoyar la causa nacionalsocialista. De este modo, importantes sectores financieros e industriales auparon decisivamente el crecimiento electoral nazi. Alfred Krupp, que dirigía una de las principales empresas de ferrocarriles del país, se sumó al proyecto nazi en 1930 y pasaría a formar parte de las SS en 1933. El principal empresario del sector del acero en Alemania, Fritz Thyssen, donó grandes cantidades de dinero a favor de los nazis en la década de 1920 y se afiliaría finalmente al partido en 1932.

El programa económico del Partido Nazi partía del modelo autárquico que había aplicado Mussolini en Italia. El objetivo de Alemania debía sostenerse en la base de la autosuficiencia productiva para evitar la dependencia exterior. Para ello resultaba prioritario dejar de pagar las compensaciones de guerra pactadas en Versalles y conseguir una expansión territorial que permitiera la explotación de los recursos necesarios para el desarrollo industrial. Asimismo, el Estado debía dirigir la economía, generar inversión y nacionalizar los sectores clave: recursos minerales y energéticos, transportes y comunicaciones.

Hitler hechizaba a las masas en los mítines, la energía que desprendía convencía a los más asépticos, la agresividad oratoria y la claridad del mensaje nazi llegaban a un pueblo necesitado de esperanzas y de un líder que sacara al país de la ruina económica y el caos social. Siempre recordaba que había sido elegido para salvar la nación, para ser el guía en el que todos los alemanes pudieran sentirse reflejados; recurría al nacionalismo alemán evocando la dolorosa derrota en la Gran Guerra y condenaba enérgicamente los acuerdos de Versalles; proclamaba la unidad patriótica: cada persona debía anteponer el proyecto colectivo a sus necesidades personales, esta sería la única manera de recuperar la fuerza y el poder de un pueblo que habían querido humillar. Algunos de los eslóganes que se utilizaron en la campaña electoral de 1932 y que fueron publicados en el periódico del partido, el *Völkischer Beobachter*, lo dejaban claro: «Hitler es nuestra última esperanza»; «Hitler es la última esperanza de los que lo han perdido todo [...]; economías, medios de existencia, trabajo, a los cuales sólo les queda una cosa: la fe en una Alemania justa, que dará nuevamente el pan, el honor y la libertad a sus hijos»; «Hitler es la palabra del orden de todos los que creen en la resurrección de Alemania»; «Hitler ejecuta el testamento de nuestros dos millones de camaradas que han muerto en la guerra [...]»; «Hitler es el hombre salido del pueblo, que sus enemigos odian porque comprende al pueblo y lucha por el pueblo».

En septiembre de 1930, los nazis conseguían unos magníficos resultados al situar ciento siete diputados en el *Reichstag*, de manera que ya tenían suficiente fuerza para presionar a los gobiernos de coalición de socialdemócratas y democristianos, quienes, al no tener una mayoría suficiente, veían paralizadas sus propuestas e imposibilitada la aprobación de muchas leyes. La inestabilidad provocaba el retroceso de los partidos moderados, que fueron perdiendo el apoyo de los asalariados y de la pequeña burguesía empobrecida. La crisis económica se endurecía de igual forma que se agravaba la tensión social; la ineficacia de los distintos gobiernos por revertir la situación favorecía el crecimiento del extremismo nazi y comunista hasta que, por último, el odio entre comunistas y socialdemócratas (los primeros acusaban a los segundos de traidores y fascistas) allanaría el camino político de Hitler. En las elecciones anticipadas de julio de 1932 el Partido Nazi se convirtió en el primer partido del *Reichstag* con doscientos treinta diputados. El presidente Hindenburg no quería dar la Cancillería (el Gobierno) a Hitler, pero los nazis paralizaban con su fuerza parlamentaria el normal funcionamiento democrático ausentándose a menudo del hemiciclo. Ya en noviembre de 1932, los nazis se quedaron con ciento noventa y seis diputados, y aunque repitieron victoria perdieron dos millones de votos. Pero, cuando parecía que los nazis podrían debilitarse, las rivalidades entre políticos de derechas llevaron a Hitler a la jefatura del Gobierno. El canciller democristiano Von Papen y Hitler establecieron negociaciones para crear un gabinete de concentración y le presentaron la propuesta a Hindenburg. Von Papen intercedió para convencer a Hindenburg y este finalmente accedió a traspasar el poder de la Cancillería a Hitler el 30 de enero de 1933.

Los nazis lo habían intentado primero a través de un golpe de Estado, pero al final la coyuntura económica y social facilitó que la vía democrática, que tanto denostaban, les encumbrara al poder en Alemania. A partir de este momento, ¿cómo se plasmarán políticamente los discursos contra demócratas, comunistas y judíos? ¿Cómo se dirigirán las aspiraciones territoriales nacionalsocialistas ante el orden internacional establecido?

3

Antisemitismo nazi

El respeto al derecho ajeno es la paz.
Benito Juárez

DICTADURA NACIONALSOCIALISTA

Entre enero de 1933 y agosto de 1934, Alemania se constituyó en un régimen totalitario bajo el firme mando de Adolf Hitler. El 27 de febrero de 1933, un incendio provocado convirtió el Reichstag en cenizas. El Gobierno culpó falsamente a los comunistas, pretexto que forzó al presidente Hindenburg a la aprobación, por el artículo 48 de la Constitución de la República de Weimar, del llamado «Decreto para la protección del pueblo y del Estado». Este permitió a los nacionalsocialistas aglutinar amplios poderes y supuso de hecho el progresivo fin del sistema democrático y liberal. Los nazis proclamaban el III Reich ('imperio'), lo que significaba el fin de la efímera República de Weimar, la esvástica se erigía en nueva bandera de Alemania y el nuevo lema nacional era *«Ein volk, ein Reich, ein führer»* («un pueblo, un imperio, un líder»). El nuevo orden político facultó la suspensión de libertades como la de expresión, prensa, reunión y asociación;

asimismo se suprimió el control judicial sobre las detenciones y se restableció la pena de muerte. A pesar de aparentar una cierta legalidad democrática, el Gobierno, que aplicó la nueva ordenanza con firmeza, instituyó un verdadero Estado policial que arrinconó a los comunistas y al conjunto de la oposición al poder.

La noche del 27 de febrero de 1933 se declaró el incendio del *Reichstag*. El hecho de que el fuego tuviera varios focos inducía a la evidencia de que era provocado. Los nazis acusaron rápidamente a los comunistas de intentar derrumbar la democracia y tomaron como cabeza de turco al comunista holandés Marinus van der Lubbe en una operación policial y política muy dudosa que permitió a aquellos hacerse con el poder absoluto sobre Alemania.

El Partido Nazi, sólido en sus convicciones y con la rectitud de un camino perfectamente trazado, aglutinó definitivamente todos los poderes del país tras la muerte del presidente Hindenburg en agosto de 1934. Hitler pasó a ser no sólo el canciller sino también el presidente de Alemania, el *führer* ('líder'). A medida que la tensión en las calles crecía, los nazis silenciaban las protestas de los detractores para controlar la opinión pública, escondían las reivindicaciones obreras y creaban campos de concentración. La policía y las SA organizaron los primeros ya en febrero de 1933, con el objetivo de confinar y arrestar a los disidentes del régimen bajo condiciones muy duras, a menudo sin respetar la legalidad. De este modo, los primeros campos se abrieron en 1933: Dachau, al noroeste de Múnich; Osthofen, al sur de Frankfurt; Oranienburg, al norte de Berlín; y Breitenau, al sureste de Bonn. Paulatinamente, los nazis disolvieron la mayoría de estos primeros campos, a excepción de Dachau, y los remplazaron por grandes campos de concentración y trabajo bajo la jurisdicción exclusiva de las SS: Berlín-Marzahn, al este de la capital (1936); Sachsenhausen, al norte de Berlín (1936), Buchenwald, al sur de Bonn (1937); Flossenbürg, al nordeste de Núremberg (1938); Mauthausen-Gusen, en Austria (tras su *Anschluss* o 'anexión', en 1938); Neuengamme, al sureste de Hamburgo (1938), y Ravensbrück, un campo de mujeres al nordeste del país (1939).

El Partido Nazi y el fascismo constituían un guiño de esperanza populista para liderar los cambios económicos necesarios que permitirían escapar de la crisis. Para conseguir la ansiada recuperación económica del III Reich, Hitler tenía las mismas recetas económicas que su amigo y admirado Benito Mussolini, líder de

El campo de concentración de Dachau, al norte de Múnich, en Baviera, fue el primero que abrieron los nazis, el 22 de marzo de 1933, para agrupar y someter a los enemigos políticos e intelectuales del nuevo régimen. Dachau, que permaneció abierto de 1933 a 1945, fue siempre un modelo de referencia para la construcción de futuros campos. Tal y como se observa en la fotografía, en la puerta se podía leer: «El trabajo os hará libres» *(«Arbeit macht frei»)*, lema que será de uso recurrente en la entrada de los campos de concentración.

la Italia fascista, convertido a través de su política autárquica en un referente de progreso económico en los años veinte.

Hitler aplicó la política económica autárquica con el objetivo de conseguir la autosuficiencia productiva. Impulsó grandes obras públicas y fomentó el avance especialmente de la industria siderúrgica, la automovilística y la militar para instruir y ocupar a los jóvenes en tiempos de gran precariedad laboral. Los ciudadanos observaban los cambios y las mejoras públicas, percibían menos vagabundos y parados, notaban la confianza que difundía el Gobierno en la recuperación económica y volvían a creer en las instituciones económicas y financieras. Asimismo, el marco se revalorizaba y recuperaba como moneda de valor y cambio. Poco importaba que el resurgimiento económico viniera de una gran acumulación de la deuda pública, en el fondo los ciudadanos veían menos marginalidad y violencia callejera, percibían menos tensión social y menos manifestaciones reivindicativas obreras. La popularidad de los nazis aumentaba sin cesar, los primeros síntomas de un progresivo cambio económico y la ocupación de los jóvenes generaban optimismo y por fin se vislumbraba un futuro prometedor para Alemania. La reactivación del país fomentaba la recuperación del orgullo nacional y al mismo tiempo aumentaba la popularidad del nuevo régimen que lo había hecho posible.

Pero fue en ese contexto aparentemente idílico en el cual el Partido Nazi ejerció el poder mediante una dictadura cada vez más contundente y represiva. Mientras, el ministro de Propaganda e Ilustración Popular, Joseph Goebbels, se convertía en artífice espiritual del nuevo proyecto, la auténtica voz del régimen. Fue entonces cuando este dirigió una agresiva campaña propagandística en la cual promovió la depuración de los ambientes culturales y divulgó una mitología nazi que iba más allá de la autoridad política conseguida en el *Reichstag*.

Alemania proclamaba ante la crisis y el mundo un nuevo rumbo político, económico y social, bajo la dirección populista de una ideología fascista sin temblores ni fisuras. De este modo surgía del infortunio militar y económico un proyecto sólido y definido que suscitaba un gran fervor patriótico. Hitler y el Partido Nazi creían que era el momento de la historia reservado para Alemania, para el «pueblo escogido», así lo percibían y así lo proclamaban. Eran tiempos difíciles, eso sí, y Hitler entendía que sólo un mando inflexible y una dirección política sin reparos podían conducir al país otra vez al lugar que le correspondía. De esta forma, ordenó impulsar las políticas de cohesión social destinadas a lograr la unidad y la supremacía racial. Para conseguirlo se definió un proyecto amplio de leyes que permitiera suprimir todas las «impurezas» raciales del pueblo alemán que no se ajustaran al ideal ario.

La obsesión por la pureza racial

La depuración de la raza aria tenía un lugar privilegiado en el pensamiento político y social de Hitler. Su odio claro e inequívoco al pueblo judío, su antisemitismo, era proclamado y aplaudido por sus seguidores. La raza aria estaba destinada a dominar Europa y dirigir el mundo, el pueblo alemán era el escogido por su capacidad tecnológica, su carácter cultural y por sus aptitudes físicas superiores. Las tesis de Arthur Gobineau, según las cuales la raza aria era considerada la más pura y superior de entre las variantes raciales blancas, triunfaban entre los nacionalsocialistas. Este destino divinizado por la mitología nazi no podía ser arrastrado al fracaso por la influencia judía, raza que el propio *führer* consideraba infecta, inferior, manipuladora y contagiosa.

El diario nacionalsocialista *Der Stürmer*, dirigido por Julius Streicher, que había servido como instrumento propagandístico principal del Partido Nazi desde 1923, defendía y promovía por aquel entonces las ideas del Gobierno. Sus portadas y artículos hacían constantes referencias a la culpabilidad judía de todos los males de Alemania, empezando por la derrota militar en la Primera Guerra Mundial y acabando por la propia crisis económica que afectaba al país. *Der Stürmer*—con un lenguaje simple, directo y sensacionalista— no había moderado, ni mucho menos, sus denuncias y comentarios cuando el Partido Nazi consiguió el poder y continuó fomentando el odio contra el pueblo judío. El lema del periódico no deja la menor duda: «Los judíos son nuestra desgracia». La presencia de los judíos se denunciaba como un problema nacional ya en 1933, una cuestión pendiente de solucionar.

Der Stürmer repartía veinticinco mil ejemplares en 1933 y multiplicó sus ventas a medida que acrecentaba la popularidad del nuevo Gobierno; de este modo se extendió su circulación por toda Alemania y así consiguió publicar quinientos mil ejemplares a finales de 1935.

Hitler creía que la raza aria era la esencia de la cultura y la nación del pueblo alemán, y que sólo un Estado fuerte, homogéneo y cohesionado podía proteger y aupar a esa raza sublime y superior. La ideología nazi se había construido a partir de las ideas antisemitas y obsesivas de Hitler, quien consideraba a los judíos como un pueblo racialmente inferior, económicamente partidista y usurero, un pueblo endogámico que se ayudaba y se relacionaba entre sí para su propio beneficio. Estas tesis contra el pueblo judío no eran nuevas, heredaban una tradición racista de siglos de persecuciones. Los nazis usaban a menudo el término «antisemitismo», que como ya hemos señalado había sido acuñado a finales de siglo XIX por Wilhelm Marr, y entendían que los judíos comprometían la pureza de la raza aria en Alemania, ya que eran racialmente inasimilables a la cultura nacional. Ante tal disyuntiva, el Partido Nazi optó por acusar a los judíos, identificarlos, vigilarlos y separarlos de la vida social y del alemán puro.

Esta portada de *Der Stürmer* de 1933 incorpora diversas ideas antisemitas que apoyan la ideología nacionalsocialista. El titular dice: «Los judíos en Austria». Y, a continuación: «Hoja semanal de la lucha y la verdad. Dirigido a todos los hombres y mujeres alemanes». Se refiere a los judíos como los que provocan «terror», los que realizan «comercio sexual», y los define como «gente miserable que provoca más miseria». Para finalizar, se constata que viven cuatrocientos cincuenta mil judíos en Austria.

Tal y como defendía Hitler en su libro *Mein Kampf*:

> La mezcla de sangre y la degradación del nivel racial [...] es la única razón del hundimiento de las antiguas civilizaciones. No es la pérdida de una guerra lo que arruina a la humanidad, sino la pérdida de la capacidad de resistencia, que pertenece solamente a la raza [...] el antípoda del ario es el judío. Es difícil que en el mundo haya alguna nación donde el instinto de conservación esté tan desarrollado como en el «pueblo elegido». La mejor prueba es el hecho que esta raza continúa existiendo. Si pasamos revista a todas las causas del desastre alemán (en la guerra que acabamos de pasar), nos daremos cuenta de que la causa final y decisiva hay que buscarla en el hecho de no haber comprendido el problema racial, y en especial la amenaza judía.

LA PERSECUCIÓN JUDÍA

Evidentemente, no se puede comprender el nazismo sin su espíritu racial y antisemita. La primera preocupación del régimen nazi a ese respecto era determinar quién era realmente judío. Los nacionalistas alemanes no habían podido establecer una línea definida y clara entre judío y no judío, así que lo más importante y prioritario era crear un criterio para la clasificación racial. Las consignas antisemitas del Partido Nazi fueron distintos llamamientos para boicotear empresas y negocios. En las primeras leyes dirigidas contra los judíos se hablaba de medidas contra los «no arios». El 7 de abril de 1933, en la conocida como *Ley para la Restauración de la Administración Pública*, se establece la expulsión a todos los no arios (según se definió el 11 de abril de 1933, eran todos aquellos que tenían un padre o abuelo judío) de la Administración Pública.

Las persecuciones de judíos alemanes quedaban al amparo de las nuevas leyes, especialmente a través de la *Ley por la protección del pueblo y del Estado*, pero muy a menudo se manifestaban actos impunes que escapaban de toda legislación existente. En este sentido las SA, que campaban a sus anchas y se sentían dueñas del poder con la connivencia del Partido Nazi, impulsaban saqueos y boicots a tiendas, comercios, médicos y abogados judíos. Estas acciones quedaban protegidas y silenciadas por un Gobierno nacionalsocialista que también vetaba el ingreso de estudiantes judíos en muchos colegios.

De esta forma, se asiste a una constante represión social y cultural. Las primeras medidas antisemitas por parte del Gobierno nazi exceptuaban a los judíos que habían participado en la Primera Guerra Mundial. En abril de 1933 se prohibía oficialmente la forma judía de sacrificio de ganado de acuerdo con la Toráh y un mes después se quemaron públicamente libros escritos por judíos. En el verano de 1933 se canceló la ciudadanía alemana a los judíos nacionalizados en los territorios orientales después de 1918. En septiembre, empezaba el nuevo curso y la teoría racista se incluía obligatoriamente en los libros de texto de los colegios alemanes. Paralelamente, el ministro de cultura del III Reich excluía de las ayudas de la Administración a escritores, editores y artistas judíos, quienes vieron cómo el fanatismo ciego de los nacionalsocialistas quemaba sus libros en actos públicos como el que se produjo en Berlín el 10 de mayo de 1933.

La quema de libros del 10 de mayo de 1933 en Berlín fue un acto promovido por los nazis y las SA. En él ardieron textos y obras de científicos, poetas, escritores y filósofos, principalmente de comunistas y judíos. Las hogueras de libros en las grandes ciudades alemanas eran eventos muy concurridos y con un gran valor simbólico, ya que escenificaban el intento de acabar con sus ideas.

En mayo de 1935 se relegó a los judíos del servicio militar. Hacía tan sólo dos meses que era de obligatorio cumplimiento y resultaba esencial para la juventud a la hora de salir de la desocupación en tiempos de crisis, especialmente en las grandes ciudades. Asimismo, los judíos fueron progresivamente rechazados por las universidades y excluidos de los institutos de investigación científica, los hospitales y la atención médica pública. En el verano de 1935 empezaron a aparecer carteles humillantes contra los judíos en restaurantes, oficinas y tiendas, con lemas como «Los judíos no son queridos» o «Prohibida la entrada a los judíos», y se popularizaron eslóganes racistas como «Soy el cerdo más grande del pueblo, sólo de judíos me rodeo» (usado por los nazis para humillar a los alemanes que eran amistosos con los judíos).

La población vivía inmersa en un ambiente de fervor nacionalista, donde el discurso racista legitimaba la marginación de los judíos. El país se recuperaba rápidamente de la crisis económica y aceptaba con absoluta normalidad las leyes gubernamentales de segregación racial.

Leyes de Núremberg (1935)

El régimen nacionalsocialista necesitaba proyectar unas leyes que sirvieran de base para poder distinguir quién era realmente judío y así llevar a cabo la represión racial con toda la fuerza de la ley. Profundamente convencido Hitler de que la preservación de la sangre alemana era la condición primera de la supervivencia del pueblo alemán, se celebró en septiembre de 1935 el VII Congreso Anual del Partido Nazi, donde se aprobaron por unanimidad las conocidas como Leyes de Núremberg (*Nürnberger Gesetze*), esenciales en todo el proceso de acoso y maltrato de la población judía. La elaboración de las leyes tenía como espíritu esencial establecer una clasificación racial a partir de la sangre y las relaciones de consanguinidad familiares. Si el origen de los cuatro abuelos era judío, un individuo era encasillado como «judío», si el origen de los cuatro abuelos era «alemán» el individuo era catalogado de pura raza aria; si por el contrario uno, dos o tres abuelos eran judíos la persona descendiente era considerada «mestiza».

Las Leyes de Núremberg ofrecieron una base legal a la ideología nazi para la discriminación racial y abrieron el camino para acelerar la persecución y la represión de los judíos con el objetivo de la plena depuración de la raza aria. Estas leyes antisemitas tenían dos cuerpos jurídicos fundamentales: la *Ley para la protección de la sangre y el honor alemanes* y la *Ley de la ciudadanía del Reich*. En la primera se prohibía todo tipo de unión entre alemanes y judíos, no podía existir matrimonio ni convivencia y se especificaba que no podían existir relaciones sexuales entre ambos grupos. La segunda ley permitía diferenciar en Alemania los derechos de las personas según su condición racial. Los «alemanes» serían «ciudadanos del III Reich» (*Volksgenossen*, 'compañeros de la nación') y los «judíos» formarían parte de un segundo nivel, eran simplemente «nacionales» (*Gemeinschaftsfremde*, 'residentes').

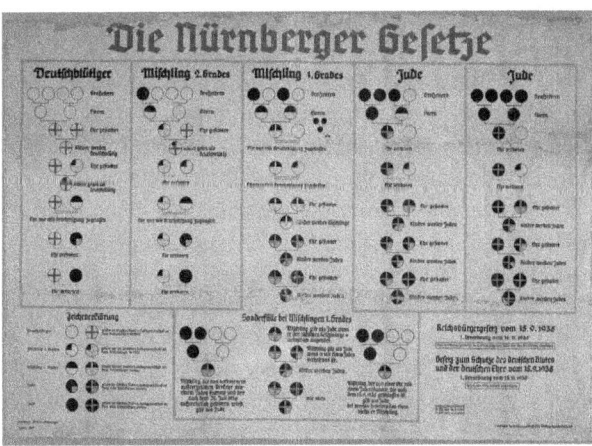

Gráfico de clasificación racial que establece las Leyes de Núremberg de septiembre de 1935, en el cual se aprecian los esquemas familiares que determinaban la limpieza de sangre.

Segregación social

La clasificación de los derechos de los ciudadanos según su condición racial permitió continuar y profundizar en la política de discriminación de los judíos en Alemania. En noviembre de 1935 se les negaba el derecho a voto y se les prohibía desempeñar cargos públicos. Fue entonces cuando se impusieron leyes de marginación específicas para niños judíos, quienes, aparte de estudiar libros de texto donde se les reconocía como residentes temporales en Alemania y racialmente inferiores, eran arrinconados por muchos profesores en las escuelas. En los gimnasios de los colegios tenían prohibido compartir los mismos baños y vestuarios que sus compañeros, y también en ámbitos públicos eran discriminados; así por ejemplo sufrían la privación establecida en el uso de las zonas de recreo infantil de los parques.

Por su parte, además, la intimidación social hacia los judíos persistía y la presión contra el poder económico y comercial era creciente, de este modo las posibilidades de trabajo para los judíos se redujeron a unas pocas profesiones. A mediados de 1937, los propietarios judíos fueron forzados a vender sus negocios a un coste menor al del mercado y, en octubre del mismo año, dio comienzo la confiscación sistemática de la propiedad judía. La presión social tenía un objetivo claro: aislarlos, maniatarlos y forzarlos al exilio. En abril de 1938 se obligó a los judíos a cerrar sus negocios, un mes después se destinó a muchos judíos arrestados al campo de concentración de Mauthausen, en junio se publicaron listas de judíos ricos, en verano se estableció la separación de los bancos de parques públicos para judíos y arios y se retiraron las licencias a los médicos judíos. A finales de año se decretó la restricción de la movilidad de los ciudadanos judíos, luego se les confiscaron los permisos de conducir y finalmente se crearon las primeras escuelas judías segregadas. Con este propósito se introdujeron un sinfín de leyes y normativas para la visualización pública del judío. Se implantó una tarjeta de identidad, la conocida como «efectiva 1139» (nombre dado porque su aplicación sería el 1 de enero de 1939), y de igual forma se les obligó a añadir a su nombre «Israel» o «Sara», en caso de no poseer un típico nombre judío, de acuerdo a una lista confeccionada por funcionarios estatales. De esa forma, los judíos podían ser fácilmente identificados por medio de sus nombres. Se les prohibió la posibilidad de asistir a eventos públicos y en los pasaportes nuevos se les estampó una «J» (de *jude*, 'judío') que designaba su pertenencia a la comunidad judía.

La celebración de los Juegos Olímpicos de Berlín en el verano de 1936 detuvo y suavizó el enojo nacionalsocialista hacia el pueblo judío, pues dado que el acontecimiento marcó la agenda política, estaba claro que la prioridad era preservar y realzar la imagen de Alemania ante el mundo. Cuando la admiración internacional por la organización de los Juegos pasó, el Gobierno centró de nuevo sus esfuerzos en solucionar el «problema judío». Ellos continuaban siendo la fuente de todos los males del país para el régimen nazi, y eran el blanco de los aclamados y multitudinarios discursos de Hitler. Esta constante persecución se acrecentó en 1938 con el rechazo racista por parte de muchos «alemanes». Cada vez más personas (aquellas que las Leyes de Núremberg habían considerado ciudadanos del III Reich) estaban convencidas de la incomodidad de la presencia judía.

La *Kristallnacht*

En ese contexto de tensión y exclusión social se produjo la destrucción de las sinagogas de Múnich el 9 de junio y de Núremberg el 9 de agosto de 1938. Pero la opresión y el acoso a los judíos llegó a su triste cenit en el pogromo de la «Noche de los cristales rotos», la *Kristallnacht*.

El día 7 de noviembre un joven judío alemán, Herschel Grynszpan, atentó en París contra el diplomático alemán Ernst von Rath, quien acabaría muriendo por las heridas infligidas dos días después. Cuando la noticia llegó a Alemania generó una gran indignación en la opinión pública, la tensión social aumentó y el episodio se convirtió en el pretexto perfecto para que en la noche del 9 al 10 de noviembre de 1938 se desatara la ira en las principales ciudades alemanas contra negocios y hogares judíos. Esa fatídica noche, con el apoyo de las SS (los grupos de protección del partido nazi que se habían creado en 1925 y que se convirtieron no sólo en la guardia personal de Hitler sino en la verdadera elite policial del Estado nazi, por aquel entonces bajo el mando de Himmler), la instigación pública de la propaganda que dirigía Goebbels y el silencio cómplice de la policía, se organizó una rebelión popular que se convirtió en la más sangrienta persecución de los judíos en tiempos de paz. Cerca de cien judíos fueron asesinados, ciento noventa y una sinagogas destruidas, siete mil comercios saqueados y más de veintiséis mil judíos arrestados y llevados a campos de concentración (Dachau, Buchenwald, Mauthausen y Sachsenhausen). La humillación de esa fría y trágica noche de furia no acabó aquí, pues de hecho la extrema crueldad irracional llegó al extremo de que el Gobierno nazi decretara, después de la execrable actuación consentida por él, la obligación de que todo judío afectado pagara la rehabilitación de las fachadas de sus comercios y contribuyera económicamente a reparar los daños causados en la «Noche de los cristales rotos».

Los pogromos que devastaron las sinagogas de Múnich y Núremberg y la «Noche de los cristales rotos» coinciden en que ocurrieron en día 9, algo que no fue ninguna casualidad. Este día es el *Tisha b'av*, jornada de abstinencia y ayuno para los judíos, un día muy significativo en la historia hebrea ya que conmemora la devastación del primer templo del rey Salomón en Jerusalén por los ejércitos babilónicos de Nabucodonosor II en el 586 a. C. El día de la destrucción fue el noveno *(tisha)* del mes hebreo y a partir de ese momento pasó a ser considerado como «el día más triste de la historia judía». De este modo se demostraba que las persecuciones antisemitas estaban más que premeditadas y tenían un trasfondo simbólico lleno de perversión y crueldad.

INDIFERENCIA INTERNACIONAL

¿Hubo alguna reacción o protesta internacional ante el incremento de las acciones racistas que se desarrollaban en Alemania? No. Si ante la soberbia, la fuerza y la contundencia que exhibían los nazis en sus acciones imperialistas las potencias occidentales mostraban una evidente debilidad política, ante la persecución a la que sometían a los judíos su reacción no fue muy distinta. Cierto es que aparecieron en algunas sociedades europeas, como en Gran Bretaña y Francia, voces críticas que denunciaron las persecuciones raciales, pero la indignación social nunca fue suficiente como para presionar a unos gobiernos preocupados por conservar su preeminencia como potencias coloniales. A pesar de las evidencias, en julio de 1938 en Évian (Francia) se llevó a cabo una Conferencia internacional para discutir el problema de los refugiados judíos de Alemania que se exiliaban masivamente buscando cobijo y protección en países limítrofes. A esa reunión asistieron delegados de treinta y dos países, incluyendo a Estados Unidos, Gran Bretaña y Francia. ¿El resultado final? Ninguna ayuda efectiva concretada para los refugiados judíos, ni ninguna condena política contra el Gobierno alemán. Dos meses más tarde, el 29 de septiembre de 1938, se producía la Conferencia de Múnich, donde Gran Bretaña, Italia, Francia y Alemania se reunieron para tratar el «problema» checoslovaco. Los acuerdos que se establecieron sin duda escenificaron el definitivo arrodillamiento de las democracias europeas ante el fascismo. El pacto fundamental hacía referencia a los límites de la ocupación de Checoslovaquia en la zona de los Sudetes en defensa del «espacio vital» y la homogeneidad nacional de la cultura aria. El compromiso subyacente establecía la retirada de los brigadistas internacionales de la Guerra Civil española, hecho que condenaba definitivamente a la República española ante la sublevación apoyada precisamente en la ayuda del Gobierno alemán. Por el contrario, nada se debatió sobre la persecución racial, nunca estuvo sobre la mesa la opresión y la humillación social que vivían los judíos alemanes. La Conferencia de Múnich puso de manifiesto el control y el dominio de la política internacional de Adolf Hitler, pero asimismo mostró la impunidad de su política interna. No fue entonces de extrañar la opacidad e indiferencia generalizada con la que se vivieron los acontecimientos de la «Noche de los cristales rotos» en los periódicos europeos.

La coacción contra los judíos crecía por parte del obstinado Gobierno nazi, el listado de las prohibiciones continuaba y se alargaba, perpetuando una vergonzante segregación y discriminación humana. En 1938, por ejemplo, se prohibió a los judíos asistir a cines, conciertos, actos públicos y culturales de todo tipo. Se les restringió también la libertad de movimientos y de viajes, a partir de entonces ya no podrían utilizar transportes públicos ni comprar en tiendas arias. Un año más tarde, se denegaron los permisos de trabajo a dentistas, veterinarios y farmacéuticos. Los niños fueron expulsados de los colegios alemanes. A más leyes antisemitas, menos derechos y más prohibiciones; de este modo se multiplicaron los judíos encarcelados en campos de concentración y creció inevitablemente el éxodo hacia Polonia buscando refugio y supervivencia.

SE AGRAVA LA REPRESIÓN

Las SS eran las principales responsables de hacer cumplir las leyes que afectaban a los judíos, se ocupaban de lo que institucionalmente era conocido como la «cuestión judía». Unos días después de la «Noche de los cristales rotos», en noviembre de 1938, Reinhard Heydrich, conocido como el «Carnicero de Praga», líder de la Gestapo (*Geheime Staatspolizei,* la policía secreta del III Reich) y mano derecha de Himmler en las SS, fue nombrado jefe de la Oficina Central para la Emigración Judía. Para hacerse fuerte en su nuevo cargo, Heydrich propuso a Hitler que los judíos tuvieran la obligación de identificarse por la calle con algún tipo de distintivo. Eso permitiría la visibilidad del judío y provocaría un efecto disuasivo permanente en su actividad cotidiana. Hitler denegó la propuesta, ocupado con el avance imperialista del III Reich y los esfuerzos por mantener el equilibrio en las relaciones internacionales con Francia y Gran Bretaña. Finalmente, la idea fue recuperada por el gobernador general de Polonia, Hans Frank, en diciembre de 1939, ya iniciada la Segunda Guerra Mundial, que decidió interpretar que la negativa dictaminada por Hitler era referente sólo a los judíos alemanes. Fue entonces cuando se aplicó el decreto que impondría a todos los judíos residentes la obligación de llevar un brazalete blanco en el cual se dibujaría estampado un triángulo amarillo con una Estrella de David azul. El brazalete serviría para identificar a los judíos y así facilitar la exclusión racial. En adelante, a medida que avanzó la Segunda Guerra Mundial, se generalizaría el distintivo a todos los guetos y los territorios ocupados por los nazis en Europa.

La expulsión forzada de los judíos de Alemania no era sólo una consecuencia de la presión psicológica, legislativa y judicial del Gobierno, sino que además se sucedían deportaciones como la del verano de 1938. En aquel entonces entre quince y diecisiete mil judíos de origen polaco fueron enviados hacia Zbaszyn (al este de Alemania) para incitarlos y empujarlos a cruzar hacia el otro lado de la frontera, a Polonia.

Las leyes antisemitas nazis fueron aplicadas en todos los territorios que conquistó Alemania, incluso antes de la Segunda Guerra Mundial. En marzo de 1938 la anexión *(Anschluss)* de Austria significó el inicio de la persecución de los judíos austriacos. Un año después, el peso de las leyes raciales se estableció en la Checoslovaquia ocupada. Hitler, en 1939, ya pronosticaba ante el Parlamento alemán «la exterminación de la raza judía en Europa» en el eventual curso de una guerra. El dictador nazi no sólo tenía un proyecto político orientado y planificado hacia la persecución, acoso y expulsión de los judíos, sino que la esencia obsesiva de su plan era salvar y limpiar las «impurezas» de la raza aria, proclamada reiteradamente como superior, para convertirla en invencible.

Brazalete de identificación con la Estrella de David hallado en el campo de exterminio de Buchenwald. Los judíos, con independencia de sexo y edad, debían llevar el distintivo con la Estrella de David de forma obligatoria para identificarse. Estas insignias con la estrella de seis puntas cosida no podían estar sucias ni arrugadas; en caso de que sucediera, el judío que la portaba podía recibir golpes y humillaciones públicas.

El *führer* lo había explicitado en su libro *Mein Kampf*: «Debe procurarse que sólo engendren hijos los individuos sanos, porque el hecho de que personas enfermas o incapaces pongan hijos en el mundo es una desgracia, en tanto que el abstenerse de hacerlo es un acto altamente honroso».

En el Castillo de Hartheim (Alkoven, en la Alta Austria) los nazis instalaron entre 1940 y 1944 un centro para la eliminación de personas mediante gas letal. El mayor número de víctimas que allí perdieron la vida fueron enfermos físicos y psíquicos asesinados en el marco de la Operación T4, pero también murieron presos llegados de los campos de Dachau y Mauthausen-Gusen.

En este sentido el Gobierno nazi aprobó un macabro programa de eutanasia, conocido como «Operación T4», firmado por Adolf Hitler en octubre de 1939, pero fechado el 1 de septiembre de ese año. El nombre clave de esta operación secreta era «T4», en referencia a la dirección de la calle (Tiergartenstrasse 4) en la que se encontraba la oficina que coordinaba el programa en Berlín. El programa del Gobierno nazi se supone que incluía una estrategia para evitar obstáculos y derroches económicos innecesarios en tiempos de guerra, pero era parte del plan para la preservación de la pureza racial. La matanza sistemática se dirigió a discapacitados mentales y físicos con diagnósticos graves, crónicos e incurables que estaban internados en diferentes instituciones. Seis instalaciones sanitarias con cámaras de gas fueron creadas como parte del programa de eutanasia: en las clínicas de Bernburg y Brandenburgo, al suroeste de Berlín; en Grafeneck, al sur de Stuttgart, en el extremo suroeste del país; en Hadamar, entre Frankfurt y Bonn; en la clínica del Castillo de Sonnenstein, en Sajonia; y en el Castillo de Hartheim, en el extremo oeste austriaco. En ellas fueron finalmente asesinadas más de setenta mil personas, siempre sin el conocimiento de sus familiares.

4

El desafío del *führer* conduce a la guerra

*Hay que defender la paz a todo trance,
incluso con la guerra.*

Thomas W. Wilson

La represión política, social y racial interna que llevaron a cabo los nacionalsocialistas era uno de los dos grandes pilares en los que debía sustentarse la nueva Alemania; el otro era sin duda la construcción de un imperio capaz de aglutinar a todos los pueblos germánicos y proyectar tras la proclamada superioridad aria unos objetivos económicos y patrióticos comunes.

Lebensraum o 'espacio vital'

El geógrafo alemán Friedrich Ezequiel Ratzel utilizó el término *lebensraum* ('espacio vital') a finales de siglo XIX para señalar que cada Estado debía tener el espacio suficiente para desarrollarse y atender a las necesidades de su población. Era una relación básica entre cantidad de territorio, volumen demográfico y eficiencia administrativa. El profesor de geopolítica de la Universidad de Múnich Karl Haushofer aprovechó el concepto de Ratzel para explicar la realidad política alemana tras la firma de los Tratados de Versalles (1919). De esta manera, el profesor Haushofer, fundador y miembro del partido nacionalsocialista, iba más allá de las reivindicaciones populares que pedían restablecer las fronteras previas a la Gran Guerra y subrayaba la necesidad de ampliar los territorios alemanes hacia al este para preservar la economía y la unidad cultural germánica. Rudolf Hess, amigo personal del profesor bávaro, y Adolf Hitler hicieron suyo el concepto para justificar el proyecto imperialista nazi, que encajaba con todas las necesidades de la nueva Alemania. La conquista del «espacio vital» sería la bandera ideológica que permitiría recuperar la dignidad que se había perdido en Versalles y construir una gran Alemania con la unificación de todos los pueblos de lenguas germánicas. Asimismo, una política exterior agresiva podría aunar las voluntades de un todo un pueblo, las victorias militares reafirmarían el patriotismo y al mismo tiempo reforzarían la creencia de pertenecer a una raza superior. Estas ideas no eran nuevas y ya figuraban en la esencia de la ideología nazi, tal y como reflejaba el propio Hitler en su *Mein Kampf:* «Los alemanes tienen el derecho moral de adquirir territorios ajenos gracias a los cuales se espera atender al crecimiento de la población». De este modo, la estrategia imperialista se dirigiría hacia al este con el objetivo de recuperar el dominio de los territorios de cultura germana, sometiendo a los pueblos eslavos considerados inferiores y cubriendo las necesidades económicas y políticas del pueblo alemán.

De igual manera, la expansión nacional permitiría profundizar en el proyecto antisemita. Para los nazis, los judíos habían dividido premeditadamente los pueblos germanos con el objetivo de controlar bajo sus egoístas intereses la economía liberal, lo cual había interrumpido decisivamente el desarrollo próspero de Alemania. Hitler defendía el derecho de todos los pueblos a tener su propio *lebensraum*, siempre que tuvieran un alto valor racial, mérito que para el *führer* no diferenciaba precisamente a la población judía, la cual según él había mostrado a lo largo de la historia que no necesitaba territorios para enriquecerse, lo que demostraba una vez más su astucia moral y su malicia racial.

Las ambiciones nacionalsocialistas se dirigieron entonces hacia la conquista del *lebensraum* bajo una supuesta legitimidad histórica. El objetivo sería restablecer parte de los territorios circundantes perdidos injustamente en Versalles y recuperar la unidad nacional abrazando todas las regiones de cultura germana aun estando en otros países. El plan pasaría fundamentalmente por apropiarse de Austria, la región de los Sudetes en el norte de Checoslovaquia y retomar el control de los puertos de Danzig y Memel en el este del mar Báltico, en esos momentos dos ciudades libres internacionales protegidas por Polonia y Lituania respectivamente. Pero estaba claro que las aspiraciones territoriales nazis para el desarrollo de una gran Alemania en su «espacio vital», chocaban con las fronteras establecidas en Versalles tras la Primera Guerra Mundial y podían romper el frágil equilibrio internacional que teóricamente debía mantener la Sociedad de Naciones. Y, de esta manera y a pesar de las estrategias y los pactos internacionales, las exigencias imperialistas de la Alemania nazi acabaron provocando una inevitable Segunda Guerra Mundial.

A la izquierda, Karl Haushofer, quien aparece acompañado de Rudolf Hess. Ambos fueron dirigentes fundadores del Partido Nazi, pero el profesor universitario se mantuvo alejado de la actividad del partido; a pesar de eso, sus tesis del *lebensraum* fueron abrazadas por Hitler para diseñar y justificar la estrategia imperialista de Alemania. Haushofer fue juzgado y absuelto en los Juicios de Núremberg. En marzo de 1946, aparentemente, se suicidó junto a su esposa.

El rearme de Alemania

Alemania soportaba unas cláusulas de desmilitarización y desarme fijadas en los artículos contenidos del 160 al 210 del Tratado de Versalles, en los que se limitaba a cien mil soldados el ejército de tierra, desaparecía el servicio militar, la armada se reducía a quince mil hombres con un pequeño número de buques de guerra y se prohibía a la República de Weimar tener submarinos, fuerzas aéreas y hacer cualquier prueba militar o movilización de tropas cerca de una de sus fronteras. Estas medidas debían ser supervisadas por una comisión de control de los aliados en nombre de la Sociedad de Naciones y el incumplimiento de dichas disposiciones vendría acompañado de fuertes sanciones económicas y políticas. Si bien Alemania, desobedeciendo la prohibición, a finales de la década de 1920 ya había realizado programas militares secretos con tanques y aviones en la Unión Soviética con la connivencia de esta, lo cierto es que a partir de que Hitler accediera al poder en 1933 el desafío alemán al mundo fue constante. Hitler, imitando el modelo económico autárquico de la Italia de Mussolini, pretendía conseguir la autosuficiencia productiva del país; para ello rebajó el flujo de importaciones, aumentó las inversiones públicas para reducir el desempleo y ejerció un riguroso control de precios y salarios. En el anhelo de este modelo productivo, los nazis dieron prioridad a la industria pesada y especialmente a la producción de armamento, desoyendo de esta manera todo tipo de condiciones y amenazas de la comunidad internacional al respecto.

Los discursos del *führer* y sus decisiones a menudo caminaban en direcciones opuestas; a la par que realizaba elocuentes discursos pacifistas para calmar la tensión internacional, tomaba unilateralmente medidas como la del 16 de marzo de 1935, por la cual despreciaba las cláusulas de desarme del Tratado de Versalles y reinstauraba el servicio militar obligatorio, alegando que Francia tampoco respetaba los acuerdos y que había prolongado la duración de su servicio militar. Dos meses más tarde, un acuerdo naval anglo-germano dinamitó la unidad internacional de oposición al rearme nazi.

Este pacto permitiría a los alemanes poder reiniciar un programa para la construcción de submarinos. Más que los resultados políticos obtenidos, el acuerdo diplomático a espaldas de Italia, Francia y Estados Unidos mostraba la división de los firmantes del Tratado de Versalles y la poca credibilidad de la Sociedad de Naciones, que no resolvió ninguna sanción. Además, ese acuerdo evidenciaba que las necesidades y los intereses políticos propios de las grandes potencias iban a imponerse por encima de unos objetivos comunes pactados antaño. El hecho mismo de que se alargara la situación de crisis económica durante la década de 1930 obligó a los estados más poderosos a centrarse en sus políticas sociales internas, dejando el panorama internacional en un segundo plano.

¿Qué país podía ejercer el liderazgo político suficiente para frenar la militarización nazi?

Estados Unidos era, desde el fin de la Primera Guerra Mundial, la gran potencia económica y militar del mundo, pero vivía unos años difíciles a nivel social con muchos parados y un sinfín de conflictos en las grandes ciudades provocados por la pobreza que causó la Gran Depresión económica. En ese contexto político y económico, el presidente Franklin D. Roosevelt observaba desde una gran distancia las disputas diplomáticas y territoriales internas de la vieja Europa. Por su parte, la Unión Soviética comunista de Iósif Stalin estaba inmersa en un proceso de forzosa industrialización que debía potenciar el desarrollo económico del país euroasiático, pero este cambio económico acabó en dramáticas hambrunas, con tintes genocidas en Ucrania, que pusieron en jaque al propio Gobierno. De igual manera, la inestabilidad política sacudió el país con la aparición de las purgas estalinistas que tendrían lugar entre 1936 y 1939, unas campañas de persecución y represión de todos aquellos disidentes que discutían la línea política interna del PCUS (Partido Comunista de la Unión Soviética, partido único del Gobierno soviético) en las cuales millones de personas fueron sometidas a encarcelaciones y torturas y donde alrededor de un millón resultaron asesinadas.

Por otro lado, los grandes imperios europeos parecía que podían y debían frenar el ímpetu imperialista y desafiante de la renacida Alemania, pero tanto Francia como Gran Bretaña estaban ocupadas en gran medida en los problemas sociales y políticos que se multiplicaban en sus territorios de ultramar, ya que las elites de las colonias reivindicaban una identidad nacional y unas formas de autogobierno que discutían constantemente el poder de las metrópolis. En lo referente a la política de hechos consumados que practicaron los nazis, como el de restablecer el servicio militar, mantenían dos posiciones bien distintas: mientras Gran Bretaña defendía una cierta flexibilidad política para corregir las posibles injusticias derivadas del Tratado de Versalles, Francia veía con impotencia, temor y recelo el rearme del país vecino y reforzaba progresivamente sus propias defensas militares. En último término, estaba una Italia embarcada en agrandar su imperio africano con la conquista colonial de Abisinia (actual Etiopía) en 1935 y 1936. Si bien es cierto que Mussolini no veía con buenos ojos la nueva dirección política de una Alemania remilitarizada y con pretensiones sobre Austria, mantenía unas afinidades ideológicas y unos intereses comunes en la Guerra Civil española que facilitaron el acercamiento y la colaboración diplomática entre nazis y fascistas.

De esta forma, sin un liderazgo político definido que pudiera mantener el frágil orden internacional establecido en Versalles y con el descrédito creciente de la Sociedad de Naciones, que cada vez se mostraba más incapaz de hacer cumplir ningún acuerdo, Hitler se sirvió de pactos bilaterales para impulsar la militarización y un proyecto imperialista hacia el este europeo para satisfacer sus aspiraciones nacionales.

De la demanda a la exigencia, de la política de pactos a la conquista

Alemania tomó la iniciativa política en el viejo continente y los nacionalsocialistas pasaron de los discursos en defensa del *lebensraum* a una política desafiante de hechos consumados. Tras la inversión en la industria de armamento y el impulso de la militarización del país con la permisividad de la comunidad internacional, Hitler veía cómo se le aclaraban las posibilidades imperialistas de reconstruir una gran Alemania. El camino de recuperación nacional comenzó en la Renania, una región germana que había quedado desmilitarizada y bajo control de Francia después de la Primera Guerra Mundial. El 7 de marzo de 1936 los alemanes ocuparon simbólicamente la región, con muy pocas tropas, pero los franceses no respondieron a la ofensiva para evitar el conflicto diplomático. Este envite alemán evidenció la debilidad política de las potencias occidentales y de la Sociedad de Naciones, que una vez más no supo dar respuesta contundente a la vulneración de la legalidad internacional, tal y como había quedado demostrado tras la invasión japonesa de Manchuria en 1931 o la ocupación italiana de Abisinia en 1935.

La política de apaciguamiento que mantuvieron Gran Bretaña y Francia se cimentaba en una clase dirigente que vivía bajo el miedo de la revolución social en una coyuntura de crisis económica, de tal manera que esos dos países consideraban que una Alemania fuerte era la mejor barrera geográfica para una posible expansión del comunismo soviético por Europa. Por otro lado, la Italia de Mussolini seguía enfrascada en una durísima guerra colonial en Abisinia y Somalia, hecho que la distanció de los grandes imperios y la encauzó a superar su aislamiento diplomático acercándose a Alemania. Las dos dictaduras autocráticas y totalitarias entrelazaron acuerdos y se apartaron de las directrices de la Sociedad de Naciones. En julio de 1936, Italia y Alemania llegaron a un acuerdo respecto las aspiraciones nazis sobre Austria que tranquilizó a los italianos, días después ambos países ayudaban conjuntamente a que triunfara el golpe de Estado de los militares liderados por el general Francisco Franco en España, que daría lugar a tres años de guerra civil. Poco después, en octubre del mismo año y a iniciativa italiana, se simbolizaba la unión política de los dos países con la firma del denominado Eje Roma-Berlín. Fue entonces cuando Hitler movió sus hilos más allá del continente para buscar apoyos con Japón, el país asiático más industrialmente desarrollado, que había quedado también al margen de la Sociedad de Naciones defendiendo sus intereses en Manchuria. De esta forma, en noviembre de 1936 firmaron el Pacto Anti-komintern, en el cual los dos estados se comprometían a colaborar contra la amenaza de la internacional comunista soviética. Este tratado aislaba políticamente a la Unión Soviética de

Stalin que, a pesar de haberse incorporado a la Sociedad de Naciones en 1934, seguía generando una gran desconfianza en todas las potencias occidentales a las que ahora se les sumaban Alemania y Japón.

El segundo paso del desafío imperialista alemán en Europa se dirigió sobre Austria. Las intenciones del *Anschluss* ('anexión') que pretendían los nazis sobre el país vecino de habla germana las había manifestado y proclamado reiteradamente Hitler. Finalmente la presión política y militar sobre Austria se precipitó a principios de 1938, cuando el ejército alemán se movilizó en la frontera para presionar al canciller austriaco Kurt Schuschnigg para que renunciase a su cargo. En este contexto, el nazi austriaco Arthur Seyss-Inquart se declaró unilateralmente canciller y aprobó la entrada de las tropas alemanas. Dos días después, el 13 de marzo de 1938, Hitler declaró el *Anschluss* y Austria pasó a formar parte del III Reich alemán sin que la comunidad internacional alzara la voz ni adoptara medidas al respecto. Tras la anexión de Austria, entre ceja y ceja de los vehementes discursos del *führer* continuaba el *lebensraum*. En sus disertaciones políticas denunciaba constantemente al Gobierno checoslovaco por perseguir en su región de los Sudetes a la minoría étnica germana de poco más de tres millones de habitantes. En verano de ese mismo 1938, el ejército alemán se movilizó a lo largo de la frontera con Checoslovaquia generando evidentemente una gran tensión internacional. En este sentido, Hitler supo anticiparse a los acontecimientos y convocó una cumbre internacional en Múnich el 29 de septiembre de 1938 para solucionar la crisis de los Sudetes. A ella asistieron las cuatro grandes potencias europeas: Francia, Gran Bretaña, Italia y Alemania, las cuales decidieron aprobar la incorporación de los Sudetes a

Alemania, lo que supuso una revisión parcial de los acuerdos de Versalles. La solución, en perjuicio de un Estado que no había sido invitado, venía acompañada de la promesa de Alemania de respetar la soberanía del resto de Checoslovaquia y no ocuparla en un futuro.

A la Conferencia de Múnich del 29 de septiembre de 1938 asistieron, de izquierda a derecha: Benito Mussolini por parte de Italia, Adolf Hitler como anfitrión, Édouard Daladier como primer ministro francés y Arthur Neville Chamberlain como primer ministro británico. Esta cumbre internacional escenificó el liderazgo nazi en las relaciones internacionales continentales, mostró la debilidad de Gran Bretaña y Francia, con sus concesiones que cambiaron parcialmente los acuerdos de Versalles, y evidenció el aislamiento de la Unión Soviética, que no fue invitada a la reunión.

La ocupación de los Sudetes en octubre de 1938 fue un paseo militar y muy pronto sus habitantes pasaron a ser considerados ciudadanos alemanes de pleno derecho. En medio de la encrucijada política, el presidente checo Edvard Benes renunció a su cargo y se exilió. La comunidad internacional había cedido nuevamente ante el proyecto imperialista nazi, mas en este caso con la complicidad y la firma de las grandes potencias demócratas europeas. La incapacidad de la Sociedad de Naciones para frenar el liderazgo político nazi animó a otros vecinos de Checoslovaquia a actuar de forma parecida, y así Hungría y Polonia ocuparon también regiones de habla húngara y polaca respectivamente con el beneplácito del *führer*. Alemania se erigía definitivamente en árbitro de la nueva recomposición de fronteras en el centro de Europa. Como es sabido, Hitler no cumplió las promesas de Múnich y en marzo de 1939 invadió Chequia, convirtiendo Eslovaquia y los protectorados de Bohemia y Moravia en estados satélite del nazismo. Los líderes de Francia y Gran Bretaña hacía unos meses habían mostrado su satisfacción ante la opinión pública por haber asegurado la paz en Europa, pero tras quedar en evidencia con la definitiva ocupación de Checoslovaquia y convertir en papel mojado los Acuerdos de Múnich, vieron ya que no podían ceder más ante Hitler. Así pues, estas potencias empezaron un rápido proceso de militarización y ratificaron los acuerdos bilaterales de seguridad y protección que les unían a países como Grecia, Rumanía o Polonia.

El sueño nazi de recuperar el *lebensraum* prosiguió tras la ocupación de Checoslovaquia y el 20 de marzo de 1939 Hitler demandaba en un discurso público un corredor para conectar la ciudad internacional de Danzig (actual Gdansk), que estaba bajo protección de Polonia, con el resto de Alemania. La ciudad portuaria en el nordeste polaco, con población de origen germano, era un privilegiado acceso al mar Báltico, por lo que ofrecía un gran valor estratégico y económico. Alemania reivindicaba también en nombre del *lebensraum* el puerto de Memel (actual Klaipeda), ciudad libre internacional que estaba bajo control de Lituania, de cultura germana y que había formado parte de Prusia Oriental antes de los acuerdos de Versalles. El nazismo tenía allí una gran fuerza y se habían producido diversos pogromos que habían provocado que a lo largo de 1938 emigraran en masa muchos judíos a tierras del interior del país. El 23 de marzo de 1939, tras lo que había sucedido en Checoslovaquia y la tensión política que se había generado, Lituania cedió directamente a Hitler la ciudad de Memel.

El 1 de abril de 1939 terminaba la Guerra Civil española. Los militares sublevados liderados por Franco, que habían sido activamente apoyados por Italia y Alemania, ganaron la guerra ante los republicanos, que habían recibido ayudas de la Unión Soviética. El triste balance de guerra, muerte y represión que se había producido en España mostraba también un refuerzo político del fascismo y el nazismo en Europa, así como una creciente debilidad de Francia, Gran Bretaña y la Sociedad de Naciones para garantizar la paz en el continente.

Una semana más tarde, Italia ocupó militarmente Albania sin que hubiera ninguna respuesta contundente de las potencias occidentales, la ley de conquista y hechos consumados se instauraba de forma definitiva. Los ministros de Exteriores europeos no daban abasto para tantos encuentros y esfuerzos diplomáticos y, en este sentido, el 22 de mayo de 1939, tras el éxito de la coordinación entre Italia y Alemania en la Guerra Civil española, ambos países sellaron el Pacto de Acero. Se trataba de una alianza política y militar que ya denotaba que Europa se acercaba, sin freno, al precipicio de un conflicto internacional. Hitler se sentía fuerte y presionaba al Gobierno polaco para que restituyera el control alemán sobre Danzig y permitiera la construcción de un ferrocarril y una carretera como vías libres y directas de circulación hacia su destino germano. Los nazis eran conscientes de que sus demandas serían inaceptables por parte de Polonia y también sabían que polacos y británicos habían estrechado lazos diplomáticos, por lo que el objetivo de acabar cumpliendo el sueño del *lebensraum* sería una difícil contienda. Es ante esta disyuntiva política cuando Hitler se acerca a un acuerdo contra natura con Stalin para planificar la ocupación de Polonia.

Un guiño al antisemitismo nazi permitió el Pacto germano-soviético

Después de la ruptura de los acuerdos de Múnich, tras la ocupación de Checoslovaquia, la adhesión del Memel por parte de Alemania, la conquista italiana de Albania, el fin de la Guerra Civil española o el Pacto de Acero, quedaba clara la división definitiva entre democracias y totalitarismos en Europa. En este sentido, la Unión Soviética (o URSS, Unión de Repúblicas Socialistas Soviéticas) de Stalin, hasta ese momento aislada políticamente, se convertía en eje esencial de las relaciones internacionales del continente. El primer indicio de aproximación entre soviéticos y alemanes llegó el 3 de mayo de 1939, cuando acabado ya su enfrentamiento indirecto en la Guerra Civil española, Stalin reemplazó a su ministro de Exteriores, el judío Maxim Litvinov, y puso en su lugar a Vyacheslav Molotov.

Esta decisión política tenía un alto valor simbólico, ya que desde Alemania se había atacado repetidamente a Litvinov por su origen semita. En el fondo su destitución facilitó en gran medida el acercamiento entre comunistas y nazis, más cuando poco después Stalin hizo otro guiño al *führer* ordenando a Molotov la purga de los todos los judíos del Ministerio de Exteriores. En este sentido, los historiadores aún debaten entre considerar si se produjo la destitución de Litvinov por ser judío o simplemente fue una medida más de represión interna para controlar el partido. Lo cierto es que dicho relevo acabó por resultar un factor decisivo; tanto es así que por una parte Litvinov se preguntó luego si alguien creía que él podría haber firmado un tratado con Hitler, y el mismo *führer* subrayó públicamente que la sustitución del ministro de Exteriores, judío, fue un elemento fundamental para llegar a un acuerdo con la Unión Soviética.

Hitler movía sus piezas diplomáticas para buscar el mayor número de aliados; de esta forma, a finales de mayo y principios de junio Alemania firmó pactos de no agresión con Estonia, Letonia y Dinamarca. La tensión internacional se hacía irrespirable en el verano de 1939 y, tras un intento fallido de aproximación de Francia y Gran Bretaña a la Unión Soviética, el 19 de agosto el ministro de exteriores nazi Joachim von Ribbentrop viajó a Moscú para encontrarse con su homólogo soviético Vyacheslav Molotov. De esta reunión resultó la firma el 23 de agosto del Pacto de no agresión germano-soviético, que incluía un acuerdo comercial y uno político que establecía la división de áreas de influencia en Europa Oriental (Polonia, Besarabia, Finlandia y los estados bálticos) y una neutralidad soviética en caso de guerra entre Alemania y Europa Occidental. Ante el asombro de la diplomacia británica, Hitler había conseguido la complicidad de la Unión Soviética y, pese a no obtener el apoyo de Mussolini para tomar una iniciativa en Polonia, las cartas estaban marcadas y la suerte del continente decidida.

Maxim Litvinov (1876-1951) fue un revolucionario bolchevique de origen judío que ejerció como ministro de exteriores soviético de 1930 a 1939. Su destitución favoreció las negociaciones entre Hitler y Stalin lo que facilitó el Pacto germano-soviético. En 1941, después de que Alemania declarara la guerra a la Unión Soviética, Stalin lo nombró Comisario Adjunto de Relaciones Exteriores y después embajador soviético en Estados Unidos de 1941 a 1943. Finalmente, regresó a su país y vivió sus últimos años en Moscú.

Breve historia del Holocausto

En la fotografía se muestra el Pacto Molotov-Ribbentrop o Pacto de no agresión germano-soviético del 23 de agosto de 1939. En un primer plano y firmando aparece Vyacheslav Molotov, ministro de Exteriores soviético que había sustituido a Maxim Litvinov; detrás de este su homólogo alemán Joachim von Ribbentrop, quien años después, tras ser juzgado en los Juicios de Núremberg, sería ahorcado. Asimismo, a su izquierda aparece un sonriente Iósif Stalin, que autorizaba bajo un retrato del líder revolucionario Lenin un acuerdo sin precedentes entre nazis y comunistas que significó la antesala de la Segunda Guerra Mundial.

La persecución judía en Europa antes de la Segunda Guerra Mundial

Aunque la proyección antisemita nazi en la década de 1930 estuvo en boca de toda la opinión pública internacional por su radicalización y contundencia, lo cierto es que no fueron pocas las organizaciones y los partidos del este continental que actuaron con la misma obsesión racial antes de la guerra. Los judíos de Hungría, Rumanía, Polonia, Eslovaquia y Croacia sufrieron también en sus carnes la ira sin sentido de una población afectada por una crisis económica endémica. A medida que Alemania y el nacionalsocialismo se adueñaban políticamente de Europa, crecían los devotos de pensamientos radicalizados que encontraban rápidas explicaciones y fáciles víctimas a la crisis. De esta manera, los valores patrióticos y espirituales se convirtieron en punta de lanza de la defensa de una identidad nacional que debía excluir a los judíos.

Hungría

En 1935 se fundó el Movimiento Hungarista de la Cruz y la Flecha, un partido con ideas y formas similares a las nacionalsocialistas. Sus miembros se proclamaban «asemitas» y creían que la mejor solución ante los recelos que generaban los judíos, un 5 % de la población húngara, era simple y llanamente que se fueran del país. Este movimiento político, en sus inicios un tanto marginal en Hungría, fue ganando seguidores al mismo tiempo que crecía la influencia nazi en el continente. Bajo un discurso poco original se acusaba a los judíos de haber fomentado la ruina económica del Estado a partir de su gran poder financiero e industrial. El Gobierno húngaro estaba cada vez más presionado por la radicalidad social y las dificultades económicas, y tras el *Anschluss* alemán de Austria de marzo de 1938 aprobó una ley para reducir en un 80 % la presencia judía en las profesiones liberales y en el conjunto de la economía.

La bandera del Movimiento Hungarista de la Cruz Flechada o la Cruz y la Flecha era muy parecida a la nazi. El color rojo de fondo y el círculo negro con relleno blanco eran iguales, pero la esvástica fue sustituida por una cruz en la que todas sus puntas se convirtieron en flechas. Este grupo de extrema derecha, a pesar de ser marginal en la política del país, presionó mucho al Gobierno húngaro para adoptar medidas que mostraran simpatía y aproximaran al país a la Alemania nazi.

En 1939, Hungría se aproximó en sus relaciones diplomáticas a la Alemania nazi, de manera que fue en ese momento cuando se decretaron una serie de leyes que tenían como objetivo reducir la influencia judía en la vida pública, como por ejemplo la fijación de un cupo mínimo de empleados cristianos en las empresas. Los judíos se vieron perseguidos por la Administración y vivieron una creciente exclusión social, traducida a menudo en un boicot a sus comercios o incluso en la omisión laboral de universitarios judíos muy preparados. En mayo de ese año el Gobierno, buscando mayor complicidad con los nazis, aumentaba la presión a la comunidad hebrea aprobando una ley que clasificaba a los judíos como grupo racial y no religioso. Este conjunto de medidas surtieron efecto y así, mientras muchos se convirtieron al cristianismo, otros tantos decidieron emigrar, de manera que la población judía se redujo drásticamente.

Rumanía

En 1927 se fundó la Guardia de Hierro, un partido político fascista, antisemita y ultranacionalista rumano liderado por Corneliu Zelea Codreanu, cuyos seguidores eran los legionarios o «camisas verdes». Este movimiento fue muy marginal en sus inicios, pero la crisis económica internacional le situó en el candelero, y hasta tal punto generó miedo que a finales de 1933 fue prohibido y a partir de ahí radicalizó sus acciones, entre las cuales estaban los asedios y humillaciones callejeras a judíos. Tras recuperar la legalidad y ensalzados por la creciente popularidad nazi en Europa, los legionarios obtuvieron unos excelentes resultados electorales en 1937 y se convirtieron en la tercera fuerza política del país, con el 15 % de los votos. En ese momento tuvieron una influencia decisiva en la política rumana gracias a la gran presión social que ejercían sus jóvenes seguidores.

En febrero de 1938 el rey rumano Carlos II, ante la crisis económica y la tensión política, disolvió el gobierno y proclamó una dictadura real. Una de las acciones más controvertidas del nuevo régimen se produjo dos meses después, cuando se detuvo al líder de la Guardia de Hierro, Codreanu, que fue asesinado meses más tarde en prisión. Esta muerte convirtió en un mártir al líder de los «camisas verdes» e hizo que el movimiento no parara de crecer. Los actos de violencia se multiplicaron y cada vez más la inseguridad ciudadana se extendía; muy a menudo los judíos eran el blanco preferente de las iras de los fascistas. En septiembre de 1939, cuando ya había empezado la Segunda Guerra Mundial, los legionarios mostraron su fuerza y oposición a la dictadura de Carlos II asesinando al recién proclamado primer ministro Armand Calinescu.

El símbolo de la Guardia de Hierro era una triple cruz, a veces citada como la cruz del arcángel Miguel. Lo cierto es que aunque parezca una paradoja del destino, los principales líderes del movimiento legionario fueron detenidos y estuvieron entre rejas como escenifica su bandera. Después del asesinato de Codreanu, el nuevo líder del partido en la clandestinidad fue Horia Sima, un legionario conocido por sus posiciones marcadamente antisemitas.

Polonia

En 1935 se fundó el *Oboz Narodowo Radykalny* (Campamento Nacional Radical), conocido popularmente como ONR-Falanga, una organización liderada por Boleslaw Piasecki que, imitando las formas y la simbología nazi, defendía un totalitarismo católico y un fuerte antisemitismo. Este movimiento, nacido entre círculos de jóvenes estudiantes en las principales universidades del país, creía en un estado totalitario y fascista, y aunque siempre tuvo como una de sus prioridades la persecución a estudiantes y comerciantes judíos, nunca contó con el beneplácito del nazismo. A lo largo de la década de 1930, la crisis económica y la fuerza de la propaganda convirtieron a la ONR-Falanga en un partido popular y con gran estima entre universitarios y obreros. Fue un grupo muy activo y dinámico que tenía siempre en el punto de mira de sus persecuciones y vejaciones a comunistas y judíos. Las primeras víctimas del auge social del movimiento fueron los judíos de las principales ciudades, a menudo despreciados y avergonzados públicamente y en otras ocasiones despedidos del trabajo. La organización, aunque siempre mantuvo una oposición, más nacionalista que ideológica, frente al nazismo, se vio en realidad arrastrada por lo que sucedía en Alemania. La admiración por la figura de Hitler coincidía con una oposición radical al imperialismo germano. De este modo el partido polaco anduvo siempre bajo la influencia directa de los acontecimientos que sucedían en el país vecino; tal fue así que el miedo al avance nazi a principios de 1939 provocó una crisis interna y una división definitiva del movimiento. De esta forma, y a pesar de que las campañas de acoso sistemático a los bancos judíos continuaron, el grupo

La bandera de la ONR-Falanga, la *Szczerbiec*, era una espada sostenida por un brazo y una mano de acero que representa la espada mítica del rey polaco Boleslaw Chroby (992-1025). Pese a ser un símbolo blanco con fondo de color verde, no deja de mostrar con líneas rectas, formas gruesas y un arma la contundencia política que expresa el movimiento. Liderados por el carismático Piasecki, los iconos que adoptó el fascismo polaco fueron poco originales, estableciendo el saludo con el brazo derecho en alto y las camisas azules como uniforme.

empezó a sufrir duras críticas de sus detractores, quienes les acusaban de nazis. Ante la creciente amenaza alemana, la presión social acabó disolviendo definitivamente la organización en agosto de 1939, muy poco antes precisamente de la ocupación militar del país.

Eslovaquia

En 1913, el sacerdote Andrej Hlinka había fundado el Partido de la Gente Eslovaca, una agrupación católica y nacionalista que debía defender los intereses del pueblo en un momento político muy complejo en el interior del reino de Hungría y del Imperio austrohúngaro. Tras la Primera Guerra Mundial y en aquel entonces dentro ya de Checoslovaquia, Hlinka constituyó el Partido Popular Eslovaco, el cual se convirtió rápidamente en el mayor partido de Eslovaquia. La esencia ideológica de la organización era defender el nacionalismo eslovaco con una manifiesta radicalidad fruto de posiciones conservadoras y católicas. Fue un partido que siempre tuvo detrás una gran movilización ciudadana, y formó un verdadero contrapoder al Gobierno checoslovaco a partir de la creación de un brazo militar propio, la Guardia Hlinka, la organización paramilitar del partido, que estaba mayoritariamente formada por jóvenes nacionalistas eslovacos, quienes con una actitud y una simbología fascista dominaban con total impunidad las calles de Bratislava. El extremismo del partido aumentó a lo largo de la década de 1930 y alguna de sus líneas ideológicas empezó a simpatizar con las causas nazis, como hizo Jozef Tiso, futuro líder del partido tras la muerte de Hlinka en agosto de 1938. Tras los Acuerdos de Múnich y la consiguiente ocupación alemana de los Sudetes, la Guardia Hlinka se sintió más fuerte que nunca y empezó a manejar el miedo en las calles con sangrientas persecuciones de húngaros, checos, comunistas y judíos, todos ellos considerados los enemigos potenciales de una Eslovaquia católica e independiente. Durante la Segunda Guerra Mundial las tropas eslovacas de la Guardia Hlinka fueron entrenadas por las SS en Alemania y posteriormente cooperaron para organizar las detenciones y deportaciones de judíos eslovacos a campos de exterminio como el de Auschwitz.

La bandera de la Guardia Hlinka lleva los tres colores tradicionales y emblemáticos de Eslovaquia, el blanco, el azul y el rojo; por otro lado figura una doble cruz roja que nos recuerda la esencia católica del partido. La Guardia Hlinka formaba con uniformes negros, gorros en forma de barco y mantenía la típica salutación fascista con el brazo alzado. Bajo el parapeto de su lema más popular «Eslovaquia para los eslovacos», el brazo armado del partido de Hlinka colaboró decisivamente con los nazis durante la Segunda Guerra Mundial para la perpetración del Holocausto.

Croacia

En 1929, se fundó la Ustasa Hrvatska Revolucionarna Organizacija (Organización Revolucionaria Croata Insurgente), popularmente conocida como movimiento Ustasa, una organización de jóvenes revolucionarios que nació con el objetivo de luchar contra la dictadura del rey Alejandro I en Yugoslavia y conseguir la independencia de Croacia. Bajo el liderazgo carismático de

Ante Pavelic, el movimiento se radicalizó progresivamente durante la década de 1930, y fue entonces cuando se impregnó de un fuerte catolicismo e incorporó toda la simbología del fascismo italiano a su estructura y funcionamiento. En 1934 el grupo croata actuó, en colaboración con un grupo insurgente macedonio de la misma índole, para asesinar al rey Alejandro I durante una visita a Marsella. Tras el éxito del atentado terrorista, Pavelic propuso un giro definitivo hacia posturas claramente nacionalistas, católicas y antisemitas, simpatizando sin disimulo con el nazismo. Las persecuciones a los judíos fueron tan esporádicas como marginal fue la organización Ustasa, pero el sello racista del movimiento se plasmó posteriormente en una macabra colaboración con los nazis durante la Segunda Guerra Mundial para la limpieza étnica de católicos ortodoxos y judíos en Croacia.

El logo del movimiento Ustasa es muy explícito y sencillo, contiene la «U» como inicial de la organización y la cruz cristiana, todo en blanco sobre fondo negro. La organización Ustasa nació como un grupo terrorista, creció como un contrapoder nacionalista croata dentro del mosaico cultural yugoslavo y acabó siendo el partido único del régimen totalitario de Croacia durante la Segunda Guerra Mundial. En dicha contienda, su carismático líder Ante Pavelic cooperó decisivamente con los nazis en la persecución y el exterminio judío.

5

Alemania arrasa e impone sus leyes

*Cuando los ricos se hacen la guerra,
son los pobres los que mueren.*
Jean-Paul Sartre

ALEMANIA CONQUISTA EUROPA (1939-1941)

Polonia

Las pretensiones imperialistas nazis sobre Danzig y el sorprendente Pacto de no agresión germano-soviético anticipaban la inminente ocupación alemana de Polonia, y así fue: el 1 de septiembre de 1939 se inició la ofensiva militar. El ataque masivo y sorpresivo, con una inmensa superioridad en aviación, tanques y tropas, buscaba un efecto demoledor que sin duda consiguió. La devastación de las infraestructuras, comunicaciones y fuerzas enemigas fue tan rápida y contundente que el tipo de ofensiva nazi fue conocida posteriormente como *blitzkrieg* ('guerra relámpago'). Después de un fracasado intento de mediación italiana, Mussolini proclamó el mismo día la «no beligerancia» y dos días más tarde, tras un ultimátum desesperado para la retirada de tropas en Polonia lanzado por Gran Bretaña y Francia, estas declararon la guerra a Alemania, dando de este modo inicio a la Segunda Guerra Mundial. En virtud de los acuerdos secretos entre nazis y comunistas, el 17 de septiembre las tropas de la Unión Soviética invadían Polonia Oriental y asumían su área de influencia. A finales de mes caía Varsovia y la derrota de Polonia era un hecho, el sueño nazi del *lebensraum* parecía haberse cumplido. La velocidad y la violencia de la conquista rápidamente vinieron acompañadas de una dura política represiva contra la población polaca, con el cierre de universidades y escuelas superiores, el exterminio de intelectuales, la aplicación de la censura y masivas detenciones de la población civil, especialmente de judíos. El 6 de octubre Hitler dirigió una oferta de paz a Francia y Gran Bretaña, siempre que asumieran la conquista de Polonia, propuesta sobre hechos consumados que fue tajantemente rechazada.

Dinamarca y Noruega

Con la finalidad de asegurar los envíos de hierro sueco para la industria militar y controlar la entrada al mar Báltico con vistas a un enfrentamiento naval con tra los británicos, Hitler decidió la conquista de Dinamarca y Noruega (abril de 1940), países que ofrecieron poca resistencia. Las ofensivas militares lideradas por la Luftwaffe, las fuerzas aéreas alemanas, plasmaron una superioridad sin precedentes y facilitaron rápidos avances de tropas sobre el territorio. Tras las victorias sobre Polonia, Dinamarca y Noruega, el ejército nazi inició la campaña de occidente con el objetivo de derrotar lo más rápidamente posible a Francia y afrontar la batalla definitiva contra Gran Bretaña.

Holanda, Bélgica y Francia

La invasión de Holanda y Bélgica empezó el 10 de mayo de 1940; la primera cayó en cinco días y la segunda resistió hasta finales de mes con la ayuda de tropas francesas. A través de Bélgica, y de una Luxemburgo que también fue sometida, se inició el 5 de junio la ocupación militar sobre Francia. Aunque fue esta una ofensiva que abrió brechas en todos los frentes, la línea más avanzada y contundente de las fuerzas avanzaba por el norte, controlando poco a poco los puertos que miraban a Gran Bretaña por el Canal de la Mancha. Al fin y al cabo, el fulgurante avance de las tropas alemanas no dejaba de sorprender a la opinión pública internacional, el mundo vislumbraba una insultante superioridad nazi y fue precisamente en ese contexto cuando Mussolini declaró al unísono la guerra a Francia y Gran Bretaña. La entrada oportunista de Italia en la guerra formó el bloque militar de países del Eje (recordando el acuerdo del Eje Roma-Berlín de 1936) y añadió un frente bélico al sureste del país galo que acabó de mostrar la debilidad militar francesa para hacer frente a la ocupación. El 14 de junio Alemania se apoderaba de París, símbolo de la victoria sobre todo el país. Tres días después el primer ministro, el mariscal Philippe Pétain, pedía un armisticio que se acabó rubricando el 22 de junio en una gran escenificación de propaganda nazi en Rethondes, no por casualidad el mismo sitio donde los alemanes habían firmado su derrota en la Primera Guerra Mundial. En el tratado de paz se establecía la división de Francia en dos, con una zona norte ocupada por los nazis que les permitiría afrontar la batalla contra los británicos y una zona sur libre y francesa que tendría su epicentro y gobierno en Vichy. El general Charles de Gaulle, exiliado en Londres, no aceptó la paz, creó el movimiento de la Francia Libre e impulsó

Esta es una de las imágenes más representativas de la Segunda Guerra Mundial. En esta fotografía, realizada el 24 de junio de 1940, el *führer* fue inmortalizado ante la Torre Eiffel escenificando ante el mundo la victoria nazi sobre Francia. Diez días antes las tropas alemanas habían entrado en un París abandonado, ya que unos setecientos mil ciudadanos habían huido, la mayoría de ellos a pie. Durante toda la ocupación alemana la Torre Eiffel estuvo adornada con una inmensa bandera nazi que representaba el sometimiento de la ciudad al nuevo orden.

una resistencia, como demostró su alocución pública del 18 de junio de 1940:

> A todos los franceses. Francia ha perdido una batalla. Pero Francia no ha perdido la guerra. Unos gobernantes poco dignos han capitulado, han cedido al pánico, han olvidado el honor, han librado el país al servilismo. Asimismo, nada se ha perdido porque esta guerra es una guerra mundial [...] Invito a todos los franceses, allá donde se encuentren, a unirse conmigo en la acción, en el sacrificio y la esperanza. Nuestra patria está en peligro de muerte. Luchemos todos para salvarla. Viva Francia.

Aunque en esos momentos sus proclamas no surtieron efecto y tuvo pocos apoyos, posteriormente, junto a la flota francesa que escapó del control nazi, se hizo fuerte en Argelia y consiguió establecer un contrapoder galo que persiguió la expulsión alemana de Francia.

Gran Bretaña

El nuevo primer ministro británico Winston Churchill ya desde un principio había mostrado su firme resistencia a arrodillarse ante los nazis. A pesar de los mensajes contundentes que enviaba Churchill, Hitler ofreció nuevamente, tras conseguir derrotar de forma humillante a Francia, la paz a Gran Bretaña, pero el líder británico denegó la oferta. Las fuerzas navales británicas y alemanas estaban muy equilibradas en el mar del Norte, cualquier intento de avance de flotas conllevaba importantes pérdidas materiales y humanas en ambos bandos. La ofensiva sobre Gran Bretaña sería por aire. La Luftwaffe, la fuerza aérea que hasta ese momento había arrasado en el centro de Europa, empezó la ofensiva sobre la isla el 16 de julio, con los objetivos bélicos prioritarios establecidos en las industrias y los epicentros de suministros y comunicaciones, si bien se acabó bombardeando a la población civil de las grandes ciudades para dar un golpe moral a los ciudadanos y dificultar la ayuda en la retaguardia. Las fuerzas aéreas británicas, la Royal Air Force, muy bien preparadas mediante avances técnicos como el radar, frenaron la acometida germana por aire dando por finalizada con tablas la llamada Batalla de Inglaterra en diciembre de 1940, aunque la ciudad de Londres continuó sufriendo constantes bombardeos hasta mayo de 1941.

Esta fotografía de septiembre de 1940 muestra la devastación que sufrió la *Holland House,* en la que las paredes de su librería quedaron intactas tras un bombardeo nazi. El *Blitz* fue el bombardeo llevado a cabo por la *Luftwaffe* sobre Gran Bretaña por parte de la Alemania nazi entre el 7 de septiembre de 1940 y el 16 de mayo de 1941. El *Blitz* provocó alrededor de 43.000 muertes y destruyó más de un millón de viviendas, pero fracasó en alcanzar los objetivos estratégicos de romper las defensas británicas para facilitar una invasión terrestre.

La guerra había tomado un cariz insólito en la historia ya que implicaba tanto a la población civil como a la militar, los ejércitos se preparaban para la aniquilación total del enemigo y las ciudades de la retaguardia se convirtieron en objetivo bélico de primer orden. Las batallas entre las potencias implicadas eran terribles enfrentamientos por tierra, mar y aire, las colonias africanas y asiáticas se veían arrastradas por el destino de sus metrópolis europeas, la guerra se extendía por el mundo con sangrientos combates y fatales consecuencias.

Yugoslavia y Grecia

Italia había fracasado al intentar invadir Grecia desde Albania y ese fleco en el continente podía servir a Gran Bretaña para realizar una incursión militar desde sus posiciones en Egipto. Hitler, aprovechando la colaboración de países aliados como Hungría, Rumanía y Bulgaria, envió en abril de 1941 sus tropas al sureste europeo, donde en poco más de un mes invadieron Yugoslavia y Grecia sin excesiva oposición ni resistencia.

Unión Soviética

El 22 de junio de 1941, curiosamente justo un año después de la firma del armisticio con Francia, las fuerzas alemanas empezaron por sorpresa la invasión de la Unión Soviética anulando el Pacto de no agresión germano-soviético, lo que significó una movilización sin precedentes en la historia de más de cuatro millones de hombres. La ofensiva que abrió el frente oriental en la Segunda Guerra Mundial recibió el nombre de «Operación Barbarroja»: el gigantesco frente iba del mar Báltico al mar Negro, de Finlandia a Rumanía. Un objetivo de Hitler era llegar a los Urales antes que se presentara el invierno y conseguir materias primas e industria militar para acabar posteriormente con Gran Bretaña; pero por encima de todo el propósito principal era aplastar a los comunistas y de paso seguir erradicando la población judía de Europa. Alemania dividió el amplísimo avance en tres líneas de ataque: por el norte se iría por las costas del mar Báltico y se tomaría Leningrado (actual San Petersburgo), por el centro desde Polonia se adentrarían en las llanuras rusas hasta llegar a Moscú y por el sur desde Rumanía el objetivo sería la conquista de Ucrania y las ricas regiones del Cáucaso.

Cartel de propaganda nazi que carga contra el «bolchevismo y el dinero» y escenifica los enemigos nazis durante la Segunda Guerra Mundial. Un soldado alemán carga con la bayoneta contra las tres serpientes del mal: Gran Bretaña, Estados Unidos y la URSS. Los carteles publicitarios, que llenaban las calles de las principales ciudades, fueron esenciales para motivar a la población en tiempos de escasez y tristeza, la exaltación nacional y la estigmatización de la maldad del enemigo eran las armas para ganar la batalla psicológica en la retaguardia.

A principios de diciembre de 1941 los objetivos estaban casi cumplidos; los alemanes, que mantenían un cruel sitio sobre Leningrado (que duraría hasta enero de 1944), estaban a tan sólo treinta y cinco kilómetros de Moscú; y, por otro lado, la conquista de Ucrania estaba completada y se había llegado al puerto de Rostov en el extremo nordeste del mar de Azov. El Ejército Rojo sufrió sangrientas derrotas ante las embestidas nazis, pero la llegada del frío permitió equilibrar fuerzas y así conseguir frenar las tres líneas del frente alemán ese mismo mes de diciembre. La Operación Barbarroja, que había sido concebida como una rápida ofensiva, se convirtió en una guerra de desgaste que agotó los recursos disponibles y provocó millones de víctimas.

Japón, China y Estados Unidos

La guerra más devastadora de la historia, lastimosamente, tuvo un escenario planetario; sólo los países de América Latina anduvieron durante el conflicto al margen de los enfrentamientos. En este sentido, las costas del océano Pacífico en el Extremo Oriente fueron epicentro de grandes batallas y escenario de catástrofes humanitarias escalofriantes. A partir de diciembre de 1941, los intereses económicos e imperialistas japoneses conllevaron arduos y largos enfrentamientos militares en el continente asiático con China, la Unión Soviética, las colonias europeas y Estados Unidos por el dominio del Pacífico. La Alemania de Hitler, la Italia de Mussolini y el Japón del emperador Hirohito, que pasaron a ser conocidas como las Potencias del Eje, se opondrían en el transcurso de la Segunda Guerra Mundial a las llamadas Potencias Aliadas, o simplemente los Aliados, es decir, China, la Unión Soviética,

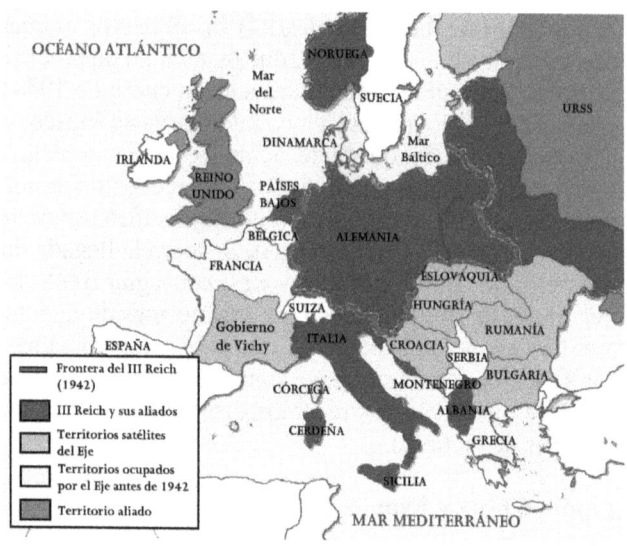

El dominio total de la Alemania del III Reich queda reflejado en el mapa de la Europa de 1942. Otros estados europeos como Suecia, Suiza o España, a pesar de declararse neutrales en la guerra, mantuvieron buenas relaciones económicas y políticas con los nazis. En 1942 se visualizaban dos claros frentes de combate para los nazis en el continente: el frente occidental, donde las batallas navales y aéreas con los británicos eran tan equilibradas que los avances tecnológicos eran la punta de lanza en el desarrollo de las campañas militares, y los terribles combates en el frente oriental, donde la amplitud del frente, el volumen de tropas movilizadas y las dificultades geográficas y climáticas provocaron una masacre humanitaria estremecedora.

Estados Unidos y Gran Bretaña. Los enfrentamientos se desarrollaban en las colonias africanas, en el sur del Mediterráneo, en Oriente Medio, en el Extremo Oriente y en Europa. Fue en este último continente donde el desarrollo militar de la guerra permitió que los nazis aplicaran en los territorios ocupados sus leyes antisemitas y diseñaran un macabro programa para el exterminio de la población judía.

Vida en la retaguardia

Los países implicados en la guerra pusieron ya desde un principio toda la economía al servicio de las necesidades bélicas, de manera que la producción industrial y la de armamento fueron prioritarias frente a las del consumo. Todos los hombres adultos con buena disposición física debían alistarse, coger un fusil y servir a la patria. Por el contrario, el resto de la población formada por niños, mujeres y ancianos tuvieron que ocupar fábricas y granjas, convirtiéndose así en un gran ejército de trabajadores que servían a las necesidades del frente. Los estados centralizaron toda la economía con el objetivo de facilitar alimentos, ropaje y aprovisionamiento militar a los soldados, dejando en un segundo plano las carencias de la vida en la retaguardia. La escasez alimenticia afectó especialmente a las ciudades, donde era más difícil el acceso a verduras, frutas y hortalizas, y así, en este sentido, ni las cartillas de racionamiento que habían instaurado los gobiernos (cupones de cartón por familias que repartía el Estado para cambiar por productos de primera necesidad) pudieron asegurar la distribución mínima de comida. Ante la falta de pan, leche, aceite o jabón, muchos ciudadanos buscaron alternativas a la insuficiente ración de las cartillas en el mercado negro, donde, pese a los elevados precios, se podía solucionar la falta de comestibles. Asimismo, la miseria y el hambre aumentaban a medida que el conflicto militar se alargaba, los gobiernos eran incapaces de cubrir las necesidades de la población y, pese a intentar optimizar los pocos recursos existentes, no se evitaron episodios de desnutrición, mendicidad, malas condiciones higiénicas y epidemias. La falta de alimentos indujo a los gobiernos a tomar drásticas medidas de racionamiento y represión; sólo así pueden comprenderse algunas decisiones respecto a prisioneros de guerra y sobre poblaciones de los territorios ocupados.

La fotografía de Reggie Speller en 1940 del repartidor de leche durante los bombardeos de Londres nos enseña sin palabras la cotidianidad de la retaguardia en las ciudades asediadas. Los productos de primera necesidad como la leche eran muy cotizados. La gente, pese a los bombardeos y la hambruna, continuaba trabajando; había quien lloraba la muerte de familiares y vecinos, quien nunca interiorizó el aviso de las sirenas ni superó el miedo a los bombarderos, al silbido de las bombas al caer o al estruendo del impacto de las mismas, pero hubo también quien acabó por habituarse a retirar de las calles los cuerpos ensangrentados por la metralla que yacían entre los escombros.

Pronto se percibió esta guerra de forma muy distinta a la Primera Guerra Mundial: el concepto de retaguardia en cierto modo desaparecía, pues los bombardeos aéreos convirtieron pueblos y ciudades, teóricamente lejanas del frente bélico, en objetivo militar prioritario. La guerra tenía dos vertientes, el frente y la retaguardia; de este modo los horrores del conflicto afectaron directamente a la población civil. Se habían cambiado las reglas militares tradicionales y las nuevas batallas conducían hacia una guerra total, todo valía para vencer al enemigo. De esta manera, las vejaciones y los abusos sobre los ciudadanos, fueran niños, mujeres o ancianos, se sucedieron con una perversa cotidianidad, se buscaba el sometimiento y la humillación del adversario, se habían perdido definitivamente los valores éticos de la condición humana. Es en este sentido en el que cabe enmarcar las acciones del Holocausto nazi en la retaguardia de la guerra, en un contexto emocional propicio, donde el odio al enemigo social, político o racial fue más allá de lo esperado.

Alemania

El régimen nazi, tras más de seis años de dictadura, ya había purgado cualquier oposición interna, pero a pesar de eso, el mismo 3 de septiembre de 1939 en que daba inicio la Segunda Guerra Mundial, Reinhard Heydrich, como ya vimos líder de la Gestapo y número dos de las SS tras Himmler, decretaba legalmente el arresto y la deportación a campos de concentración de los «derrotistas», calificación que recibirían las personas que expresaran dudas públicamente respecto a la victoria alemana en la guerra. El Gobierno alemán, desde su posición pseudodarwinista de la supervivencia

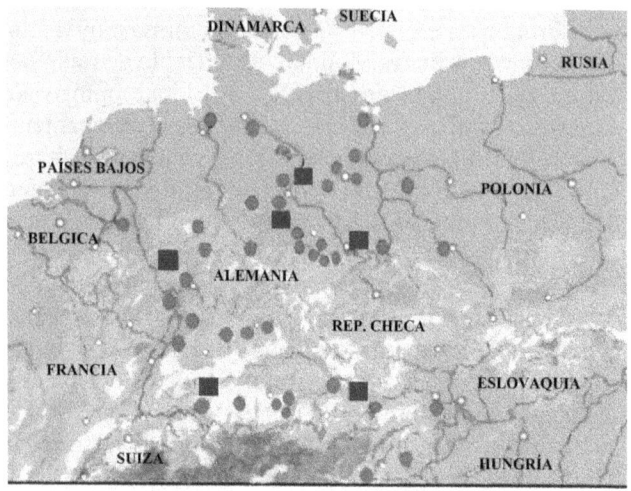

Sanatorios mentales donde se aplicó el programa de eutanasia entre 1940 y 1945
■ Centros médicos en los que se utilizaban cámaras de gas
● Centros médicos donde se utilizaban inyecciones letales

En este mapa podemos situar la distribución de los centros sanitarios en los que se aplicó el programa de eutanasia T4 durante la Segunda Guerra Mundial. Sólo en los ocho primeros meses de la guerra se contabilizaron más de diez mil pacientes asesinados con inyecciones y gas, muchos de ellos eran niños. De una u otra forma, lo cierto es que los asesinatos masivos de enfermos y discapacitados, que eran para los nazis una carga innecesaria para la sociedad, continuaron a lo largo de toda la guerra.

de una raza aria superior creada con personas elegidas, tenía claro que todos aquellos que poseían altos grados de minusvalía, defectos o enfermedades genéticas no merecían la vida; en este sentido, precisamente al iniciarse la guerra se aceleró el programa de eutanasia T4. El Estado creó equipos médicos especializados que visitaron clínicas, hospitales y sanatorios de todo el país, donde debían decidir, junto a los médicos de los propios pacientes, quiénes iban a ser enviados a las seis instalaciones con cámaras de gas que se establecieron: Bernburg, Brandenburgo, Grafeneck, Hadamar, Hartheim y Sonnenstein. La mayoría de las víctimas fueron exterminadas en estos centros, mal llamados «sanitarios», en el interior de cámaras herméticas y asfixiadas con monóxido de carbono. La opinión pública no tardó en hacerse eco de las protestas de muchos familiares y la indignación popular por la forma de proceder del Gobierno obligó a poner fin a los exterminios centralizados, aunque empezaron a implantarse directamente inyecciones letales a los pacientes seleccionados.

El programa de eutanasia prosiguió a lo largo de todo el conflicto mundial y fue a partir de 1942 cuando muchos de aquellos asesores médicos y técnicos que habían participado en él tendrían un papel muy destacado a la hora de dirigir el establecimiento y el funcionamiento de los campos de exterminio que permitirán el Holocausto.

TERRITORIOS OCUPADOS Y ESTADOS SATÉLITES

Los territorios anexionados al Reich alemán y bajo control directo nazi eran Austria, Chequia, Polonia, la región del norte de Francia, Luxemburgo y Eslovenia; de su lado, países satélites como Hungría, Rumanía, Eslovaquia, Croacia, Bulgaria y Finlandia adoptaron su propio fascismo y se mantuvieron como aliados; por último, algunos estados tuvieron gobiernos independientes bajo control y supervisión germana, tales fueron los casos de Noruega, Países Bajos, Dinamarca, Bélgica, Serbia y la Francia de Vichy.

La administración y el modelo político nazi se extendieron sobre los países que dominó Alemania durante la Segunda Guerra Mundial. De este modo y habitualmente con la complicidad determinante de grupos autóctonos, se establecieron regímenes totalitarios con unas dictaduras que permanecieron bajo el control, la violencia y el terror de la Gestapo, el ejército alemán y las SS. El nuevo orden creó verdaderos estados policiales que se extendieron por Europa, generalizándose la censura y la falta de libertades, así como los arrestos, las torturas, las deportaciones, los juicios sumarísimos y las ejecuciones. Cuando el frente bélico nazi lo necesitaba, las autoridades procedían a importantes expolios mineros y alimentarios, imponían determinadas producciones industriales y agrarias o reclutaban trabajadores para las grandes fábricas alemanas. A pesar de que la publicidad germana demandaba mano de obra con la consigna de salvar Europa del bolchevismo y poder ocupar las plazas de aquellos héroes nacionales que habían abandonado su puesto de trabajo para servir a la patria en el frente, las migraciones estaban muy mal vistas y causaban una gran oposición social en los territorios ocupados. Pese a ello, los desplazamientos forzosos de población aumentaron a medida que la guerra avanzó. Si en 1939 eran trescientos mil los trabajadores foráneos en las industrias alemanas, en 1943 pasaron a ser cuatro millones y al final de la guerra ya eran cerca de seis millones las personas que trabajaban bajo durísimas condiciones en Alemania.

En abril de 1942, el *führer* se refirió al trato sobre los pueblos conquistados en estos términos más que explícitos:

> Los pueblos conquistados no tienen otro deber que servirnos en el terreno económico y

nosotros debemos extraer de estos territorios todo lo que podamos. Han de comprometerse a enviarnos sus productos agrícolas y a trabajar en nuestras minas y nuestras fábricas de armamento [...]. Intentar evitar que vayan a la escuela, todo lo que aprendan las gentes de estos pueblos inferiores, aunque sólo sea leer y escribir, puede volverse contra el nuestro. La música es la mejor forma de trabajo y distracción de la población por la radio. Hay que mejorar las comunicaciones pero no debemos esforzarnos en la higiene de los pueblos sometidos, el resultado de la iniciativa sería un aumento de la población; por eso prohíbo que se realicen campañas de limpieza e higiene. En estos territorios [refiriéndose a Rusia y Ucrania], que únicamente se practique la vacunación obligatoria de los alemanes. Habrá médicos sólo en las colonias alemanas y para curar sólo a los alemanes. No debemos dar armas, es mejor que no haya policía, la seguridad la pondremos nosotros. La historia ha demostrado que cuando alguien ha dado armas a cualquier pueblo dominado, estos las han acabado utilizando en su contra.

Los soldados alemanes no tuvieron reparos en reprimir y humillar a la población civil de los países conquistados. Las detenciones arbitrarias, los abusos y las requisas eran la cotidiana manifestación del sometimiento de pueblos dominados considerados racialmente inferiores. Las elites políticas, culturales y religiosas eran sistemáticamente encarceladas, deportadas y asesinadas, y asimismo permanecían en el epicentro de todas las iras, opresiones y vejaciones tanto comunistas como eslavos, gitanos y judíos.

El colaboracionismo

Muchos fueron los industriales de los territorios ocupados que, atraídos por el anticomunismo o con el objetivo de conseguir rápidos beneficios en una coyuntura bélica, participaron activamente en los proyectos económicos y sociales nazis. En Europa, el tradicional antisemitismo instaurado en las sociedades y el oportunismo codicioso llevó a muchos gobiernos y ciudadanos de los países ocupados a colaborar con los nazis en la perpetración del Holocausto. Decenas de miles de judíos fueron perseguidos, deportados y asesinados, tanto por indicación alemana como por propia iniciativa, en los territorios aliados.

En Hungría, tras convertirse en un Estado satélite alemán al principio de la Segunda Guerra Mundial, el movimiento de la Cruz y la Flecha lideró el país con una durísima carga antisemita. Ya en sus principios ideológicos se había manifestado a favor de la expulsión de los judíos, pero a partir de la aprobación en 1941 de una ley de clasificación racial muy semejante a las Leyes de Núremberg de 1935, la legislación facilitó la persecución judía y fomentó la emigración. No obstante, a pesar de tener leyes antisemitas y ser una aliada nazi, Hungría negó la deportación de judíos a campos de concentración, lo cual convirtió a ese país en destino y refugio de judíos austriacos, eslovacos, polacos y alemanes. Esta situación cambió radicalmente cuando Alemania ocupó militarmente el país en 1944, ante la amenaza soviética, en el tramo final de la guerra.

En lo que respecta a Rumanía, los legionarios de la Guardia de Hierro liderados por Horia Sima, que ya habían protagonizado fúnebres episodios antisemitas, tuvieron el beneplácito del *führer* para participar decisivamente en el Gobierno. Las campañas de extorsión económica, comercial y financiera sobre los judíos fueron constantes y vinieron acompañadas de pogromos y asesinatos selectivos a sus elites en el país. La policía encarceló y mató a judíos rumanos y ucranianos cuando esta última región quedó bajo dominio rumano en el transcurso de la guerra, pero negó la deportación de estos a Alemania.

Por su parte, en Eslovaquia, el Gobierno fascista de la Guardia Hlinka encabezado por Josef Tiso se alineó con las políticas antisemitas nazis y decretó que los judíos no podían trabajar en la Administración Pública, ni ejercer profesiones liberales, ni poseer propiedades, ni participar en actos públicos, culturales o deportivos y, asimismo, quedaron excluidos de las escuelas de secundaria y universidades y estaban obligados a identificarse públicamente con la Estrella de David. La Guardia Hlinka perpetró un auténtico sitio a la población hebrea y a partir de 1940 tuvo un papel activo y decisivo para la detención, el aislamiento y la deportación de judíos.

En Croacia, país independiente tras la ocupación alemana e italiana en el transcurso de la guerra, los nazis ofrecieron la Administración a Ante Pavelic, del movimiento Ustasa, la organización manifiestamente fascista y antisemita que también conocemos. El nuevo Gobierno croata implantó un régimen totalitario que aterrorizó mediante la violencia a la población y, para mayor control y represión, creó sus propios campos de concentración, donde se asesinó a más de veinte mil judíos, además de serbios y cristianos ortodoxos.

Si de Bulgaria hablamos, otro país aliado nazi desde marzo de 1941 hasta septiembre de 1944, recordaremos que el Gobierno de extrema derecha del primer ministro Bogdan Filov adoptó leyes antisemitas tales como la prohibición de los matrimonios mixtos, la expropiación de bienes o la expulsión de los funcionarios hebreos. Bulgaria cooperó decisivamente con los nazis en la deportación de judíos extranjeros, especialmente griegos, macedonios y soviéticos, pero pese a los intentos de las SS el Gobierno nunca aceptó la extradición de judíos búlgaros a los campos de concentración y exterminio nazis.

El Gobierno de Vichy, situado en el sur de la actual Francia, colaboró decisivamente con los nazis a nivel militar, económico y policial, así como facilitando mano de obra para la industria alemana y el acceso a manufacturas y reservas mineras coloniales que pudieran ser útiles para el ejército del Reich. La sumisión de la Francia de Vichy, liderada por el mariscal Philippe Pétain y por el Gobierno de Pierre Laval, ante los intereses nazis fue tal que muchas veces las ayudas prestadas iban en detrimento de las necesidades de la propia población francesa. La Gestapo y las SS actuaban con total impunidad en la región para combatir la resistencia y profundizar en la persecución de comunistas, socialistas y judíos. La complicidad manifiesta de las autoridades de Vichy para la deportación de sospechosos opositores al nazismo condujo a muchos exiliados republicanos de la Guerra Civil española hacia los campos de concentración, la mayoría de los cuales fueron enviados a Mauthausen-Gusen, en Austria.

En la Unión Soviética ocupada, la colaboración de ciudadanos y de grupos sociales y económicos lituanos, letones, estonios, ucranianos, bielorrusos y rusos con los alemanes fue determinante para el asedio y el asesinato masivo de cientos de miles de judíos. Los nazis supieron sacar provecho de la coyuntura bélica; de este modo y ante la nueva situación, devolvieron la propiedad privada a antiguos propietarios y reinstauraron iglesias con el objeto de buscar afinidades ideológicas y sociales en las tierras conquistadas. En aquel contexto, personas con sed de venganza ante la opresión de la antigua etapa comunista y otros muchos que buscaban una posición preferente en difíciles tiempos de guerra y hambruna, cooperaron como cuerpos auxiliares de las SS y la Gestapo para la masacre de cientos de miles de judíos en las regiones soviéticas ocupadas por Alemania.

Por último, en Noruega, el líder del partido político conservador, fascista y antisemita Unidad Nacional, Vidkun Quisling, se erigió como máximo dirigente del país en 1942 junto al comisario alemán para el país nórdico Josef Terboven. *Quisling,* término que define hoy en día en noruego, inglés y otros idiomas el concepto 'traidor', incitó durante su gobierno el apoyo activo al ejército alemán, formó grupos paramilitares de apoyo a las SS y colaboró en la deportación de judíos a los campos de exterminio nazis.

No en todos los países dominados la complicidad estatal con los nazis fue la misma; por ejemplo en Finlandia la situación resultó muy diferente. La invasión que sufrió por parte de la URSS a finales de 1939 había escenificado el abandono diplomático del país, pero la ofensiva nazi contra la patria del comunismo de mediados de 1941 propició el apoyo y la sublevación finlandesa contra sus antiguos adversarios. Finlandia y Alemania permanecieron unidas durante el resto de la Segunda Guerra Mundial contra el enemigo común soviético, pero sus alianzas políticas no fueron más allá, y en todo momento el Gobierno local se opuso a la adopción de leyes de discriminación racial y para la deportación de judíos.

El cóctel molotov es un tipo de bomba en la que en un recipiente se mezcla aceite de motor con productos inflamables como la gasolina, y un trapo sirve de mecha. Al lanzar la botella el impacto la rompe y provoca una explosión. Esta arma de elaboración casera se utilizó por primera vez en la Guerra Civil española (1936-1939) y su uso se generalizó durante la Segunda Guerra Mundial, especialmente para combatir a los tanques. El nombre se popularizó en la Guerra de Invierno entre Finlandia y la Unión Soviética (1939-1940), cuando Vyacheslav Molotov comunicaba por radio a la población finlandesa que tiraba alimentos y el ejército finlandés respondió que ellos por su parte pondrían los cócteles.

La resistencia

En toda Europa aparecieron distintas expresiones de repulsa ante la ocupación y la represión alemana. Así, surgieron formas de resistencia y se originaron también modos de oposición más o menos cotidianos, organizados y clandestinos. La fuerza de estos grupos, que actuaron tanto en ciudades, pueblos o bosques como en aduanas, prisiones, guetos y campos de concentración, se asentaba en la complicidad, la valentía y el secretismo con los que actuaban sus miembros y en la colaboración y el silencio de parte de la población civil.

A pesar de que la mayoría de la resistencia ante la represión alemana la constituyeron acciones puntuales, generosas y anónimas de cientos de miles de personas, cabe destacar que los principales movimientos organizados estuvieron capitalizados por grupos paramilitares de tendencia comunista, los cuales se desarrollaron en Francia, Yugoslavia y posteriormente en Italia. En la Francia de Vichy actuó la resistencia francesa, los maquis, quienes a través de atentados y sabotajes se convirtieron a partir de 1941 en una verdadera pesadilla para nazis y colaboracionistas en el sur del país. En Yugoslavia, desde la primavera de 1941, aparecieron grupos de resistencia «partisana», término referido a los guerrilleros que combatieron el fascismo, que estuvieron liderados por el carismático y popular Josip Broz Tito, quien tras la guerra se convertiría en presidente yugoslavo. En el norte de Italia, a partir especialmente de 1943, apareció un movimiento también partisano, asimismo de tendencia comunista, que actuó sistemáticamente contra la ocupación nazi en el país. No sólo los comunistas formaron la resistencia, también lo hicieron demócratas, nacionalistas o simplemente ciudadanos que querían evitar las requisas, las deportaciones o los trabajos forzados. Las acciones que se llevaron a cabo fueron boicots a la administración de las nuevas autoridades y al nuevo orden nazi, sabotajes de todo tipo, tráfico ilegal, falsificación de documentos, soborno a policías o atentados. La oposición de los gobiernos que quedaron bajo influencia alemana en el viejo continente fue testimonial, tímida y vergonzosa ante los abusos criminales alemanes. Asimismo, cabe destacar que los gobiernos de Dinamarca, Finlandia, tal y como anteriormente hemos apuntado, y Albania, los cuales habían quedado bajo dominio germano, desoyeron reiteradamente las demandas nazis para la deportación de judíos y comunistas. En Dinamarca, a mediados de 1943, se produjo un significativo ejemplo de resistencia estatal y un verdadero desafío a las autoridades alemanas cuando, por expresa orden gubernamental, se organizaron viajes clandestinos de judíos en barcos de pesca hacia Suecia, país neutral durante la Segunda Guerra Mundial, salvando la vida a más de seis mil judíos que de esta forma lograron escapar del Holocausto.

Leyes antisemitas en los territorios ocupados

Las políticas raciales nazis no se detuvieron en las fronteras de Alemania. A pesar de que el país estaba inmerso en una fatigosa y dura guerra, la persecución de los judíos continuaba siendo una prioridad política para Hitler, las SS y todos los agentes del nazismo. El *führer* creía que la desaparición de los judíos de Europa era un paso necesario y esencial para el devenir de las nuevas generaciones arias. En este sentido, siempre dejó claro a los altos mandos de las SS, como Heinrich Himmler y Reinhard Heydrich, que una de las prioridades del Reich durante la guerra debía ser el aislamiento y la depuración de los judíos. Ya en *Mein Kampf* manifestó con claridad meridiana su posición al respecto, haciendo hincapié en que se hubiera podido matar entre diez y quince mil judíos al principio de la Primera Guerra Mundial, ya que de esta forma al menos el sacrificio de tantos alemanes no hubiera resultado en vano. En base a su superioridad racial, los arios debían construir su imperio hacia el este, y en su espacio vital no podían estar los judíos. Es por esta razón, y bajo esa finalidad, que las leyes antisemitas se impusieron en los territorios conquistados y se presionó para que las introdujeran los países aliados. Tal y como hemos visto anteriormente, la colaboración con la Administración alemana casi siempre existió, aunque funcionó con mayor o menor intensidad según los territorios, con más o menos leyes antisemitas y una respuesta desigual ante la demanda nazi de deportación de judíos a los campos de concentración alemanes, austriacos o polacos. Si la complicidad de la mayoría de los países aliados en el este de Europa en la perpetuación del Holocausto queda fuera de toda duda, también cabe señalar que los grandes imperios que apoyaron a los nazis durante la Segunda Guerra Mundial, tanto Italia —antes de quedar dividida por la guerra en 1943— como Japón, se mantuvieron muy al margen de la persecución judía.

Según las cifras que ofrecía el anuario estadístico de los judíos estadounidenses, en 1933 había en el mundo poco más de quince millones de hebreos, nueve millones y medio de los cuales vivían en Europa. La mayoría de ellos residían en el este, estimando en el informe que las comunidades más numerosas estaban en Polonia, con más de tres millones de judíos, y en la Unión Soviética, con más de dos millones. El este de Europa significaba para Hitler una encrucijada de grandes intereses políticos y militares en medio de la guerra, era el espacio natural de expansión del Reich, formaba parte del destino último del *lebensraum* del pueblo ario y así se convertiría en el territorio donde el nazismo podía realizar su particular purgatorio racial contra el judaísmo. El objetivo de Alemania era limpiar étnicamente el continente de «las bacterias», usando las despóticas palabras de Goebbels, que expresaba con total claridad y rotundidad:

> No se puede hablar de la cuestión judía con el judío, no es oponente honorable, él es un extranjero, la traición, no tiene derecho a la protección del Estado [...] El que defiende los judíos perjudica a su propio pueblo. Uno sólo puede ser un lacayo judío o un oponente judío. Oponerse a los judíos es una cuestión de higiene personal y social. Debemos tener a estas personas fuera de circulación al igual que un médico hace con una bacteria.

En otoño de 1941, justo cuando quedó frenado el avance de las tropas alemanas en el frente oriental, en el interior de Alemania se obligó a los judíos mayores de seis años a llevar públicamente el distintivo de la estrella de David de seis puntas amarilla en el pecho y con la palabra *jude* ('judío') inscrita. Asimismo, fue en aquellos meses cuando los *einsatzgruppen* empezaron a desarrollar un plan para el exterminio de prisioneros de guerra soviéticos, comunistas y judíos en los territorios recién conquistados del este de Europa.

Los *einsatzgruppen*

La Oficina Central de Seguridad del Reich (RSHA o Reichssicherheitshauptamt), una organización creada en 1939 por las SS y subordinada a ellas, que coordinaba a la Gestapo, la Policía Criminal y la Agencia de Seguridad del Estado, fue la institución que elaboró en 1940 un plan secreto para la limpieza étnica y racial en el este de Europa, el «Generalplan Ost» (Plan General para Oriente), cuyo nombre en clave era GPO. Este proyecto militar contra la población civil de la retaguardia tenía la finalidad de acabar con los problemas de suministro e inanición de los pueblos recién conquistados en el este. Para conseguirlo se debía reducir drásticamente el número de eslavos rusos, polacos, bálticos, bielorrusos y ucranianos en la región, ajusticiar a todos los colaboradores del comunismo y ocuparse sin reparos ni descanso de aislar y exterminar a las comunidades judías. Asimismo, la intención no sólo era el vacío demográfico del este continental y la aniquilación de los dos grandes enemigos del nazismo, comunistas y judíos, sino allanar el terreno para una futura repoblación alemana que permitiera extender la influencia y el dominio de la raza aria en Europa. El plan, que salió a la luz pública en 1945 gracias al testimonio de un alto oficial de la RSHA partícipe en su elaboración, Hans Ehlich, buscaba la colonización germana de tan vasta zona siguiendo la idea del *lebensraum*, que sostenía que al espacio de crecimiento y expansión natural de la raza aria habría de llegarse ocupando el oriente del continente. Con esta finalidad, encubierta en el devenir de las batallas, la invasión alemana de la URSS de mediados de 1941 fue acompañada de unas unidades que tenían unas tareas especiales, los grupos móviles de matanza o *einsatzgruppen*, unos escuadrones especializados que se habían creado en 1939 bajo orden directa de Himmler y Heydrich, los cuales procederían en la retaguardia con el Generalplan Ost. De esta forma, las victorias alemanas y el avance de sus tropas conllevaron no sólo el encarcelamiento o la emigración forzosa de judíos, sino el exterminio de comunidades enteras. Los *einsatzgruppen* al principio mataban a rebeldes, comunistas, funcionarios, políticos, gitanos y judíos, primero sólo a hombres adultos, pero poco después se amplió la masacre sin distinción entre ancianos, mujeres y niños. Las acciones de estas unidades se producían con extrema rapidez, entrando por sorpresa en pueblos y ciudades donde arrestaban a los judíos; luego, los agrupaban, les obligaban a desnudarse y a entregar todos los objetos de valor que tuvieran, y finalmente emprendían con ellos una marcha hacia campos abiertos y solitarios, barrancos, montañas y bosques, donde habitualmente eran fusilados o asfixiados dentro de camiones con gas. Algunos de los testigos que sobrevivieron a las dramáticas escenas destacaron posteriormente tanto la seguridad que demostraban los verdugos en tales acciones como el tenso silencio que ofrecían los judíos ante la barbarie que vivían. Tras los asesinatos tiraban sus cuerpos en fosas comunes, muchas veces construidas por las propias víctimas, y acababan quemándolos con el objetivo de no dejar rastro de las masacres.

Aquellos miembros de los *einsatzgruppen* que fueron partícipes directos de las matanzas excusaron luego su salvaje comportamiento bajo el pretexto de ser jóvenes e ignorantes, analfabetos y fieles creyentes del nazismo como dogma de fe. Después de la Segunda Guerra Mundial, los testigos de los grupos especiales justificaron su intervención en los exterminios con frases un tanto exculpatorias como «creo que era lo que había que hacer» o «me mandaron hacerlo». El hecho sin embargo es que el desarrollo de asesinatos selectivos a gran escala contra la comunidad judía en la retaguardia del frente soviético daba inicio al Holocausto. Lo cierto es que la agresiva campaña de publicidad nazi, ideada y dirigida por Goebbels durante los últimos años, se había encargado de deshonrar y difamar a los judíos. Los buenos alemanes debían vigilarlos muy de cerca, ya que eran los verdaderos enemigos de la patria junto a los comunistas, estaban ocultos en todas partes para actuar con mayor impunidad y malicia y se debía desconfiar de su mirada bondadosa, sus costumbres educadas y su aparente normalidad. Los miembros de las SS eran los más preparados para ejecutar una de las operaciones más importantes de la guerra, y entre ellos los que formaban parte de los *einsatzgruppen* eran los elegidos, los que tenían en sus manos el designio prioritario del *führer*, acabar con los judíos. En ese contexto de honra y cierta euforia y bajo la creencia ciega en la magnanimidad de sus acciones, no debían mostrarse débiles ni compasivos; tanto fue así que los altos mandos premiaron y prestigiaron la crueldad de los ejecutores. A pesar del convencimiento emocional e ideológico de los soldados nazis, la carga psicológica de la muerte a sangre fría y la magnitud de la barbarie fue percibida rápidamente por los oficiales entre sus hombres, así que tomaron la costumbre de ofrecer grandes cantidades de bebida tras los exterminios para adormecer los sentimientos y poder distanciarse de sus crímenes. De esta manera, los miembros de los *einsatzgruppen*, con la fuerza de la unidad y la solidaridad entre camaradas, despejaban cualquier duda en su comportamiento. A pesar de que algunos igualmente andaban reflexivos y con la mirada un tanto perdida, la verdad es que la gran mayoría lejos de arrepentirse aún proclamaban sus hazañas y comentaban y describían, a menudo irónicamente con eufemismos, las terribles masacres.

Algunas de las brutales operaciones que realizaron los *einsatzgruppen* fueron las de Paneriai y Eišiškės, en Lituania; las de Ostrog, Babi Yar y Odessa, en Ucrania, y la de Rumbula, en Letonia. Todas ellas se desarrollaron en la segunda mitad de 1941 y a lo largo de 1942.

En Paneriai, unas instalaciones preparadas para el almacenamiento de petróleo en los alrededores de Vilna sirvieron como grandes fosas comunes. Las matanzas empezaron con una gran intensidad en julio de 1941 y se alargaron intermitentemente a lo largo de 1942. En ellas se calcula que perdieron la vida casi setenta mil judíos, veinte mil polacos (mayoritariamente profesores, intelectuales y sacerdotes), más de ocho mil soviéticos (generalmente prisioneros de guerra) y cientos de gitanos, funcionarios, rebeldes y comunistas lituanos. El avance de las tropas de Stalin en 1943 y el miedo a que fuese descubierto el magnicidio obligó a los oficiales nazis a tomar la decisión de desenterrar todos los cuerpos y quemarlos para no dejar rastro.

Eišiškės es un pueblo situado al sureste de Lituania y allí, en la víspera del año nuevo judío, a finales de septiembre de 1941, un escuadrón de los *einsatzgruppen* reunió a más de cuatro mil judíos del lugar y alrededores en tres sinagogas, y tras dejarles sin comer ni beber durante dos días, les llevaron al cementerio judío para que, ante las tumbas que yacían abiertas y profanadas, fueran todos fusilados.

En Ucrania el genocidio fue especialmente sangriento a lo largo de la guerra. En Ostrog, una población de la región occidental del país, el 4 de agosto de 1941 los *einsatzgruppen* concentraron a primera hora de la mañana a cerca de diez mil hebreos y los dirigieron a las afueras. Bajo un sol y un calor asfixiante, sentados y ordenados en filas perfectamente trazadas, fueron separando pequeños grupos de entre cincuenta y cien personas; luego, un poco apartados del resto, les obligaron a desnudarse y los mataron antes de tirarlos en una fosa previamente excavada. Durante todo el día fusilaron a más de dos mil personas. Al atardecer y ante la falta de luz, la caravana humana, tremendamente reducida, regresó a la ciudad. El 1 de septiembre una operación de limpieza étnica parecida sacudió a la comunidad judía provocando un número similar de víctimas, pero no fue la última. Estas operaciones se sucedieron a pequeña escala en Ostrog de forma puntual e intermitente, pero en octubre de 1942 se volvió a la estrategia del exterminio en masa y fueron aniquilados otros más de tres mil judíos. Por otro lado, en Kiev, la capital ucraniana, los alemanes convocaron a los judíos el 28 de septiembre de 1941, con carácter obligatorio, a la esquina de la calle Melnikovsky con Dokhturov, para un reasentamiento fuera de la ciudad. Una vez agrupados, les obligaron a desvestirse y a entregar sus objetos de valor y fueron dirigidos en pequeños grupos a un barranco de las afueras de Kiev, a Babi Yar, donde fueron todos ejecutados. La ubicación de la matanza al límite del precipicio permitió a los soldados de las SS evitar huidas y luego esconder y enterrar mejor los cuerpos en una gran fosa natural. Durante los días 29 y 30 de septiembre, los *einsatzgruppen* asesinaron a unos treinta y cuatro mil judíos y a muchos miles de gitanos, comunistas, ucranianos y prisioneros de guerra soviéticos. En Ucrania hay en la actualidad un debate abierto sobre la más que probable participación y colaboración de la policía autóctona en la matanza.

En Odessa, la ciudad portuaria al extremo sur del país, se vivió un asesinato en masa parecido. Entre el 22 y el 24 de octubre de 1941, los equipos móviles de matanza, con la colaboración de tropas rumanas, llevaron a las víctimas a las afueras de la ciudad para fusilarlos en grupos y quemar sus cuerpos, a pesar de que muchos de ellos

Dina Pronicheva (1911-1977) se cuenta entre los pocos supervivientes de la carnicería de Babi Yar. En enero de 1946, tal y como aparece en la fotografía, la joven ucraniana declaró ante un tribunal de crímenes de guerra para Ucrania cómo consiguió sobrevivir a la masacre lanzándose a la fosa y manteniéndose inmóvil entre los cuerpos que yacían muertos y malheridos. Tras los disparos nazis a aquellos que aún sollozaban y a pesar de que cubrieron de tierra la fosa, logró superar la asfixia y escapar por la noche de la inmensa tumba. Este testimonio se popularizó a partir de la novela *Babi Yar,* que publicó en 1966 el escritor ruso Anatoly Kuznetsov.

estaban aún con vida. La ejecución de más de veinticinco mil judíos durante esos días no fue un episodio aislado en la región de la Transnistria, donde aparte de la masacre de Odessa se contabilizaron otros magnicidios durante la ocupación alemana que terminaron con la muerte de casi cien mil judíos.

En tan sólo dos días, el 30 de noviembre y el 8 de diciembre de 1941, los *einzatzgruppen* realizaron otra gran operación de exterminio. Tras vaciar el gueto de

Riga, la capital de Letonia, agruparon a unos veinticinco mil judíos y los llevaron al bosque Rumbula a las afueras de la ciudad. Despojados de sus ropas y robados sus objetos de valor, fueron asesinados y enterrados. Esta acción abre hoy en día una gran controversia sobre la colaboración y la complicidad de las autoridades letonas en el genocidio. Ante el avance soviético, en 1943 los soldados nazis abrieron muchas de las fosas comunes para desenterrar los cuerpos, quemarlos y luego enterrar los huesos y las cenizas. El objetivo, tal y como se hizo en Paneriai, era no dejar huella de la masacre. Uno de los comandantes de las SS que dirigieron esta acción fue Rudolf Lange, como veremos posteriormente uno de los participantes en la Conferencia de Wannsee en enero de 1942.

En algunos informes redactados por los *einsatzgruppen* se detallan las víctimas exactas asesinadas por cada unidad, así como qué oficiales de las SS que lideraban los escuadrones y estaban al mando de las operaciones recibían condecoraciones y ascensos por la contundencia y eficacia de los exterminios. Por ejemplo, el comandante Karl Jaeger aseguró en su informe a los altos mandos de las SS que entre julio y noviembre de 1941 habían asesinado a 137.346 judíos en Lituania y que calculaba que sólo quedaban unos treinta y cinco mil. Los batallones de los *einsatzgruppen* actuaron con total cobertura e impunidad de mediados de 1941 a finales de 1942 en Polonia, Lituania, Letonia, Estonia, Bielorrusia, Ucrania (especialmente) y Rusia. ¿Cómo puede entenderse la ayuda que prestaron muchos ciudadanos de estas regiones a los nazis para la consecución del Holocausto? El colaboracionismo de parte de la población para el exterminio de judíos está fuera de toda duda, ya sea por el miedo inoculado por los nazis, por

El 29 de noviembre de 2002, sesenta y un años después, se alzó un monumento en el bosque Rumbula en conmemoración y recuerdo del exterminio de los judíos del gueto de Riga. El monumento representa un árbol como símbolo de la vida, con unas largas raíces y una forma que nos sugiere el tridente del diablo, por encima de un campo de piedras que llevan inscritos los nombres de algunos de los asesinados en Rumbula. El proyecto lo realizó el Ayuntamiento de Riga con la colaboración económica de tres instituciones, la Unión del Pueblo, una organización caritativa alemana y la Embajada de Israel en Letonia. Los actos de inauguración contaron con la participación de judíos que sobrevivieron al genocidio de Riga.

el tradicional antisemitismo que acusaba a los hebreos de control financiero y económico o por la asociación directa que los alemanes hicieron entre comunistas y judíos, con el agravante de las atrocidades que cometió la dictadura de Stalin sobre estas regiones durante la década anterior. Con un ejemplo podemos entenderlo mejor. Un ucraniano estándar vivía en un mundo rural con una economía agraria prácticamente de subsistencia, había visto cómo las requisas de principios de la década de 1930 habían acabado con buena parte de su familia, era analfabeto y no entendía de política pero tenía claro que los comunistas rusos eran en gran medida sus enemigos. En ese contexto empezó una guerra que le situó en medio de combates ininteligibles; en ella muchos ucranianos, como nuestro arquetipo, que habían permanecido en su pueblo salvándose por algún motivo de alistarse con el Ejército Rojo, vieron cómo sus tierras eran ocupadas por los nazis. Con una superioridad militar y técnica evidente, y con ideas sencillas y claras, los alemanes organizaban la retaguardia y los ucranianos observaron cómo centraban sus iras contra comunistas y judíos. El tradicional antisemitismo impregnado en la sociedad y la salvedad de haber dejado de creer en la causa comunista hizo que muchos ucranianos estuvieran predispuestos a colaborar con las nuevas autoridades, más teniendo en cuenta la falta de alimentos y la dificultad de abastecimiento. Cooperar con los nazis les permitiría posicionarse mejor para conseguir aprovisionamiento para sus familias y eso ante todo era, sin duda, lo prioritario.

La evolución militar del frente oriental en 1942 entre la Unión Soviética y Alemania reorientó las prioridades del Reich, el ejército y las SS, y con más motivo si tenemos en cuenta que ya funcionaban los campos de exterminio polacos. La deportación de judíos y prisioneros soviéticos hacia los grandes campos construidos en Polonia agilizaría y abarataría las operaciones del genocidio, y permitiría facilitar el suministro y avituallamiento de las poblaciones del este continental. Pese a que Himmler y Heydrich habían proclamado en 1940 que los asesinatos masivos se oponían a los valores civilizadores de la cultura germánica, lo cierto es que el balance de las matanzas a gran escala realizadas por los equipos móviles especializados de las SS fue sobrecogedor: del verano de 1941 a la primavera de 1943 habrían asesinado a más de un millón de judíos y a varios centenares de miles de comunistas, prisioneros, gitanos, ucranianos, bielorrusos, lituanos, estonios, letones, funcionarios y sublevados. Sin ninguna duda las acciones de los *einsatzgruppen* tuvieron un triste y preferente lugar en la perpetración del Holocausto.

LOS GUETOS

Las SS eran las encargadas de diseñar la estrategia para el dominio y el sometimiento de los pueblos de la retaguardia. Para ello, y con el objetivo de identificar y vigilar a la comunidad judía, delimitaron con muros y alambradas las juderías de las principales ciudades, y en otros casos habilitaron las zonas más antiguas y degradadas de los núcleos urbanos para establecer guetos judíos forzando a vivir en ellos a la población hebrea de la región. Estos barrios quedaron con rapidez muy densamente poblados, en ellos se alojaron un gran número de personas en unas condiciones higiénicas y unas infraestructuras miserables. Muchas veces, para acondicionar los nuevos barrios, convertidos en auténticas prisiones, se expulsó a antiguos residentes no judíos de sus pisos con el fin de dar cobijo a diversas familias hebreas. En octubre de 1939, poco más de un mes después de iniciarse la invasión alemana de Polonia, las autoridades germanas crearon el primer gueto en Piotrków Trybunalski, un pueblo al sur de Lodz, en el centro geográfico del país. Los nazis, desde un primer momento, querían tener controlados, identificados y segregados a los judíos. De este modo, a medida que fueron ocupando territorios en Europa Oriental en el desarrollo de la guerra, establecieron en cada una de las ciudades las «áreas residenciales judías» —así es como eufemísticamente los oficiales alemanes llamaban a los guetos—. Los judíos de los distintos pueblos y regiones, al igual que los gitanos, eran concentrados en guetos que se establecían principalmente en aquellas ciudades donde la presencia hebrea ya era notable antes de la ocupación alemana, y todos sus residentes siempre debían estar identificados con el brazalete con la estrella Estrella de David visible en su brazo derecho. A medida que la guerra avanzaba, miles de judíos alemanes, austriacos y posteriormente holandeses, belgas y franceses fueron reasentados en los guetos que se habían ido creando en el este europeo.

La complicidad de los *judenräte*

La dirección, la organización, las normas y la estrategia del gueto estaban a cargo de las SS, en tanto que la policía alemana, los soldados del ejército o los policías locales, según las necesidades bélicas del momento y las ciudades, eran quienes vigilaban las entradas al barrio y, bien armados y a menudo acompañados por perros, se aseguraban de que la vida en el gueto fuera

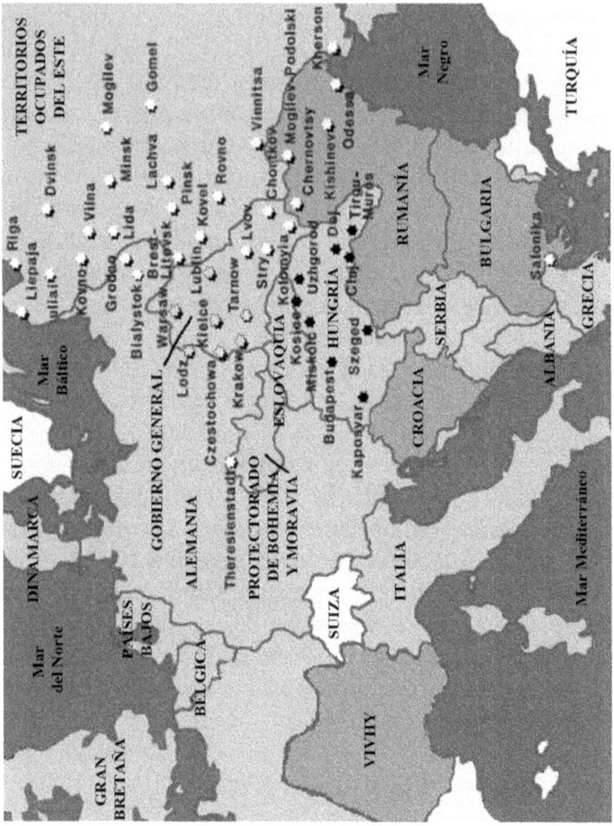

Grandes GUETOS en la Europa Nazi 1939-1944

- Guetos creados de 1939 a mayo 1941
- Guetos creados de junio 1941 a 1943
- Guetos creados en 1944

- Ocupación nazi
- Países aliados
- Países neutrales

0 — 300 MILES

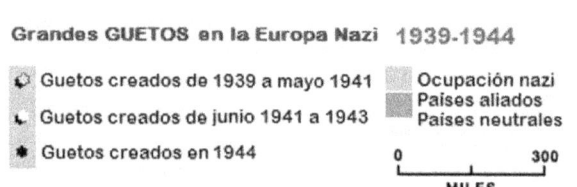

En la página anterior: los grandes guetos instalados por los nazis en los territorios ocupados sirvieron para aislar a la población judía. En ellos convivieron bajo la hambruna y unas trágicas condiciones la mayor parte de los judíos de Europa. La evolución militar de la guerra y el avance de las tropas alemanas por el este del continente propagó en la retaguardia el establecimiento de estos barrios. En total se calcula que se instalaron en pueblos y ciudades unos mil guetos, la mayoría de los cuales, y los más grandes, estuvieron en Polonia, aunque también, tal y como nos muestra el mapa, muchos de ellos se abrieron en Lituania, Letonia, Bielorrusia, Ucrania, Rumanía y Hungría a partir de 1944.

tranquila y de que nadie intentara traspasar los límites y vulnerar las normas establecidas. Para la organización interna de las juderías, las SS debían hallar un puente de comunicación más directo, amable y cercano con la población judía para conseguir un mayor control sobre sus ciudadanos. Fue entonces cuando buscaron la complicidad de voluntarios judíos, habitualmente licenciados y de clase alta, quienes intentando aprovechar un trato preferente y una cierta inmunidad se erigieron en verdaderos colaboracionistas de la causa nazi. De este modo, en la mayoría de guetos se estableció una policía judía o *judendienstordnung*, que estaba dirigida por unos consejos judíos o *judenräte*. Estos comités serían los encargados de censar a la población judía, hacer inventario de sus bienes, cuidar la higiene y la limpieza, organizar el tráfico y los avituallamientos, repartir los permisos de trabajo y, posteriormente, asimismo los que elaborarían las listas para las deportaciones a los campos de concentración y exterminio. Cualquier negligencia, resistencia o desobediencia quedaba bajo directa responsabilidad de los *judenräte*: velar por la seguridad del gueto y evitar huidas, robos y asesinatos a veces requería un trato duro, cruel y contundente de la policía judía, que si bien no tenía armas, disponía de porras y total impunidad para tratar como quisiera a quienes estaban bajo su control. Por lo general, los miembros de los *judenräte* cumplían puntualmente las instrucciones recibidas por las SS, ya que de ello dependía su bienestar, su alimento y las mejores condiciones de vida que disfrutaba su familia dentro del barrio. Los consejos judíos fueron esenciales en el mecanismo de control del gueto y la organización de la explotación, sumisión, robo y asesinato que los nazis ejercieron sobre los judíos durante la Segunda Guerra Mundial.

En esta fotografía de julio de 1942 aparecen seis miembros del *judenrat* de Varsovia, policía judía que a partir de esas fechas y siguiendo las órdenes de las SS, organizaron la deportación masiva hacia el campo de exterminio de Treblinka. Cuando el gueto empezó a vaciarse y el destino del *judenrat* era incierto, muchos de ellos desertaron o se escondieron, aunque la amenaza que se ejerció sobre sus familiares les obligó a seguir cumpliendo con su trabajo. Finalmente tanto ellos como sus familiares fueron enviados, sin ningún perdón, a campos de exterminio.

En algunos guetos, como el de Minsk, en Bielorrusia, el *judenrat* colaboró con la resistencia judía clandestina, pero esto sucedió en contadas ocasiones. En general, la policía judía era el grupo más odiado y menospreciado dentro del gueto por su traición, su ventajismo y su cooperación con los nazis. La mayoría de los judíos no podían entender su desfachatez, su arrogancia, su prepotencia, su poca ética y el empleo a menudo de un abuso de poder y una crueldad innecesarios. Uno de los *kapos* más conocidos fue Adam Czerniaków, presidente del *judenrat* del gueto de Varsovia, quien tras una estrecha colaboración y complicidad con las SS durante dos años, vio cómo se podía pasar de la opresión y el abandono de la población judía a la evacuación del gueto y la deportación de sus habitantes hacia los campos de concentración nazis. Este giro de la situación le suscitó tal incertidumbre y pánico que trató de cambiar de actitud e intentó evitar el traslado masivo de sus judíos, pero viendo la imposibilidad de interceder ante las autoridades nazis y observando el creciente vacío del gueto, decidió suicidarse con cianuro el 23 de julio de 1942. Pese al fatal desenlace de Adam Czerniaków, víctima de las contradicciones emocionales de quienes formaron parte de los *judenräte*, la suerte de los habitantes del gueto de Varsovia, así como del resto de guetos, estaba decidida de antemano: los barrios serían vaciados y los judíos enviados a campos de concentración. A partir de 1942, en las primeras listas de evacuaciones que elaboraron los *judenräte* figuraban niños, ancianos y enfermos, quienes al no poder trabajar en las fábricas no eran útiles ni productivos, antes al contrario suponían bocas que alimentar en unos guetos cada vez más superpoblados. El hecho de que en las primeras deportaciones los nazis se hubieran llevado a aquellos más débiles, que precisamente habían sido separados de la protección de sus familias, no era un buen augurio; podía intuirse un destino peor al del gueto, lo cual ya era difícil de imaginar para quienes intentaban sobrevivir en él.

El más conocido de los repudiados líderes de los *judenräte* fue Mordechai Chaim Rumkowski, quien gobernaba como un auténtico dictador el gueto de Lodz, en el centro geográfico de Polonia. El que había sido un discreto industrial judío antes de la guerra se erigía como el responsable del segundo gueto más numeroso

Chaim Rumkowski, quien se hacía llamar Chaim I, acuñó su propia moneda para el gueto de Lodz, el rumkie, con su cara impresa en el billete tal y como se ve en la fotografía.
El déspota presidente del *judenrat* creó sus propios sellos, celebró matrimonios, se desplazaba por el gueto en una carroza y en sus discursos hablaba de «sus judíos» y «sus fábricas». El odiado jefe de Lodz, seguramente, pensó que su actitud cooperante con los nazis y la eficacia productiva del gueto le salvarían la vida, pero murió en las cámaras de gas de Auschwitz como la mayoría de sus *súbditos*.

tras el de Varsovia, con una estrecha colaboración con los nazis, los cuales, teniendo en cuenta las crecientes necesidades de los alemanes, convirtieron el gueto de Lodz en un gran centro de producción de armamento ligero para su ejército. La enorme productividad industrial del gueto, que tenía la particularidad de incorporar un gran número de gitanos en su interior, propició que los nazis retrasasen al máximo el vaciado de la judería para la deportación hacia los campos de exterminio. A pesar del gran provecho que los alemanes sacaron del gueto de Lodz y del prestigio y respeto que adquirió el líder del judenrat, Chaim Rumkowski, al final el lugar fue evacuado y sus integrantes fueron desplazados en 1944 a Auschwitz, el campo de concentración polaco al sur de Lodz y del país, que se especializó en el exterminio y donde se consumó, como veremos posteriormente, una parte esencial del Holocausto.

La vida cotidiana en los guetos

Los guetos se ubicaron en los barrios históricos de las grandes ciudades, lugares de edificios antiguos, calles estrechas y viviendas pequeñas. En un mismo piso podían vivir diversas familias judías, de modo que la falta de espacio y los escasos recursos y servicios existentes provocaron rápidamente lamentables condiciones higiénicas. Pese a la organización de la limpieza que llevaba a cabo el *judenrat*, los desechos humanos y las basuras yacían a veces semanas en las calles, por lo que las enfermedades contagiosas se propagaban con extrema facilidad. En invierno, las cañerías de agua quedaban congeladas, las bajas temperaturas acechaban a los indigentes que llenaban las calles, entre ellos muchos ancianos y niños huérfanos, y por si fuera poco la falta de leña para calentarse, el pobre ropaje y la escasez de alimentos confluían en un aumento de las afecciones y dolencias. La debilidad de las condiciones de vida provocó que decenas de miles de personas murieran en los guetos por las bajas temperaturas, de inanición o de frío. Los testimonios de los guetos no olvidan el hambre que se vivía; una sencilla ración de pan, grasas para hacer sopas, patatas o legumbres era suficiente para pasar la semana. En la mayoría de los guetos las SS utilizaron a los residentes como mano de obra forzosa en fábricas que debían cubrir las necesidades bélicas nazis. En el gueto de Lodz, por ejemplo, se abrieron casi cien fábricas. La capacidad para el trabajo de las personas pronto adquirió gran importancia, ya que los judíos incapacitados o menos productivos fueron los primeros en ser fusilados o deportados. Cualquier judío que fuera capturado fuera del gueto sin su permiso de trabajo o alejado de su fábrica sería por ley inmediatamente eliminado. Si alguna persona de fuera del gueto contactaba, comercializaba o ayudaba a personas del interior, era acusada de traición y generalmente ejecutada. Cuando los trabajadores volvían al gueto y la luz empezaba a difuminarse entre la penumbra, se aplicaba el toque de queda y las calles se vaciaban rápidamente, y los castigos por desobedecer las directrices conllevaban severas sanciones, a pesar de lo cual los indigentes se escondían entre los escombros con la intención de pasar la noche. Para sobrevivir en el gueto los judíos reaccionaron ante las restricciones con diversas formas de resistencia, practicando todo tipo de actividades ilegales como el contrabando en el que se cambiaban objetos de valor por alimentos o medicamentos, un comercio de gran riesgo que habitualmente se hacía con personas del otro lado del muro. El *judenrat* era el encargado de evitar estas situaciones, pero en algunos guetos ejercía una calculada tolerancia para permitir el abastecimiento de la población. Muchas veces eran los niños los que se escurrían por pequeños agujeros que había en las paredes del gueto para conseguir comida en el exterior, si bien era algo que implicaba un gran riesgo y castigos durísimos que podían acabar con la muerte. Pese al sufrimiento y las dificultades, los niños jugaban por la calle con cualquier objeto y algunos continuaron su educación asistiendo a clases clandestinas, pese al peligro que ello conllevaba, ya que estas acciones estaban expresamente prohibidas. La mendicidad dentro del gueto era abundante y las calles muy peligrosas, las personas se volvieron más desconfiadas, la delincuencia y los robos aumentaron paralelamente a la escasez alimenticia, y las tensiones y las desgracias provocaron mayor unidad y complicidad en el interior de las familias. Las condiciones de vida eran muy duras, muchas zonas de las juderías no tenían ni siquiera agua potable y con el avance de la guerra, al tiempo que se reducían drásticamente los recursos, aumentaba la población en la mayoría de guetos. La convivencia en el interior de las juderías era cada vez más difícil, y el egoísmo y la insolidaridad crecían entre las personas a medida que la esperanza de sobrevivir se diluía. A veces la resistencia del cuerpo humano ante las durísimas condiciones de vida que sufrían las personas no iba acompañada de una fuerza psicológica suficiente, y en este sentido se vivieron numerosos episodios de suicidio.

Los grandes guetos de Polonia

Antes de la guerra se contabilizaban más de tres millones de judíos en Polonia. No es por tanto de extrañar que los grandes guetos que los nazis establecieran en Europa durante la Segunda Guerra Mundial fueran en ese país. Cracovia, ciudad situada al sur del mismo, sólo albergó a unos quince mil judíos en su gueto amurallado, ya que más de cincuenta mil judíos nativos fueron reasentados en otras poblaciones. El gueto de Kielce, situado al sur de Varsovia en el centro de Polonia, llegó a concentrar en un pequeño espacio de la ciudad a treinta mil judíos, a quienes luego se les sumaron mil más procedentes de Viena. Sus residentes sufrieron durísimas y extremas condiciones de vida, con una falta de alimento tan manifiesta que provocó una tremenda hambruna a finales de 1941 que arrastró todo tipo de enfermedades, virus y contagios que acabó con numerosos fallecidos. El gueto de Lodz o Litzmannstadt, liderado por el conocido judío Chaim Rumkowski, fue establecido en febrero de 1940 y reunió, dentro del recinto repleto de tablas de madera y recubierto de alambradas, a más de ciento sesenta mil judíos, convirtiéndose en el segundo gueto más importante de Polonia. El gueto estaba ubicado al nordeste de la ciudad, y quedó dividido en tres partes, entre las cuales pasaban dos grandes vías urbanas que no formaban parte del gueto, aunque la solución para las SS fue sencilla, la construcción de dos puentes que permitieran conectar los distintos espacios de la judería de Lodz.

En el gueto de Varsovia, la capital polaca, fueron confinados más de cuatrocientos mil judíos. Antes de 1939, Varsovia era el epicentro de la vida cultural hebrea, la ciudad concentraba más de trescientos cincuenta mil judíos, la comunidad más numerosa de Europa, los cuales formaban un tercio de la población total de la ciudad. Las autoridades nazis, un año después de la ocupación de la capital, decidieron la construcción de un gran gueto. En aquel entonces todos los judíos fueron

El puente sobre la calle Zgierska, la pasarela de madera que conectaba el gueto de Lodz, era un eje esencial de tránsito para sus residentes. El transporte público que usaba el resto de la población pasaba cada día por medio del gueto, mientras los policías, especialmente atentos, vigilaban la zona sin dejar que nadie se parara en este punto, intentando evitar el contrabando y que los judíos escaparan saltando a los vagones del trolebús.

obligados a mudarse al área designada y para ello tuvieron que reasentar a muchos ciudadanos no judíos a otros barrios de la ciudad.

El funcionamiento del gueto de Varsovia, por sus dimensiones y su capacidad, era un referente para las SS. El *judenrat* liderado por Adam Czerniaków comprendía un complejo entramado de estructuras económicas y sociales que debían organizar enteramente la vida de los judíos y gestionar de la mejor manera posible la explotación nazi sobre ellos. La policía judía tenía la misión de resolver la distribución de los escasos alimentos que había, velar por la higiene, la asistencia médica y la seguridad, elaborar registros de población, tener al día los permisos de trabajo, evitar la mendicidad, ayudar a los orfanatos o intentar que la vida cultural funcionara dentro del gueto con la mayor normalidad posible, con actividades musicales, religiosas, educativas, obras de teatro y conciertos. En este sentido, la película *El pianista,* que en 2002 dirigió Roman Polanski, nos permite tener una acertada visión de la cotidianidad en el gueto de Varsovia. Pese al gran control que ejercía la policía judía y la propia policía alemana sobre el gueto, el contrabando y las actividades ilegales eran habituales.

En la fotografía, fechada en 1940, aparece un grupo de judíos trabajando en la construcción de un muro del gueto de Varsovia. El barrio judío quedó aislado del resto de la ciudad a mediados de noviembre de 1940. Los muros que lo limitaban medían más de tres metros de altura con alambres en la parte superior para evitar las huidas. El cerco se extendía en un largo perímetro de dieciocho kilómetros.

En ese sentido, la presencia de carteles que llenaban las grandes ciudades, donde se amenazaba con la muerte a todos aquellos que ayudasen a los judíos, fue efectiva pero no al cien por cien disuasoria, ya que hubo muchos ciudadanos que aun arriesgando su propia vida intentaron ayudar en todo lo que pudieron, como fue el caso de Irena Sendler, 'el Ángel del gueto de Varsovia'.

El Ángel del gueto de Varsovia

Irena Sendler era una enfermera que trabajaba en los comedores sociales de Varsovia antes de la ocupación alemana del país, ayudando a los más desfavorecidos (ancianos, huérfanos o mendigos) con ropas, alimentos y medicinas. Los responsables de las SS de Varsovia eran conscientes de que debían asegurar la supervivencia de los habitantes del gueto, de tal manera que el alimento suministrado tenía que ser el mínimo pero el necesario para la supervivencia, ya que una hambruna o una posible epidemia podría acabar con la mano de obra que llenaba las fábricas de armamento que servían al ejército alemán, y eso no interesaba al Reich. El miedo a las enfermedades, las infecciones y los contagios provocó que las SS dejaran en manos de los propios polacos y judíos el control del gueto, así que ellos serían los encargados de gestionar las necesidades para el avituallamiento y el cuidado de los residentes. En ese contexto, Irena, polaca cristiana que vivía fuera del gueto, consiguió un permiso de trabajo en él, y entonces pasó a ocuparse de los más necesitados como siempre había hecho, tal y como ella luego comentó: «Fui educada en la creencia de que una persona necesitada debe ser ayudada de corazón, sin mirar su religión o su nacionalidad».

A partir de ese momento, empezó a evacuar a niños del gueto para ponerlos a salvo fuera de los muros, para ello los sacó clandestinamente, primero con ambulancias aludiendo que tenían el tifus, luego sistematizó sus acciones envolviendo los niños en unas mantas y escondiéndolos bajo bolsas de basura, sacos, carretas de mercancías o cajas de herramientas. Cuando Irena entraba cada día en el gueto intentaba convencer a las familias para que le confiaran a sus niños, pero no todas la creyeron, algo que no es de extrañar teniendo en cuenta que confiar ciegamente en alguien en aquellas circunstancias era difícil, y separarse de los hijos sin tener la certeza de volverlos a ver era muy duro, más una cuestión de fe que una verdadera esperanza. Irena contactaba previamente con familias polacas dispuestas a acoger a los pequeños y les encomendaba su seguridad; si en aquel momento no tenía un destino definido, los escondía en conventos y orfanatos. Tras las operaciones, pacientemente planificadas, tenía la confianza de devolverlos con sus padres, así que para que aquello fuera posible escribía el nombre de la familia judía del gueto, el del niño o niña y el de la familia de adopción en un papel, entonces envolvía la información dentro de un diminuto frasco que enterraba en un jardín, con el propósito de desenterrarlos algún día y así recuperar sus identidades. De principios de 1941 hasta el verano de 1942, cuando empezó la evacuación del gueto para la deportación de los judíos hacia campos de exterminio, día a día sin descanso durante un año y medio y arriesgando su propia vida, Irena Sendler consiguió sacar clandestinamente a más de dos mil quinientos niños de todas las formas posibles, niños a quienes visto lo que pasó posteriormente les salvó la vida. En octubre de 1943, una filtración policial acabó con la detención de Irena por parte de la Gestapo. Tras ser llevada a la prisión de Pawiak en Varsovia, fue torturada, pero no confesó nada, ninguno de los nombres de las familias que adoptaron a los niños salió a la luz y, finalmente, acusada de traición y colaboración con los judíos, fue condenada a muerte. Cuando su destino parecía tener

Irena Sendler (1910-2008) fue una mujer polaca que con su fuerza, coraje y decisión, salvó la vida a más de dos mil quinientos niños del gueto de Varsovia durante la Segunda Guerra Mundial. En la fotografía de la derecha, Irena de joven con su uniforme de enfermera, a la izquierda ya en 2005 en una de las últimas entrevistas que concedió. La historia de Irena Sendler salió a la luz pública en 1965. El gobierno polaco la propuso para el Nobel de la Paz de 2007, pero el galardón le fue concedido a Al Gore por sus estudios sobre el cambio climático. En 2008 murió una persona sencilla de infinita valentía y bondad que dejó un mensaje claro sobre su forma de ver el mundo: «Cada niño salvado con mi ayuda es la justificación de mi existencia en esta tierra, y no un título de gloria».

sólo un camino, la resistencia polaca, la Zegota, sobornó a un guardia para conseguir su liberación: de esta manera, Irena Sendler pasó a estar escondida el resto de la guerra formando parte de la resistencia y permaneciendo en la más absoluta clandestinidad.

A mediados de 1941 las SS empezaron a exigir a los judenräte de los guetos polacos la elaboración de unas rigurosas listas de los judíos residentes, en las cuales debía constar la identidad de todos los judíos, su capacidad para el trabajo, su estado de salud, su edad y su profesión. A finales de año, ante la dureza del invierno y la falta de alimentos en los superpoblados guetos, los alemanes ordenaron las primeras deportaciones de judíos hacia los campos de concentración. De esta manera las SS iniciaban un proceso de reestructuración de la población judía, que se acentuaría en el verano de 1942 con la evacuación masiva de los guetos hacia los campos de exterminio nazis. Los guetos estaban cumpliendo su objetivo de aislar y agrupar a la población judía, y servirían decisivamente para la causa del Holocausto que estaba a punto de aplicarse en los campos de concentración.

Campos de concentración

Europa había sucumbido a finales de 1941 a la superioridad militar alemana y los nazis avanzaban en el frente oriental contra la Unión Soviética rápidamente, pero la llegada del invierno dejaba entrever problemas de suministro y de abastecimiento en la retaguardia, ya que la prioridad debían tenerla, ante todo, el ejército y las líneas del frente. El *führer*, que estaba centrado en el desarrollo bélico, había dejado la organización interna del Reich en manos de las SS, las cuales tenían la responsabilidad de administrar los recursos y los suministros, los guetos, los campos de concentración y la cuestión judía; en ese contexto las SS se erigieron en el gran poder político en Alemania por encima del propio partido nacionalsocialista. Las SS de Himmler habían dispuesto tres estrategias bien diferenciadas: una para los enfermos mentales y discapacitados (el programa de eutanasia T4), otra para los judíos (aislados en guetos y trabajando en fábricas de armamento para Alemania) y por último la construcción de campos de concentración para alojar a los prisioneros de guerra, a los disidentes políticos, a comunistas, a elementos subversivos o de la resistencia, a criminales, maleantes, gitanos, eslavos y homosexuales. Este entramado tenía en su cometido una excepcionalidad secreta, las acciones que en el frente oriental llevaban a cabo los *einsatzgruppen*, que habían iniciado el Holocausto judío y también estaban asesinando en masa a batallones desarmados y vencidos del ejército soviético. Lo primero debía ser ganar la guerra contra los comunistas, y para conseguirlo se debían concentrar todos los esfuerzos técnicos, económicos y humanos en potenciar las fuerzas armadas alemanas (la Wehrmacht). Es bajo este prisma que se empiezan a entender las grandes prisiones o campos de concentración como fuentes indispensables de mano de obra para la industria bélica. Los trabajos forzados permitirían una gran productividad y podrían sostener una guerra, más larga de lo previsto tras el freno que supuso la batalla de Inglaterra y la llegada inminente del invierno en el frente ruso.

Campos de trabajo

El desarrollo de la guerra ampliaba las regiones que quedaban bajo control alemán, algo que conllevó un crecimiento impresionante del número de campos de concentración, los cuales se propagaron por Europa como una mancha imparable de represión y explotación, ya que ante las necesidades militares nazis, paralelamente, se construyeron grandes fábricas y campos de trabajo satélite que convirtieron a los presos en obreros a coste cero, obligándolos a doce horas diarias de esfuerzo hasta caer abatidos y extenuados. Los informes de los responsables de los campos señalaban que la media de vida de un preso era de unos nueve meses, lo cual es indicativo de su pobre alimentación y de la carga que padecían, y también muestran la rotación que se producía de mano de obra. De esta manera, las SS empezaron a entrar en el mundo de los negocios para ayudar al ejército y al Estado nacionalsocialista, así iniciaron la construcción de fábricas que a menudo construyeron los mismos prisioneros.

A pesar de lo que pueda parecer, la idea de explotar los recursos humanos que proporcionaban los campos no fue tan sólo producto de las necesidades bélicas, como demuestra el precedente de Mauthausen, donde una cantera de granito era explotada desde 1938 por intereses meramente económicos. A partir de 1940, no sólo las SS aprovecharon el trabajo de los prisioneros, sino que numerosos y ambiciosos industriales invirtieron en la construcción de fábricas privadas próximas a los campos de concentración para utilizar una mano de obra muy barata. Se pagaría al Estado unos pocos *reichmark* (moneda alemana) por el trabajo de una persona, y además la producción estaría orientada a las necesidades militares alemanas. Un ejemplo en este sentido es la fábrica de la Interessen-Gemeinschaft Farbenindustrie (I. G. Farben), un conglomerado de compañías químicas alemanas que en 1940 situó a las afueras de Auschwitz, el tristemente célebre campo de concentración cercano a la ciudad polaca de Oswiecim al sur de Polonia, una fábrica de caucho sintético que obtuvo enormes beneficios.

Los campos de concentración ya no eran simples cárceles sino que debían servir también para suministrar las materias primas que necesitaba Alemania, y así fue como se explotaron minas, se hacían trabajos agrícolas y las nuevas industrias confeccionaron tejidos y elaboraron bebidas, objetos de porcelana, municiones y todo tipo de armamento.

El funcionamiento de los campos

Al principio, los campos de concentración se habían creado con el objetivo de encarcelar a los criminales y reeducar a los disidentes, pero la dictadura nacionalsocialista se fue endureciendo e incorporando numerosos colectivos muy diversos, con orígenes, nacionalidades, idiomas y religiones muy distintos. Las SS idearon unos códigos inscritos en las camisas de los presos, en las que había una letra con la inicial del país de origen y unos triángulos de colores para clasificar e identificar a los residentes según su condición: de esta manera el rojo lo llevaban los intelectuales, los políticos, los comunistas y los sindicalistas; el verde los delincuentes comunes; el violeta los religiosos como los testigos de Jehová; el rosa los homosexuales; el negro los gitanos y los antisociales, y el azul los desertores y los apátridas. Muy a menudo las penas eran arbitrarias y los magistrados no seguían los casos, por lo que los presos quedaban incomunicados y el tiempo en prisión podía ser ilimitado. Si bien es cierto que al principio de la guerra era posible salir de los campos de concentración tras haber cumplido la condena, a finales de 1941 ya empezaba a ser una verdadera quimera lograr salir de ellos.

Los campos de concentración estaban cercados por unas largas filas de alambres de unos tres metros de altura, los cuales no sólo aislaban el campo del exterior sino que también servían para dividir distintos espacios del mismo. Al final de las alambradas, que tenían luces agregadas para divisar las zonas limítrofes por la noche, se alzaban torres de piedra o de madera desde donde los vigilantes controlaban cualquier intento de fuga.

Los campos estaban habitualmente alejados de las ciudades, para establecer una cierta distancia respecto a la población civil. Eran amplios y planos asentamientos que tenían en general buenas comunicaciones, pero cuando no era así los nazis se ocupaban de hacer llegar líneas de tren para agilizar las deportaciones de personas y el tráfico de las mercancías producidas en ellos. La vida cotidiana en los campos se definía esencialmente por la hambruna que se sufría, por las precarias condiciones

Los prisioneros eran agrupados, normalmente según su nacionalidad, en barracones de piedra rectangulares construidos como las antiguas colonias obreras del siglo XIX. Cada barraca estaba formada por ordenadas filas de literas de madera, de dos o tres pisos, que servían a los presos para descansar sobre colchones plagados de parásitos tras las largas jornadas laborales. Al avanzar la guerra, la necesidad de aumentar la capacidad de los campos precipitó la construcción de barracones de madera y el encaje, algunas veces, de un cuarto nivel de literas.

higiénicas, por el trato militar que establecían los guardias con los presos y por la dureza del trabajo y los castigos perpetrados en su interior. Las vallas de alambres electrificadas rodeaban los campos y subdividían las ordenadas hileras de barracones donde dormían los presos.

Los campos nazis disponían de unos barracones exclusivos para los oficiales y los miembros de las SS, dado que eran los que administraban y dirigían el campo. Aparte había unos para los guardias alemanes que vigilaban a los prisioneros y que actuaban como policías, y barracones de uso concreto, como la enfermería, la cocina, las letrinas, las duchas o la sala de torturas y ejecuciones. Los castigos eran frecuentes dentro del campo y los guardias alemanes recibían premios de las SS (como más ración de sopa, pan o cigarrillos) cuando aplicaban una aleccionadora crueldad con los residentes. Para ejecutar mejor las penas y las represalias sobre los prisioneros, acostumbraba a haber pequeñas celdas de aislamiento dentro de los campos en las que los presos eran encerrados varios días en una sala sin luz, sin beber ni comer, y eran objeto de sádicos métodos de tortura que muchas veces acababan con su vida.

Las primeras instalaciones de gaseamiento

A principios de 1941, se hizo extensivo el programa de eutanasia en muchos campos de concentración. Por medio de él se intentaba acabar con los enfermos, los discapacitados y todos aquellos finalmente exhaustos por la dureza de la vida en los campos. Con la promesa de que los que no estaban posibilitados para el trabajo serían evacuados para ser curados y recuperados en un hospital, muchos presos solicitaron esperanzados formar parte del contingente que abandonaba el campo, si bien la ingenuidad de quienes creyeron en los nazis les condujo hacia la muerte por el camino más rápido. A lo largo de 1941, ante la superpoblación de algunos guetos polacos y el riesgo creciente que en ellos existía de epidemias por la falta de alimentos, empezaron las deportaciones de judíos hacia los campos de concentración. En ellos siempre ocuparon el escalafón más bajo, recibieron los tratos más vejatorios y el menosprecio más insultante de los guardias, los *kapos* y las SS.

Mientras las SS y los *einsatzgruppen* habían comenzado a llevar a cabo las masacres en el este europeo, en septiembre de 1941 los alemanes realizaron en Auschwitz los primeros experimentos de gaseamiento dentro de cámaras herméticas, asfixiando con zyklon B (ácido cianhídrico cristalino, usado como insecticida) a cientos de enfermos, discapacitados, desnutridos y prisioneros de guerra soviéticos. En el noroeste de Lodz, en el campo de concentración de Chelmno, en diciembre de 1941 se produjo el primer uso de un gas tóxico para asesinar a los presos en masa: las víctimas fueron obligadas a entrar en los compartimentos traseros de camiones perfectamente cerrados y entonces se pasó a encender el motor y el tubo de escape manipulado hizo penetrar el gas al interior del camión, dentro del cual entre cincuenta y setenta personas eran asesinadas con monóxido de carbono. Tres camiones de gas descargaron después los cuerpos en unas fosas comunes previamente excavadas. Las cámaras de gas de Auschwitz y los camiones de gas de Chelmno significaban las primeras experiencias de gaseamiento en los campos de concentración y se basaban en las operaciones criminales realizadas en los centros sanitarios que habían aplicado el programa de eutanasia T4 y se convertirían en un referente para proceder al exterminio en masa de la población judía.

6

La Solución Final

> *Matar a una persona por defender una ideología, no es defender una ideología, es matar a una persona.*
> Anónimo

El contexto social y político para el genocidio

Hitler alentaba el antisemitismo en cada uno de sus encendidos discursos y la muchedumbre que le seguía, entregada y convencida, ovacionaba irracionalmente la fobia racial de su gran líder y referente. De esta forma no fue de extrañar que en Alemania, en septiembre de 1941, en el parapeto de la guerra y ante las dificultades económicas y sociales, se introdujera el uso obligatorio de la Estrella de David amarilla, lo cual para la población hebrea significó mayor marginación y escarnio público. A pesar de eso, un mes después estas humillaciones quedaron en anécdota, ya que empezaron las deportaciones forzosas de judíos de Alemania, Bohemia y Moravia hacia el este. Si bien es cierto que el Gobierno vistió las primeras migraciones como una oportunidad de trabajo en tierras lejanas, luego, frente a las noticias que llegaban contradiciendo la versión oficial, se abandonaron las falsas promesas. La mayoría de los judíos fueron confinados en guetos, como el de Lodz o el de Riga, y otros muchos acabaron en campos de concentración. El *führer* dejaba claro, pese a estar inmerso en una guerra con un desenlace cada vez más complejo, que una de las prioridades de la nueva Alemania era erradicar la población hebrea de sus dominios. La construcción del *lebensraum* era una realidad territorial a finales de 1941, pero la expansión natural de la raza aria hacia el este que permitían las conquistas militares debía acompañarse, necesariamente, de una limpieza étnica de unos inquilinos racialmente inferiores, los judíos. Esta vieja aspiración de Hitler se había convertido en un sueño casi místico para los fundamentalistas nazis, entre los cuales figuraban las SS, pero este sólo podría ser posible con la colaboración del tradicional antisemitismo de las poblaciones locales.

El pensamiento nacionalsocialista se había construido en la seducción de la fuerza del colectivo como base para la recuperación patriótica y racial, de él subyacía el desafío de construir un nuevo mundo con el liderazgo del pueblo elegido, Alemania, y para ello, tal y como se afirmaba en *Mein Kamf,* era necesario «destruir a los débiles para dar paso a los fuertes». En este sentido el nazismo contemplaba la reducción demográfica como justificable desde un punto de vista económico para solventar la falta de alimentos, ya que se sustentaba en la tesis de que existía un excedente de población en el este de Europa. Los guetos de Polonia estaban superpoblados. La falta de alimentos, la insalubridad de las calles y la llegada del frío multiplicaban las epidemias y las muertes en la judería, lo cual ponía en duda la buena gestión de las SS, al mismo tiempo que estas deplorables condiciones supeditaban el habitual desarrollo productivo e industrial del gueto. Asimismo, el avance de la guerra había acrecentado los problemas de abastecimiento en el frente y la retaguardia, y en ese contexto llegaron informes al Gobierno alemán en los que se instaba a tomar urgentes medidas para la reorganización de los recursos en los territorios ocupados. El destino de Alemania dependía de la evolución militar, así que no sorprendió que las imprevistas dificultades en la Unión Soviética provocaran las primeras dudas en el seno del Estado. De esta manera, entre los altos mandos nazis empezó a fraguarse la idea de que el desarrollo del frente bélico venía condicionado, en gran medida, por la carga económica que suponía mantener una amplia población improductiva e inútil en los territorios dominados, ya que ello significaba un auténtico lastre para el Reich y las exigentes necesidades de una sociedad próspera que debía liderar el nuevo mundo.

En esta encrucijada histórica, los nazis ampliaron el programa de eutanasia T4 en los campos de concentración sobre los prisioneros que no servían para el trabajo, hicieron experimentos de gaseamiento con monóxido de carbono en Chelmno con los judíos de Lodz, permitieron los asesinatos en masa de los *einsatzgruppen* en el Este, esencialmente contra la población judía, y procedieron a las primeras pruebas con gas Zyklon B en el sótano del barracón 11 del campo de Auschwitz con prisioneros soviéticos.

El frente oriental se había detenido, el sitio de Leningrado había empezado y la Wehrmacht había quedado bloqueada a las puertas de Moscú. La victoria rápida a la cual aspiraba la Operación Barbarroja se había diluido y la llegada del invierno ruso, para unas tropas diezmadas de alimentos, podía pasar una dura factura a los soldados alemanes, como así sucedió. Las primeras oleadas de frío provocaron miles de muertes por inanición, tifus y congelación, y demostraron a los oficiales nazis que la guerra sería una larga batalla de desgaste.

La preparación de la Conferencia de Wannsee

El *führer* tenía la decisión tomada, se procedería a la planificación del exterminio judío, es decir el Holocausto. Más de un millón y medio de judíos ya habían fallecido en manos de los nazis antes de 1942, siendo víctimas de los pogromos alemanes durante la década de 1930, muriendo de hambre, enfermedad o asesinato en los guetos y los campos de concentración y sufriendo un auténtico magnicidio por parte de los equipos móviles de matanza. Los nazis dominaban Europa a placer pero las batallas contra Gran Bretaña y la Unión Soviética dejaban entrever un largo envite en el continente, de manera que las condiciones militares, la escasez alimenticia y las necesidades económicas se mezclaban con la percepción de que el excedente de población perjudicaba al Reich. Sin duda, para Hitler, confluían todos los elementos propicios para eliminar definitivamente a la población hebrea de Europa. La obsesión enfermiza del gran líder nazi tenía su escenario perfecto bajo el paraguas de la guerra y con los judíos aislados en guetos y campos de concentración; la limpieza racial era posible y ello permitiría aupar al pueblo ario a la gloriosa posición que merecía en la historia.

La guerra había multiplicado los frentes políticos del Estado alemán. En este sentido Hitler, aun manteniendo su carisma y la esencia autocrática del régimen, supo delegar competencias y confiar poderes en sus más allegados colaboradores dándoles una gran autoridad de mando en el Reich. Por un lado, el *führer* se apoyó en el ejército ascendiendo en julio de 1940 a Hermann Göring, comandante en jefe de la Luftwaffe, al rango de *reichsmarschall*, general con más alta graduación militar, y este asimismo se convertiría en sucesor de Hitler si el *führer* fallecía. Por otro lado, el partido nazi y la cancillería pasaron a ser dirigidos en 1941 por Martin Bormann, quien se erigió como secretario personal y hombre de confianza del dictador, quedando bajo su responsabilidad la gestión de la economía de guerra del país. En último término, cabe destacar cómo el transcurso de la guerra condujo a Hitler a encomendarse cada vez más a las SS de Himmler y Heydrich; así fue como les confió el control de los campos de concentración y la administración de los guetos, apoyó las brutales campañas que llevaron a cabo los *einsatzgruppen* y les encargó la solución definitiva a la cuestión judía.

Los documentos históricos que prueban la preparación del genocidio tienen como punto de partida una carta de finales de julio de 1941 en la que Göring, a instancias seguramente de Hitler, ya que una acción semejante sin el beneplácito de su superior y jefe del Estado parece imposible, delegó a Reinhard Heydrich la coordinación de la «Solución Final» al problema judío en Europa.

Dos diarios personales reafirmarían la tesis más lógica que apunta que Hitler no sólo estaba al corriente del exterminio que iba a planificarse, sino que fue su auténtico promotor. El testimonio de Rudolf Höss, alto comandante en Auschwitz desde mayo de 1940, es la prueba más fehaciente de ello, ya que escribió en sus memorias del verano de 1941 que Himmler, en una

Carta fechada el 31 de julio de 1941 en la que Göring ordena a Heydrich la Solución Final a la cuestión judía: «A fin de complementar la misión que le fue asignada por el decreto del 24/1/1939, relativa a la solución de la cuestión judía de la manera más conveniente posible, dadas las condiciones presentes, por medios de emigración, o de evacuación, le encargo que efectúe los preparativos necesarios relacionados con la organización y los aspectos prácticos y materiales, para conseguir una solución global de la cuestión judía en las esferas de influencia alemana de Europa. En la medida en que esto atañe a las competencias de otras instancias centrales, estas deberán ser involucradas. Le encargo, además, someta a mi juicio con rapidez un plan global de las medidas prácticas, materiales y de organización, para la ejecución de la deseada solución final de la cuestión judía».

de sus visitas, le había comunicado que por razones de transporte y aislamiento geográfico, Auschwitz era un campo elegido para llevar a cabo la Solución Final de la cuestión judía y añadía textualmente que el jefe de las SS había subrayado que «el *führer* ha dado la orden de proceder a la solución final del problema judío. Nosotros, los de las SS, somos los encargados de llevarlo a cabo». Otro claro indicio lo escribía Goebbels en su diario el día 13 de diciembre: «por lo que respecta a la cuestión judía, el *führer* está resuelto a solucionarla de un plumazo. Previno a los judíos, con don profético, de que si volvían a propiciar una guerra mundial, acabarían asistiendo a su propio exterminio». El contenido de ambos diarios concuerda con la evolución histórica de los acontecimientos que se desarrollaron: Hitler fue quien decidió y, por lo tanto, el verdadero impulsor de la Solución Final, Göring dio la orden para llevar a cabo su planificación, las SS organizarían la reunión secreta de *Wannsee* y el Estado alemán con toda su magnitud y a través de sus instituciones ejecutaría el programa para el genocidio judío en Europa durante la Segunda Guerra Mundial, el Holocausto.

Las SS eran las encargadas de organizar el exterminio y para ello debían informar a las distintas instituciones del Estado para trabajar y aunar esfuerzos con el fin de conseguir un mismo objetivo: eliminar a todos los judíos de Europa. El asunto debía permanecer en el más estricto secreto, así que Heydrich envió una carta el 29 de noviembre de 1941 a altos mandos del Estado, el partido, el ejército y las SS implicados en la solución de la cuestión judía, y les convocó para reunirse en Wannsee, en el suroeste de Berlín, el 9 de diciembre de 1941. Pese a ello, el sorprendente bombardeo de Pearl Harbor y la consecuente entrada de Estados Unidos en la guerra retrasó la reunión para el 20 de enero de 1942. La Solución Final al problema judío hacía meses que estaba tomada, y aunque la irrupción norteamericana en la guerra no alteró el contenido de la pospuesta reunión, sí pudo acelerar la contundencia y la inmediatez del programa genocida.

La Solución Final, 20 de enero de 1942

La Conferencia de Wannsee debía ser una reunión secreta dirigida por las SS con los altos mandatarios del Gobierno, el partido y el ejército alemán para informar de la solución definitiva a la cuestión judía y con el objetivo de buscar la cooperación entre todo el engranaje de poder del Estado nazi para el exterminio de los judíos de Europa. La existencia de esta asamblea salió a la luz pública tras el hallazgo, al final de la guerra y por parte de los Estados Unidos, de una de las copias con el contenido de la reunión, la que poseía uno de los asistentes, Martin Franz Luther, como representante del Ministerio de Exteriores que estaba presidido por Von Ribbentrop. Esta conferencia, en la cual se pusieron las bases del plan genocida nazi con el nombre en clave de «Solución Final» o *Endlösung*, fue utilizada como prueba decisiva de la existencia del Holocausto, ya que en ella se evidencia el proyecto para la eliminación física de los judíos en cámaras de gas.

La Villa Marlier, una casa señorial construida entre 1914 y 1915, situada en medio de una zona boscosa al sur del lago Wannsee, en el suroeste de Berlín, acogió la cumbre secreta donde quince altos dirigentes nazis debían solucionar la cuestión judía. Los asistentes abandonaron sus respectivas funciones y llegaron desde distintos puntos de Europa en avioneta y coche. Abriéndose paso entre una abundante nieve, y ante un paraje idílico, tuvieron la indignante responsabilidad de aprobar un plan de exterminio sin precedentes en la historia.

El anfitrión, Reinhard Heydrich, dirigió la asamblea a su antojo. Con una firme actitud y consciente de que la solución sobre los judíos de Europa estaba decidida, moderó la reunión sin aceptar réplica alguna y la convirtió en un mero trámite informativo. La organización y la puesta en escena estuvieron a cargo de Adolf Eichmann, miembro destacado de la Gestapo y

Reinhard Heydrich (1904-1942), segundo de las SS tras Himmler, protector de Bohemia y Moravia, jefe de la Gestapo y el Servicio de Inteligencia de las SS, fue quien tuvo la misión de coordinar la Solución Final a la cuestión judía. No fue casualidad que el conocido como el «Carnicero de Praga», el «Verdugo» o la «Bestia Rubia», apodos que explicaban su fuerte personalidad y su carácter concluyente, tajante y temerario, fuera el elegido para liderar el plan homicida en la Conferencia de Wannsee. Poco después de la citada reunión, Heydrich fue víctima de un atentado de la resistencia checa en Praga el 27 de mayo de 1942, por el que murió una semana después. Fue el único alto dirigente nazi asesinado por los aliados durante la Segunda Guerra Mundial.

de las SS y responsable de la movilidad judía, quien actuó como diligente secretario de la reunión. Otros miembros de las SS que participaron en la conferencia fueron Otto Hofmann, de la Oficina Central de Raza y Asentamientos; Heinrich Müller, de la Gestapo; y dos miembros del servicio de inteligencia: Karl Eberhard Schöngarth y Rudolf Lange, quien había asistido en Letonia, donde en alguna ocasión ya se había probado gas letal, a las despiadadas masacres de los *einsatzgruppen*. El desarrollo de la asamblea demostró una vez más la posición preferente de las SS en el seno del Estado alemán, ya que en todo momento se visualizó el papel de liderazgo que les había otorgado el *führer*, precisamente en un tema tan sensible e importante para él. Los representantes del Gobierno que asistieron a Wannsee fueron el ministro del Interior Wilhelm Stuckart, quien asimismo había sido coautor de las leyes raciales de Núremberg de 1935; el ministro de Justicia Roland Freisler; Josef Bühler, de la Oficina del Gobierno Central en Polonia Oriental; Erich Neumann, como jefe de la Oficina de Planificación Cuatrienal del Gobierno; Alfred Meyer y Georg Leibbrandt, como delegados del Ministerio de los Territorios Ocupados del Este; Friedrich Wilhelm Kritzinger, como subsecretario de Estado especializado en asuntos judíos; el ya citado Martin Franz Luther, del Ministerio de Asuntos Exteriores, y Gerhard Klopfer, como representante y apoderado del Partido Nazi y de su líder Martin Bormann. El debate no giró en torno a la consecución o no del exterminio; todos los hombres presentes en la conferencia aceptaron y ratificaron el plan genocida y la Solución Final para los judíos, salvo Kritzinger, quien se mostró abiertamente confuso y contrariado por la profundidad de las decisiones que se estaban tomando. En este sentido, no se deliberó sobre el fondo del asunto, asumido con naturalidad por los asistentes, sino que tan sólo se debatieron cuestiones de forma y competencias de poder y administración sobre el proceder del exterminio.

Nunca antes un Estado moderno se había propuesto asesinar a un pueblo entero. Si bien es cierto que los asesinatos masivos de los *einsatzgruppen* podían considerarse ya por sí mismos como un auténtico exterminio, Wannsee significaba planificar y coordinar a todo el aparato estatal para la sistematización de dicho genocidio, no sólo dejándolo bajo responsabilidad del ejército sino convirtiéndolo en prioridad en la retaguardia de la guerra. Según el acta conservada, la reunión comenzó con una concisa disertación en la que Heydrich analizó la progresiva expulsión de los judíos de la vida pública alemana a partir de las Leyes de Núremberg, un discurso inicial que servía para escenificar la importancia de la convocatoria, argumentando que ante sí tenían por fin la posibilidad de sellar el desenlace definitivo del problema. Tras ello se cifró en once millones el número de judíos de Europa, una estimación exagerada según todos los estudios, que incluía también a aquellos que vivían en países aliados, neutrales y enemigos, como Gran Bretaña, Italia, Suecia, Turquía o España. Heydrich, junto a Eichmann, reflexionó sobre la imposibilidad de continuar con las migraciones internas de la población hebrea en los territorios alemanes y ocupados, más teniendo en cuenta la superpoblación de los guetos y las dificultades de abastecimiento. De este modo se anunció la «evacuación», término eufemístico para designar la eliminación de todos los judíos del continente. Tan sólo aquellos aptos físicamente serían en un primer momento apartados, ya que servirían de mano de obra para la construcción de carreteras, vías férreas, fábricas y campos de concentración en el este de Europa, y ya morirían lentamente por inanición y cansancio, a lo cual llamaron muerte por «causas naturales». En cuanto al proceso de deportación y evacuación, se estableció que se haría de forma inmediata y de oeste a este del continente, empezando por Alemania, Bohemia y Moravia. Los judíos mayores de 65 años serían enviados a Theresienstadt, un campo de concentración situado en el norte de Praga que se había convertido en una de las instalaciones de referencia para el Estado alemán. Para llevar a cabo una empresa de tal magnitud, siempre bajo mando y orden de las SS y la Gestapo, era conveniente coordinar la política interna. Para conseguirlo, debía extremar sus esfuerzos el conjunto del Gobierno, especialmente aquellos departamentos destinados a los asuntos de raza y del Este, así como los ministerios de Interior, Defensa, Justicia y Exteriores. Esta última Administración era esencial para el desarrollo del plan de exterminio, ya que era necesario negociar al más alto nivel con las autoridades locales de los países aliados (Francia, Eslovaquia, Croacia, Rumanía, Hungría, Bulgaria, Países Bajos, Bélgica, Serbia, Dinamarca, Italia, Noruega y Finlandia) para que colaborasen sin reticencias en la evacuación de los judíos y su confinamiento con Alemania.

La consideración de quién era realmente judío, y debía por ello ser evacuado, generó un amplio debate jurídico. El proyecto debía sostenerse sobre las bases raciales de las Leyes de Núremberg pero no podía dejar ninguna ambigüedad legal; en este sentido no era casualidad que la mayoría de los asistentes fueran abogados. En la reunión se decidió que las personas de sangre mixta de primer grado, aquellas que tenían uno de los padres judío, serían consideradas judíos a todos los efectos y evacuadas, excepto si estaban casadas con alemanes y tenían hijos, ya que los descendientes serían considerados alemanes, o si gozaban de permisos de exención del Estado, unos privilegios que debían haber conseguido por mérito propio, no del cónyuge o de la familia. Las personas con el 50 % de sangre judía, es decir los mixtos de primer grado, que cumplían con una de estas dos condiciones y evitaban la evacuación, serían esterilizadas si deseaban permanecer en el Reich, con una inyección o con rayos X, operaciones que ya habían sufrido cerca de trescientas mil personas a través del programa de eutanasia. Si bien la gran mayoría de personas con sangre mixta de primer grado serían evacuadas, las de sangre mixta de segundo grado, con uno de los cuatro abuelos judío, es decir con el 25 % de sangre judía, serían tratadas como alemanes, excepto aquellos nacidos de un matrimonio con los dos ascendientes de sangre mixta —ya que entonces superarían el 25 % de sangre judía—, los casados con personas de sangre mixta, aquellos con antecedentes penales o quienes demostraran un comportamiento, unas costumbres o una apariencia dudosa que denotara un pensamiento judío. Los que tenían alguna de estas irregularidades serían considerados judíos y en consecuencia evacuados, aunque a salvo de ello quedarían aquellos mixtos de segundo grado que estuvieran casados con alemanes racialmente puros. Estas disertaciones legales sobre las personas de sangre mixta de primer y segundo grado en las que las excepciones dependían en gran medida de la cantidad de judaísmo en sangre pueden parecer un debate teórico, estéril y abstracto, pero nada más lejos de la realidad; vale la pena reflexionar por un momento sobre el hecho de que, tras cada acepción jurídica que se decantaba por la evacuación, se decidía la muerte de decenas de miles de personas en las cámaras de gas.

El tramo final de la conferencia se centró en determinar las cuestiones logísticas que debían permitir el plan genocida a gran escala. Así, se establecerían grandes campos de exterminio en Polonia —debido a la proximidad geográfica de la mayoría de la población hebrea—, se vaciarían progresivamente los guetos, el transporte se habilitaría por vías férreas, se separarían los deportados por sexo, edad y país de origen; además, se sugirieron el gas y los hornos crematorios como la forma más rápida y eficaz para matar y deshacerse de los cadáveres. Las ventajas para el exterminio en cámaras de gas eran múltiples. Aparte de ser operaciones con un bajo coste económico, deshumanizaban la muerte, evitando desagradables episodios de impacto emocional y psicológico para los ejecutores, al mismo tiempo que permitían establecer una forma industrial de asesinar en masa. Los fusilamientos se habían demostrado lentos, costosos y perjudiciales para las tropas alemanas, ya que no todos los militares estaban preparados para digerir las masacres —algunos testigos explicaron tras la guerra que varios soldados de los *einsatzgruppen* se habían suicidado tras asesinar a grupos de niños—. Una hora y media necesitó Heydrich para informar a los altos dirigentes nazis de la solución a la cuestión judía, suficiente tiempo para coordinar secretamente las formas legales y los métodos para proceder con el Holocausto. En este sentido, la película de Frank Pierson *La Solución Final* (2001), de título original *Conspiracy*, refleja detalladamente la transcripción del acta que testimonió lo sucedido en la Conferencia de Wannsee, y en ella destaca el contundente liderazgo que ejerció Heydrich en la reunión y el insólito pero interesante debate sobre la condición legislativa de los descendientes de judíos. Adolf Eichmann, secretario durante la velada, declaró posteriormente en 1962 que, pese a que en la transcripción del único informe encontrado tan sólo aparecía la palabra «evacuación» como eufemismo de «asesinato», en la reunión se habló abiertamente en términos de «aniquilación» y «exterminio».

Los agentes secretos del Servicio de Inteligencia Israelí, el Mossad, detuvieron en Argentina en mayo de 1960 a Adolf Eichmann (1906-1962), quien había logrado escapar y trabajaba de mecánico en una fábrica de Buenos Aires. Eichmann, uno de los grandes líderes del nazismo fue trasladado a Israel y juzgado en 1961 por crímenes contra la humanidad y el Holocausto, fue declarado culpable y ejecutado el 1 de junio de 1962. Durante el juicio, admitió su participación en la Conferencia de Wannsee y destacó que la decisión genocida se produjo con un consenso unánime.

¿Cómo pudo pasar?
De Martin Heidegger a Hannah Arendt

Hay comportamientos individuales, espontáneos o planeados que objetivamente son difíciles de entender. Cuando estos suceden, los atribuimos a reacciones irracionales que son consecuencia, habitualmente, de experiencias vitales extraordinarias de las personas. En este sentido, el odio que fomentaron Hitler y los nazis hacia los judíos y que pusieron en el epicentro de su ideología entra dentro de este razonamiento. ¿Pero cómo podemos comprender que en una reunión donde la mayoría de los asistentes eran doctores universitarios no se pusiera en ningún momento en duda un plan de exterminio destinado a millones de seres humanos? Para llegar a explicar tal barbarie contra la humanidad hay que tener en cuenta diversos elementos que confluyen en un contexto histórico excepcional.

En primer lugar, la creencia absoluta en Hitler como el hombre elegido para levantar la patria, confianza que se había granjeado con la rápida recuperación económica del país, y una fe ciega en que las decisiones del carismático líder son siempre las más convenientes. Otro aspecto fundamental que nos permite comprender lo sucedido queda reflejado en la propia esencia del nazismo, en el pensamiento de la preeminencia racial aria y las bases teóricas del nihilismo del ser, tal y como señalaba el filósofo alemán Martin Heidegger en su obra *Ser y Tiempo* (1927). El ser humano está determinado por un tiempo; como resultado de ello y ante la desorientación y la duda, la sociedad necesita una autoafirmación, una nueva valoración de sí misma. Es entonces cuando el Ser queda en manos del hombre y este puede llegar a actuar de forma similar a un Dios, y así mediante la intuición y con una voluntad de poder, este se cree capaz por él mismo de cambiar el mundo. Por otro lado, había una total seguridad emocional en medio de la guerra, refrendada por las aplastantes victorias alemanas, hecho que realzaba las convicciones de ser verdaderamente el pueblo escogido para liderar una nueva era en la historia. Asimismo, para explicar la rápida aceptación de la solución de Wannsee hay que tener en cuenta la creciente influencia de los líderes de las SS sobre Hitler y en consecuencia la fehaciente sumisión de todo el aparato del Estado a sus órdenes. Este último elemento explica por qué, ante las primeras derrotas del ejército y las dificultades económicas —las cuales no eran superiores a las de todos los países involucrados en la guerra—, la solución del *führer* fue una orden y una ejecución militar, la eliminación física de parte de la población, los judíos. Lo cierto es que era una voluntad racial más que una necesidad económica, aunque muchos estudios traten de explicar la decisión final de la cuestión judía en este sentido. Dos argumentos desmienten esta tesis. Por un lado los judíos eran utilizados como mano de obra esclava y vivían bajo una extrema pobreza, por lo que no representaban un déficit económico, tal y como demuestra la oposición que mostraron muchos industriales alemanes a las deportaciones forzosas de judíos hacia los campos de exterminio. Por otro lado, cabe destacar que el Gobierno alemán pagó dinero a países aliados, como Eslovaquia, para conseguir la extradición de judíos, una empresa migratoria de gran magnitud y un elevado coste. En este sentido las justificaciones económicas y demográficas en medio de la guerra al plan genocida caen por su propio peso. El Holocausto se vistió esencialmente de una voluntad irracional de exterminio, en la base de una creencia de superioridad racial aria y tras la ilusión de un pueblo escogido destinado a eliminar a las razas inferiores del mundo, en este caso los judíos. Según Hannah Arendt, pensadora judía y teórica política, alumna por cierto de Heidegger en 1924, el principal punto de inflexión en esta forma de pensar se produjo a finales del siglo XIX cuando el antisemitismo europeo pasó del odio o rechazo por cuestiones religiosas, tolerando a los judíos tras su conversión, a un odio racial que no permitiría escapatoria. Arendt no sólo culpó posteriormente del genocidio al nazismo, sino también al colaboracionismo y al tradicional antisemitismo europeo, e igualmente denunció el indignante papel de los *judenräte* en los guetos. En uno de sus libros más conocidos, *Eichmann a Jerusalén* (1963), Arendt analiza las sensaciones emocionales que le transmite Adolf Eichmann mientras declara en su juicio sobre el desarrollo de la Conferencia de Wannsee: «Fue como si en aquellos últimos minutos [Eichmann] resumiera la lección que su larga carrera de maldad nos ha enseñado, la lección de la terrible banalidad del mal, ante la que las palabras y el pensamiento se sienten impotentes».

7

Campos de exterminio

> *Nunca creeré que los poderosos, los políticos y los capitalistas sean los únicos responsables de la guerra. No, el hombre común y corriente también se alegra de hacerla. Si así no fuera, hace tiempo que los pueblos se habrían rebelado.*
>
> Ana Frank

La solución: campos de exterminio

La Conferencia de Wannsee significó el punto de partida de un camino sin retorno, la ejecución de uno de los genocidios más funestos de la historia iba a demostrar una eficacia asesina nunca vista.

Las pruebas con gas letal de finales de 1941, realizadas antes de la aprobación del plan genocida nazi, habían sido satisfactorias y fue entonces cuando se procedió al diseño de verdaderas fábricas de matar dotadas con todos los avances técnicos y científicos. Las víctimas serían asfixiadas con monóxido de carbono y Zyklon B en camiones y cámaras de gas, una forma distante, fácil, rápida y ordenada para la eliminación de los judíos de Europa. Los campos de exterminio se establecieron en Polonia, país ocupado que era administrado directamente por el Reich, contaba con la densidad de población semita más numerosa del continente, aglutinada en guetos, y asimismo era un epicentro geográfico de los territorios dominados por Alemania. Las juderías habían concentrado y marginado a la población hebrea y ello supondría, ante el nuevo y delirante reto de las autoridades germanas, una fácil gestión de los temibles propósitos para la deportación y el exterminio masivo.

En un primer momento, el *judenrat* elaboraba las listas de judíos designados para abandonar los superpoblados guetos, y en ellas se encontraban todos aquellos que no trabajaban o no podían hacerlo, como niños, ancianos, discapacitados, transeúntes desfallecidos por el hambre y enfermos. En verano de 1942, Himmler dio órdenes de acelerar el programa genocida y, para ello, siempre bajo control de mando de Adolf Eichmann, las SS organizaron en los guetos sus propias redadas para agilizar el vaciado masivo de estos y la evacuación hacia los campos de exterminio. El hecho de que muchas fábricas de guerra del Reich se hubieran servido de la barata mano de obra judía había alargado la vida a muchos hebreos, ya que durante los primeros meses de 1942 estos habían quedado excluidos de las deportaciones, pero la demora no podía alargarse más y Alemania ya había decidido la rápida ejecución de la Solución Final.

Al principio, los nazis dirigían un discurso conciliador y amable en el que prometían que el cambio de destino iba a reportar mejores condiciones de vida y de trabajo a las familias que se presentaran voluntarias, pero la selección de los judíos que se llevaba a cabo no dejaba la menor duda de que nadie se podía fiar de las intenciones alemanas. Ante las sorpresivas revisiones de los oficiales en el gueto, los judíos intentaban aparentar buena salud haciéndose cortes en la piel para que la sangre actuara como un improvisado maquillaje, aún así, el vaciado de las juderías a mediados de 1942 ya no discriminaba a nadie. Aquellos que habían buscado vínculos de servilismo y amistad con los soldados nazis, fomentando chivatazos y erigiéndose en verdaderos cómplices de la opresión, habían podido recibir algún privilegio o salvar la vida en un momento dado, pero de aquí en adelante ya no gozarían de protección o exención alguna. Las listas para la migración ya las formaban tanto jóvenes como adultos, hombres y mujeres, ricos y pobres, obreros e intelectuales. Tanto huérfanos como familias enteras eran obligados a subir en trenes de ganado o de mercancías y eran condenados a vivir sus últimos días.

La red de ferrocarriles serviría de vía de sentido único hacia la muerte. De esta manera, la tecnología sería un elemento clave para la perpetración de un genocidio a gran escala, a bajo coste y con una efectividad aterradora. Los vagones del tren, sin ventanas, iban siempre repletos de familias diezmadas y debilitadas por el hambre, cargadas con sus maletas y todas sus pertenencias; en verano muchos morían por el calor, en invierno por el frío, otras veces eran la sed o la inanición las que acababan con ellos durante el trayecto. Habitualmente había un cubo como retrete en una de las esquinas traseras del vagón, el olor era infecto, el aire irrespirable y las condiciones de la travesía inhumanas.

De esta forma, los nazis vaciaron progresivamente los guetos y comenzaron con la deportación sistemática de los hebreos a Chelmno, Belzec, Sobibor, Treblinka, Majdanek y Auschwitz, seis trágicos destinos en los que cerca de tres millones de judíos serían asesinados.

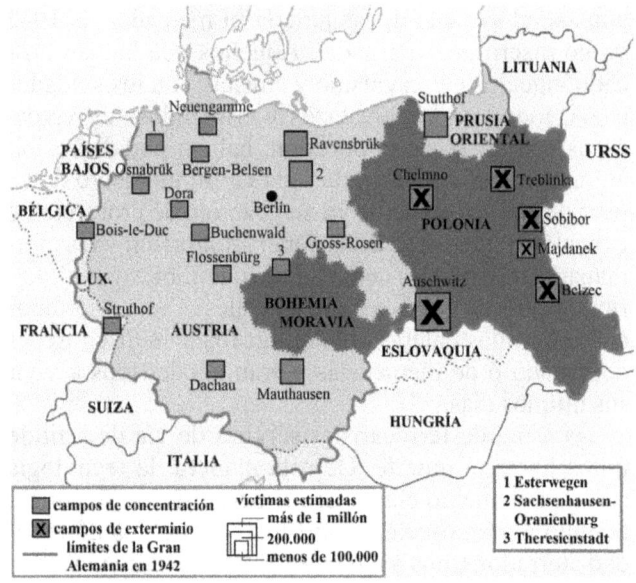

Este mapa nos puede ayudar a situar geográficamente los principales campos de concentración en el Reich y los centros de exterminio de Polonia donde se llevó a cabo la Solución Final de la cuestión judía, un plan genocida que se ejecutó mediante fusilamientos masivos, camiones con gas letal y cámaras con duchas que expedían monóxido de carbono o Zyklon B. En el resto de campos que aparecen en el mapa europeo, como en Mauthausen, Sachsenhausen o Ravensbrück, los nazis, mediante el trabajo esclavo y unas durísimas condiciones de vida, provocaron el desfallecimiento masivo de presos por cansancio, frío, enfermedad o falta de alimento.

Chelmno

Sobre las ruinas de un antiguo castillo en el bosque de Rzuchow, en el oeste de Polonia y a pocos kilómetros de la localidad de Chelmno, se construyó el primer campo nazi cuya única finalidad era que todos aquellos que llegaban a sus instalaciones, esencialmente judíos que provenían del gueto de Lodz, fueran ejecutados. Si bien es cierto que en diciembre de 1941 el campo ya había sido un banco de pruebas para la asfixia letal de cerca de cinco mil gitanos, con monóxido de carbono en la parte trasera de camiones, fue a partir de la Conferencia de Wannsee y a lo largo de 1942 cuando se sistematizó el exterminio bajo el mismo procedimiento y se elevó día a día la cifra de víctimas de forma imparable.

Cuando el tren llegaba a Chelmno, los pasajeros eran separados en grupos de unas cincuenta personas, después se les forzaba a entregar todo su dinero y sus objetos de valor, se les desnudaba bajo la promesa de una desinfección que nunca llegaría y se les entregaba un papel con un número para recuperar posteriormente sus pertenencias una vez llegaran al campo de trabajo. Tras ello, el *sonderkommando*, un grupo de prisioneros judíos y no judíos que eran obligados a ayudar a las SS en los campos de exterminio, les dirigía al sótano del viejo castillo, donde accediendo a través de una rampa se les obligaba a subir a un camión; allí, apretados y de pie, permanecían en silencio a la espera. Las puertas se cerraban herméticamente y, ante el abismo de la oscuridad y el miedo, marchaba el vehículo hacia el bosque mientras el tubo de escape era catapultado hacia el interior de los furgones para ahogar lentamente a las personas. Diez minutos después, cuando los camiones llegaban a destino, el *sonderkommando* abría las puertas, recogía los cuerpos sin vida y los lanzaba a fosas comunes que habían sido excavadas previamente.

El camión que aparece en la fotografía fue el único testimonio físico que quedó como prueba de los asesinatos con monóxido de carbono que se practicaron de forma masiva en Chelmno.
Los compartimentos traseros de los camiones tenían entre cuatro y cinco metros de profundidad y poco más de dos metros de ancho y en su interior las víctimas desfallecían rápidamente ante la inhalación del gas del tubo de escape. Tras el trayecto del vehículo, las puertas se abrían y mostraban la frialdad de la muerte y el horror.

A finales de verano de 1942 se decidió quemar los cuerpos y así eliminar los residuos humanos para evitar olores y epidemias, por lo que fue necesaria la construcción de crematorios en el propio recinto de Chelmno. Pese a estar cerrado de abril de 1943 a mayo de 1944, en el campo de exterminio de los bosques de Rzuchow se asesinó con monóxido de carbono a cerca de ciento cincuenta mil judíos polacos, austriacos, checos y húngaros, cinco mil gitanos y más de un millar de prisioneros de guerra soviéticos.

El campo fue liberado la noche del 17 de enero de 1945, cuando la inminente llegada del Ejército Rojo provocó una apresurada evacuación del mismo por parte de las SS. Los oficiales nazis intentaron borrar todas las pruebas del Holocausto destruyendo los almacenes, el mobiliario, los archivos, los crematorios y asesinando a los miembros del *sonderkommando*, pero dos de ellos lograron escapar, se convirtieron en los únicos testigos del crimen y proporcionaron la información necesaria para reconstruir la estructura y el funcionamiento del campo y el asesinato masivo que se llevó a cabo.

CAMPOS DE LA OPERACIÓN REINHARD:
BELZEC, SOBIBOR Y TREBLINKA

Tras las brutales acciones de los *einsatzgruppen* en la Unión Soviética en 1941, los dirigentes nazis comprendieron que el asesinato con gas letal, en comparación con los fusilamientos, era una forma de asesinato en masa más fácil, más eficiente y menos perjudicial emocionalmente para sus soldados. Dadas estas circunstancias, Himmler decidió impulsar centros especializados para el exterminio con gas, que se asentaron en zonas aisladas de las grandes urbes pero que quedaban cercanos a líneas ferroviarias, lo cual facilitaría el transporte y consecuentemente la rápida ejecución de miles de personas. De este modo en el extremo oriental de Polonia, de sur a norte, se establecieron tres campos, Belzec, Sobibor y Treblinka, tres instalaciones de alto secreto que fueron conocidas como los campos de la Operación Reinhard, en honor del líder de la Gestapo, Reinhard Heydrich, asesinado por la resistencia checa en junio de 1942. Estos tres campos fueron esenciales para entender el alcance del Holocausto. En ellos no había grandes infraestructuras ni fábricas, la única función era asesinar sistemáticamente a todos aquellos que llegaban. Mediante el vertido de monóxido de carbono, generado por motores fijos, al interior de cámaras de gas, perdieron la vida cerca de 1,7 millones de personas. Los campos Reinhard fueron una auténtica carnicería especialmente en 1942, cuando se asesinó a 1,3 millones de personas, convirtiendo aquel año en el más funesto del proceder genocida nazi. Pese a ello, son hoy en día menos conocidos y visitados que Auschwitz, debido a que fueron destruidos a largo de 1943 como campos de exterminio, mucho antes de la ocupación soviética al final de la guerra. En los espacios donde estuvieron estas auténticas fábricas de muerte, creció otra vez la hierba y el bosque, tapando el rastro y las pruebas del horror que allí se vivió.

Belzec

En el sureste de Polonia, lo suficientemente alejado del pueblo de Belzec, en medio del bosque y cercano a las vías férreas, se adaptó un antiguo campo de trabajo alemán de 1940 para convertirlo en uno de los centros de exterminio más letales de la *Shoah*. El campo fue concebido inicialmente con la intención de vaciar el gran gueto de Lodz, pero rápidamente quedó claro que le tenían reservado aún mayor protagonismo en el plan genocida, ya que los nazis pusieron al mando a Christian Wirth. Este oficial de las SS, que había adquirido un gran prestigio por ser uno de los coordinadores del programa de eutanasia T-4, era conocido con los apodos de «El Sádico» y «El Salvaje» por su frialdad y su fama de ensañarse con las víctimas. El campo empezó a ser operativo en marzo de 1942, y en tan sólo tres meses cien mil personas acabaron gaseadas, desnudas e indefensas, en cámaras que expulsaban monóxido de carbono a través de las alcachofas de las falsas duchas. Tras ello, las víctimas eran enterradas en fosas comunes, pero pronto los cadáveres, tapados superficialmente con cal y arena, se mostraron incómodos para los verdugos. Los huesos se descomponían y las cavidades corporales explosionaban por el gas acumulado; el aparatoso espectáculo provocaba a menudo grandes movimientos de tierra que dejaban los cuerpos peligrosamente al descubierto. Este hecho, junto con las grandes lluvias, constató que el entierro masivo era un método claramente ineficaz y fue a raíz de ello cuando se quemaron los cuerpos para no dejar rastro de la masacre. A pesar de que Wirth se había convertido en inspector general y máximo responsable de los tres campos de la Operación Reinhard por la eficacia y organización del campo de Belzec, a mediados de junio el recinto se había quedado técnicamente obsoleto e incapaz de absorber la cantidad de gente que recibía, así que se cerró durante un mes para mejorar y modernizar las instalaciones. Poco después, a finales de julio, se inauguraban tres grandes cámaras de gas que funcionaban con gas Zyklon B y unos crematorios que permitirían la rápida combustión de los restos. El campo de Belzec no sólo es recordado por la escalofriante cifra que nos acerca, según la mayoría de estimaciones, a seiscientos mil muertos, sino por las

No fue hasta 1961 cuando el Gobierno comunista polaco limpió la zona arbolada donde se había asentado el campo de exterminio de Belzec y erigió un monumento en memoria de las víctimas. El complejo quedó un tanto aislado y descuidado, pero en el año 2002 se empezó una remodelación que cristalizó en la inauguración dos años después de un museo y un monumento para el recuerdo de los que allí murieron. En la fotografía puede observarse el citado monumento, trozos al azar de hormigón gris ceniza representando a cientos de miles de personas anónimas presas entre campos alambrados, en medio de los cuales se abre un camino, la misma fatal travesía que recorrían los reclusos, ya despojados de sus cabellos y ropas, hacia las cámaras de gas.

sádicas variantes de eliminación física que se llevaron a cabo. Los testimonios explican trágicas escenas de fusilamientos masivos que se alargaban durante horas, así como formas de exterminio a gran escala mediante corrientes de alta tensión que se descargaban sobre placas metálicas que hacían de suelo para los presos. Se ha especulado que había duchas con el suelo conductor y que al mismo tiempo que actuaba la electrocución se dejaba caer agua. Asimismo, hay testigos que hablan de la existencia de grandes cámaras herméticas de base metálica que, una vez quedaban repletas de personas y eran cerradas las puertas, se llenaban de agua hasta aproximadamente la altura de las caderas y entonces se descargaban líneas de alta tensión.

Sobibor

A menos de setenta kilómetros al sureste de Varsovia se construyó en una zona arbolada, poco habitada y cerca de la frontera ucraniana, el campo de exterminio de Sobibor, con el objetivo prioritario de vaciar el gueto de la ciudad y acoger judíos del frente oriental. En abril de 1942 se inició una contundente campaña de exterminio que reportó unos espectaculares resultados: en tan sólo cuatro meses casi doscientas cincuenta mil personas, la mayoría de las cuales eran judíos de toda Europa, soviéticos, franceses, holandeses, alemanes, austriacos, checos o eslovacos, fueron vilmente asesinadas. Sobibor cubría un área rectangular de unos quinientos metros cuadrados, estaba subdividido en tres zonas, una administrativa para los oficiales y trabajadores del campo, otra operativa para la recepción de prisioneros, unos barracones en los que las personas recién llegadas se desnudaban y donde eran gestionadas sus pertenencias, y una última área, un tanto alejada y escondida, a la que se accedía a través de un estrecho camino vallado conocido como «el tubo» y en la que se encontraban las cámaras de gas y las fosas comunes.

Más allá de la alambrada, unos campos minados protegían el recinto. A pesar del elevado ritmo de ejecución que consiguió el campo mediante el uso de monóxido de carbono para la asfixia mortal en las duchas, a principios de julio de 1942 Himmler dictaminó el cese del programa genocida por problemas en el transporte y Eichmann dirigió las deportaciones hacia otros campos como el de Treblinka. De este modo, Sobibor se convirtió en un simple campo de concentración, en el que los prisioneros trabajaban o permanecían en espera mientras les adjudicaban otros destinos.

La llegada de prisioneros de guerra soviéticos y el miedo derivado de los rumores que apuntaban a que el campo de Belzec había sido desmantelado y que habían sido eliminados todos sus presos fueron los gérmenes de la fuga de Sobibor, la más conocida y numerosa que jamás se produjo en un campo de concentración nazi. Los prisioneros organizaron un grupo de resistencia a mediados de 1943, liderado por el soldado soviético Alexander Pechersky, conocido como «Sasha», e intentaron una huida masiva por un túnel subterráneo, pero una inoportuna lluvia inundó el camino a la libertad. El 14 de octubre de 1943 este grupo, bajo disciplina y organización militar, impulsó la arriesgada operación en la que mató a más de diez vigilantes nazis, cogió sus armas y, con herramientas de trabajo como hachas, martillos y cuchillos, rompió la alambrada y huyó sorteando como pudo las minas dirección al bosque. Pese a ser conscientes la mayoría de los insurrectos de sus escasas posibilidades, sabían también lo poco que tenían que perder. Luchar por la libertad en esos momentos era una de las últimas esperanzas, las consecuencias no hacía falta pensarlas ya que la muerte hacía demasiado tiempo que transitaba lentamente entre sus vidas. En un primer momento, la mitad de los seiscientos presos que lo intentaron consiguieron escapar, pero posteriormente cien de ellos fueron capturados por las patrullas de persecución nazis. Del resto, algunos encontraron cobijo en pueblos cercanos y otros llegaron al frente ruso, donde se unieron al ejército comunista, pero lo cierto fue que la gran mayoría de ellos no logró acabar con vida la guerra. A consecuencia de la gran evasión, los guardias del campo fusilaron a los prisioneros judíos que no se habían escapado. Tras ello Sobibor dejó de tener prisioneros convirtiéndose en un primer momento en un depósito de municiones para más tarde abandonar toda actividad a finales de marzo de 1944. En el que había sido el lugar donde en 1942 se había vivido uno de los procesos más acelerados de exterminio de la historia, los dirigentes de las SS ordenaron la reforestación con árboles de la zona para borrar todas las pruebas.

Treblinka

El 19 de julio de 1942 Himmler dio la orden a Eichmann de acelerar el proceso de exterminio e iniciar el reasentamiento total de la población judía de los territorios del Gobierno General del Reich, es decir Alemania, Bohemia, Moravia, Austria y Polonia, una operación que debía culminarse antes del 31 de diciembre. En junio de 1942, Belzec se había quedado obsoleto y cerraba durante un mes para instalar tres cámaras de gas y Sobibor no ofrecía grandes instalaciones ni una buena accesibilidad para el transporte masivo de presos. Fue en ese momento cuando entró en funcionamiento, un mes de después, el campo de exterminio de Treblinka cercano a Varsovia y al noroeste de Sobibor. El nuevo recinto, camuflado entre el bosque y contiguo a la línea ferroviaria, sería conocido como Treblinka II, ya que se había construido a poco más de un kilómetro y medio de Treblinka I, un campo de trabajo al lado de una cantera de grava levantado en noviembre de 1941.

De ser un campo de trabajos forzados para judíos y de reeducación de polacos disidentes, pasó a convertirse en una inmensa tumba durante la segunda mitad de 1942. A modo de ejemplo, a finales de julio de 1942 y durante un mes, doscientos cincuenta mil judíos del gueto de Varsovia fueron exterminados en la nueva instalación de Treblinka II.

El comandante del campo, Irmfried Eberl, ambicionaba mayor prestigio y quiso superar el ritmo de eliminación física de otros campos y sumar el mayor número de víctimas posible, de tal manera que, cuando la capacidad de homicidio de las cámaras de gas y los hornos crematorios llegaba a sus límites, ordenaba que mataran a tiros al resto del pasaje que había llegado en los trenes. Este primitivo proceder hacía perder el factor sorpresa y el engaño a los presos, y creaba una atmósfera de caos y terror indescriptible. Treblinka casi no contaba con barracones para almacenar a los reclusos, era una fábrica de muerte que funcionaba a una velocidad impresionante. Muchas veces a los *sonderkommando* no les daba tiempo a limpiar las duchas de la sangre que dejaban los cadáveres o deshacerse de los cuerpos en los crematorios. A menudo, la obsesión por la velocidad del exterminio creaba una auténtica anarquía, el descontrol era tal que se acumulaban ropas, bultos y maletas en muchos rincones y los gritos y el olor de los cadáveres que yacían disgregados por todas partes transformaban el ambiente en una pesadilla.

La eficacia asesina que había conseguido Eberl no agradó a los altos mandos de las SS, ya que la desorganización del centro no iba acompañada de una buena gestión de los bienes que dejaban los judíos y además generaba un altísimo índice de corrupción entre los guardias del campo. Christian Wirth, inspector general de los campos Reinhard desde agosto de 1942, sustituyó a Eberl por Franz Stangl y reorganizó completamente el recinto. Las instalaciones quedaron listas en octubre y la imagen había cambiado por completo: la estación parecía la normal de cualquier pueblo, limpia y repleta de flores para una recepción sosegada de los presos. Tras una amable acogida y con buenas palabras se les guiaba por una ruta vallada y camuflada, conocida al igual que la de Sobibor como el «tubo», hacia las ocho nuevas cámaras de gas, todas con un acceso exterior independiente, con la promesa de una agradable desinfección en las duchas tras el viaje. Las salas formaban parte de un inmenso edificio de ladrillo, en el interior del cual todas ellas se comunicaban a través de un corredor central, a partir del que los guardias, mayoritariamente presos ucranianos, podían sacar fácilmente los cuerpos del interior de las cámaras y quemarlos en unas fosas comunes. Las instalaciones de exterminio funcionaron a pleno rendimiento, a menudo día y noche, en noviembre y diciembre de 1942.

Tras la rebelión de Sobibor de octubre de 1943, Himmler dictaminó el desmantelamiento de los campos Reinhard; de esta manera el campo de exterminio de Treblinka II dejaba de funcionar y quedaban diluidas en la historia las esperanzas de miles de judíos griegos, búlgaros, yugoslavos, franceses, alemanes, austriacos, polacos, checos y eslovacos. Las cifras del brutal genocidio en Treblinka son más dispares que en otros campos de exterminio, algunas estimaciones sitúan en poco más de setecientos mil los muertos y otras llegan a ochocientos cincuenta mil cadáveres, entre los cuales cabe señalar que más allá de los judíos del gueto de Varsovia y de Europa también se asesinó a miles de romaníes (gitanos) y prisioneros de guerra soviéticos del frente oriental. El campo original, es decir Treblinka I, continuó funcionando como campo de trabajo hasta finales de julio de 1944, momento en que la inmediatez de la llegada de las tropas soviéticas provocó la última masacre: las SS fusilaron sistemáticamente a todos y cada uno de los trabajadores que quedaban en el campo.

En el espacio que ocupó Treblinka se inauguró en 1978 un memorial para el recuerdo de todas las víctimas de la barbarie nazi que allí padecieron. En el centro del antiguo campo un obelisco, al fondo de la fotografía, con una *menorah,* un icono sagrado del judaísmo formado por un candelabro de siete brazos, y una frase en seis idiomas «Nunca más». Este monolito está rodeado por diecisiete mil piedras de distintos tamaños, formas y colores, un gran cementerio simbólico que está acompañado de un largo empedrado negro, allí donde estaba la fosa común que servía como crematorio en 1943.

Majdanek

El pequeño campo de Majdanek, en el este de Polonia, conocido también como Lublin-Majdanek porque estaba a tan sólo cuatro kilómetros de la ciudad de Lublin, empezó a funcionar en octubre de 1941 como campo de concentración y trabajo para prisioneros de guerra y disidentes políticos. Cuando en 1942 Himmler impulsó lo que eufemísticamente denominaba «el reasentamiento de los judíos hacia el este» en el marco de la Operación Reinhard, le reservó a Majdanek una función de comodín para complementar las ejecuciones masivas de los campos de Sobibor y Belzec, ambos muy cercanos a este, el primero al norte y el otro al sur de Lublin. Si bien inicialmente los cincuenta mil presos residentes servían como esclavos para las fábricas industriales y agrícolas del campo, a partir de mediados de 1942 Majdanek acogió a los judíos «sobrantes» de Sobibor, Belzec y Treblinka. De este modo, el campo se convirtió en otro centro especializado en el asesinato, en el que muchas víctimas eran asfixiadas con gas letal, tanto con monóxido de carbono como con Zyklon B. Uno de los episodios más conocidos y funestos de Majdanek fue el que sucedió el 3 de noviembre de 1943 a las afueras del campamento, donde se fusiló a dieciocho mil judíos en un sólo día. Durante la operación, conocida por las SS como «Festival de la Cosecha» y respecto de la que hay quien señala que se organizó a despecho de la escapada de Sobibor, se tocó música en directo a un alto volumen para ensordecer la masacre y evitar así que el ruido llegara a Lublin.

El recinto estaba subdividido en diversas zonas: un hospital de campaña, un campo de mujeres, otro de prisioneros de guerra, uno distinto de opositores políticos polacos, una gran área de almacenamiento de objetos de valor judíos, muchos procedentes de los campos Reinhard, y un sector donde estaban las cámaras de gas y los crematorios. Cuando los nazis abandonaron apresuradamente el campo en julio de 1944 ante la liberación inminente por parte de los militares soviéticos, tan sólo tuvieron tiempo de eliminar los crematorios, por lo que quedaron en pie las alambradas, las atalayas de vigilancia del campo y los barracones que hoy en día aún se pueden visitar. En el campo de exterminio de Majdanek se calcula que perdieron la vida más de doscientas mil personas, la mitad de las cuales eran judíos.

Tal y como se refleja en la fotografía, el campo de Majdanek se veía perfectamente desde la ciudad, los lugareños eran conscientes del número de personas que llegaba en los trenes y el perímetro que comprendía el recinto, y en este sentido no era muy difícil hacer números, más teniendo en cuenta el constante olor que traspasaba las alambradas y, a menudo, la caída de cenizas del cielo procedentes de los hornos crematorios. Esta imagen escenifica que los ciudadanos de los alrededores de algunos campos, como el Majdanek-Lublin, sabían o podían intuir lo que realmente sucedía en el interior.

AUSCHWITZ

El más conocido de los campos de exterminio nazis durante la Segunda Guerra Mundial fue Auschwitz, no sólo por su tremenda capacidad en las cámaras de gas que provocó la muerte de más de un millón cien mil personas, sino también por la magnitud de sus instalaciones y su buena conservación tras la liberación soviética en enero de 1945.

En mayo de 1940 empezó a ser operativo un campo cercano al pueblo de Oswiecim, Auschwitz en alemán, en el suroeste de Polonia y a menos de setenta kilómetros de Cracovia. Al frente del nuevo recinto, cuya entrada presidía el clásico «El trabajo os hará libres» *(Arbeit macht frei),* fue colocado el comandante de las SS Rudolf Höss, quien disponía de todas las facilidades para crear un gran campo de concentración y de trabajo, el que será conocido posteriormente como Auschwitz I. En esos primeros compases de la vida del campo, dentro del cual se recluía a prisioneros de guerra, disidentes políticos, líderes sindicales o delincuentes comunes, era normal cumplir condena y salir en libertad del *lager* (campo).

Pese que a finales de 1941 las SS habían probado el uso del gas Zyklon B con prisioneros de guerra soviéticos en el barracón número 11 —habitáculo temido por los presos ya que en él se hallaban las celdas de aislamiento, castigo, tortura y asesinatos selectivos—, lo cierto era que Himmler había reservado el gran plan genocida de los judíos de Europa en 1942 para los campos de Chelmno, Belzec, Sobibor y Treblinka. Mientras la Solución Final se llevaba a cabo de forma implacable en el este de Polonia, Auschwitz crecía con unas gigantescas infraestructuras, realizadas con la mano de obra esclava de los propios presos, a unos tres kilómetros del recinto original. El nuevo campo de Auschwitz II o Birkenau entró en funcionamiento durante la primavera de 1943, y en él podía organizarse un gran centro de exterminio para complementar el tradicional campo de trabajo de Auschwitz I.

Paralelamente, los alemanes habían establecido en 1942 otro campo satélite, conocido como Monowitz o Auschwitz III, en el que los presos de los barracones trabajaban en la fábrica de caucho sintético de la gran empresa alemana I. G. Farben, que colaboraba con las SS. Monowitz no disponía de cámaras de gas, así que cuando los presos exhaustos de hambre y esfuerzo no podían trabajar eran enviados a Auschwitz I o Auschwitz II para ser eliminados. La fábrica de caucho y el conjunto del complejo de barracones de Monowitz fueron construidos enteramente por los presos y, como en Birkenau, se edificaron barracones de madera, a diferencia de Auschwitz I, donde estaban hechos de ladrillo y cemento. Estas nuevas construcciones no protegían de la misma manera del frío y del calor: en invierno, por las noches, los desgastados ropajes eran insuficientes y muchos fallecían en las literas; por el contrario en verano el calor asfixiante en el interior de los barracones iba acompañado de fuertes olores y la falta de higiene propagaba las epidemias y las infecciones.

La llegada directa de las vías del ferrocarril en primavera de 1944 a Birkenau convirtió el gran complejo de Auschwitz en una auténtica fábrica de muerte. Mientras los ejércitos nazis retrocedían en el este ante los soviéticos o en el oeste frente a las tropas angloamericanas, y al mismo tiempo que las ciudades alemanas eran constantemente bombardeadas, se desarrolló en Auschwitz durante el año 1944 un exterminio a gran

Esta fotografía aérea del 25 de agosto de 1944 de las Fuerzas Aéreas Sudafricanas que combatían junto a la Royal Air Force británica muestra como el tren llega (por la izqda.) a su destino final en Birkenau; grupos de prisioneros andando hacia los crematorios gemelos II y III, una atalaya de vigilancia en los límites del campo (a la dcha.), así como los vestidores, los techos y las escotillas de las cámaras de gas a través de las cuales se lanzaban cristales de zyklón B. Estos, vertidos en el sótano y al alcanzar los 27º C de temperatura se evaporaban convirtiéndose en gas letal. En invierno las cámaras debían estar llenas con los presos muy apretados para conseguir el calor necesario.

escala, en el que murieron más de medio millón de personas, la mayoría de las cuales eran judíos húngaros. En mayo de 1944, y durante dos meses, Auschwitz escenificó el acabose de la ética humana. Diariamente eran asesinadas en las cámaras de gas con Zyklon B más de diez mil personas y después desaparecía cualquier rastro de vida cuando los cadáveres se descomponían en los hornos crematorios. Si en un primer momento las dimensiones de las cámaras de gas podían ser un problema para absorber la cantidad de judíos y presos que habían de ser exterminados, luego lo que se convirtió en un contratiempo fue hacer desaparecer los cuerpos inertes a la misma velocidad que eran asesinados, así que se instalaron cinco hornos crematorios. Cuando estos funcionaban a pleno rendimiento la acumulación de ceniza de los restos humanos se convertía en el último escollo para la desaparición de la memoria de tantas almas. En este sentido, las fosas comunes no fueron tampoco suficientes y las pequeñas partículas grises fueron lanzadas a finales de 1944 a los pantanos de los alrededores. Durante los últimos meses, mientras Monowitz era objetivo militar de los bombardeos aliados, los nazis destruyeron los crematorios con el objetivo de no dejar pruebas de la masacre, finalmente Auschwitz y Birkenau fueron liberados por los comunistas soviéticos el 27 de enero de 1945.

El exterminio en otros campos de concentración

Aunque otros campos de concentración no fueron diseñados para desarrollar específicamente el exterminio, en ellos murieron cientos de miles de personas por hambre, frío, enfermedad o fatiga. Muchos presos acabaron eliminados con las manos, las balas o el gas cuando se mostraban demasiado frágiles para continuar con el trabajo. Algunos de estos ejemplos los encontramos en Alemania, Austria o la República Checa;

son los campos de Ravensbrück, Sachsenhausen, Stutthof, Mauthausen, Bergen-Belsen, Buchenwald o Theresienstadt.

Situado noventa kilómetros al norte de Berlín, Ravensbrück era el mayor campo de mujeres de todo el Reich y gran parte de las que allí fueron destinadas trabajaron en fábricas industriales de armamento. Casi cien mil de ellas murieron, tanto víctimas de las malas condiciones de unos barracones superpoblados como vencidas por el deterioro físico. Pese a ser un campo conocido por abarcar a un gran número de reclusas de toda Europa, el recinto hospedó también a hombres y a adolescentes de ambos sexos. A fines de 1944 entró en funcionamiento una cámara de gas para vaciar el campo cuando fuera necesario con la mayor discreción posible. En ella murieron asfixiadas más de cinco mil personas.

A los alrededores de la población de Oranienburg, en la región alemana de Brandenburgo, también al norte de Berlín, se estableció el amplio campo de concentración de Sachsenhausen, en el que miles de judíos, opositores políticos, prisioneros de guerra soviéticos, gitanos, homosexuales y testigos de Jehová desfallecieron a consecuencia del agotamiento, inanición, asfixia, experimentos médicos y ejecuciones. Ante las necesidades bélicas de 1944, los alemanes incrementaron el número de prisioneros del campo para servirse de su trabajo. De este modo, aunque pudiera parecer contraproducente, se apropiaron de la mano de obra judía de los guetos polacos y húngaros, priorizando las industrias militares y aparcando de forma excepcional la fiebre homicida que paralelamente se desarrollaba en Auschwitz.

Cerca de Danzig, en el noreste de Polonia, se instaló el campo de concentración de Stutthof, donde fallecieron cerca de cien mil personas. En un principio la mayoría de presos que copaban los barracones del campo eran polacos y soldados capturados en el frente oriental, pero a consecuencia de las infrahumanas condiciones de vida y trabajo, el campo vivía una gran rotación de los condenados. Desde 1943, tal y como pasó en Ravensbrück y Sachsenhausen, se construyó una cámara de gas para acabar con aquellos que no podían seguir el ritmo de trabajo. En 1944 se abrió un campo femenino que acrecentó la capacidad del recinto por encima de los cien mil reclusos.

En Austria, el gran campo de concentración de Mauthausen entró en funcionamiento en 1938 tras el *Anschluss* alemán del país. Asentado veinte kilómetros al este de Linz, alojaba a cientos de miles de personas en sus barracones. Dotado de una red de campos satélites por toda Austria y el sur de Alemania, el campo, conocido en su máxima extensión como Mauthausen-Gusen, permitía al Reich administrar mano de obra esclava a las fábricas industriales alemanas. Entre ciento cincuenta mil y trescientos mil intelectuales, políticos, sindicalistas y artistas de toda Europa, así como homosexuales, disidentes alemanes o presos comunes, murieron exhaustos a causa de los trabajos forzados y la falta de alimento en los campos asociados a Mauthausen. El gran complejo austriaco, el cual acogió a un numeroso grupo de exiliados republicanos de la Guerra Civil española, fue uno de los últimos campos de concentración en ser liberado por los aliados, el 5 de mayo de 1945.

El campo de concentración de Bergen-Belsen fue inaugurado en abril de 1943 en la Baja Sajonia. Ubicado estratégicamente entre Hannover, Bremen y Hamburgo, fue erigido con el objetivo inicial de albergar a aquellos que podían ser expulsados del Reich o entrar en un posible intercambio o negociación de presos. Aparte de soldados soviéticos, belgas, franceses u holandeses, el campo se especializó en acoger a judíos de Europa Occidental y hospedarlos para alargar el tránsito hasta los campos de exterminio de Polonia. En el recinto había un campo estrella, una zona donde las familias podían permanecer juntas y vestir sus propias ropas y donde tenían comida y mantas suficientes a cambio de dinero. Esta excepcionalidad permitía a los nazis tener controlados a un buen grupo de judíos ricos y a aquellos políticamente relevantes, quienes en un momento dado podían convertirse en moneda de cambio ante la incierta evolución de las batallas. En diciembre de 1944, ante el destino inequívoco de la guerra, muchos de estos presos fueron liberados y deportados a Suiza.

El campo de concentración de Buchenwald, uno de los más grandes establecidos por los nazis, se encontraba cerca de la ciudad de Weimar, en el centro de Alemania. En un primer instante, el recinto acogió a prisioneros políticos alemanes, pero el transcurso de la guerra acercó hasta doscientas cincuenta mil personas a sus barracones, de las cuales más de cincuenta y cinco mil murieron, entre ellas más de diez mil judíos. Algunos de los rasgos característicos que se vivieron en Buchenwald fueron las largas jornadas de trabajo en las fábricas de armamento asociadas al campo, las macabras investigaciones médicas, como la esterilización de prisioneros gitanos y las pruebas de infección de tifus y tuberculosis en homosexuales, y la presencia de un campo de prisioneros ilustres fuera de la alambrada electrificada que protegía el perímetro. En estos barracones aislados y disfrutando de algunos privilegios en ropajes, comida y mantas, estaban entre otros los ex jefes de Gobierno franceses Léon Blum y Édouard Daladier.

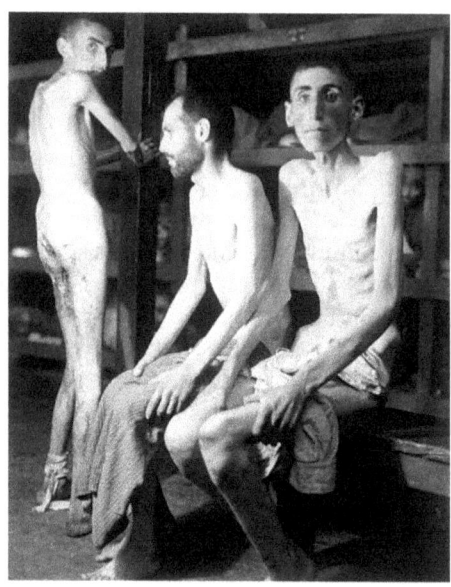

El 11 de abril de 1945 los soldados estadounidenses llegaron al campo de concentración de Buchenwald y encontraron unos veinte mil prisioneros, la mayoría de los cuales sufrían inanición, como se observa en esta escalofriante fotografía. Los reclusos ingresaban en el campo con un peso medio de setenta y tres kilos, pero después de once meses de trabajos forzados sin la alimentación adecuada llegaban a un peso inferior a los treinta y cinco kilos. La paradoja era que a pesar de tener estos esqueléticos cuerpos, debían mostrarse íntegros y capacitados para la jornada laboral si no querían morir.

A tan sólo sesenta kilómetros al norte de Praga se ubicó el campo de concentración de Theresienstadt, en checo Terezín, recuperando las estancias de una vieja fortaleza militar de 1780. A partir de 1941 la ciudadela funcionó como un gueto que acogía a veteranos de guerra judío-alemanes y distinguidos hebreos europeos. Esa fue la razón por la que Reinhard Heydrich lo escogió como centro modélico para mostrar al mundo las buenas condiciones de los campos nazis. Cuando inspectores internacionales como los de la Cruz Roja visitaban el recinto quedaban impresionados: las celdas y el espacio eran los de cualquier prisión común, pero esta además presentaba un aspecto inmejorable cuando hacía falta, limpia, con las paredes pintadas y las estancias repletas de flores naturales. Theresienstadt escenificaba la demagogia de la propaganda nazi ante la opinión pública, mostrando un falso espejo de lo que ahí sucedía, y hasta llegó a instalarse en el campo un distinguido café y, esporádicamente, se desarrollaron actividades culturales. Tras la ideal fachada que se mostraba, lo cierto es que pasaron por el campo más de ciento cuarenta mil judíos alemanes, checos, austriacos y holandeses y unos centenares de luxemburgueses y daneses. De todos ellos, casi noventa mil fueron deportados a Treblinka y Auschwitz, unos treinta y tres mil murieron de hambre o de la epidemia de tifus que se declaró a finales de la guerra y tan sólo unos diecisiete mil pudieron salir con vida y explicar la bondad nazi con los presos.

EL VACIADO DE LOS GUETOS

A finales de 1941 se impulsaron las primeras evacuaciones desde los guetos hasta los campos de concentración con el objetivo de vaciar las superpobladas juderías y evitar las grandes epidemias que podía traer el nuevo invierno. El *judenrat* del gueto elaboraba las listas de deportados, y en ellas, tal y como ya se ha puntualizado anteriormente, estaban inscritas las personas que no tenían contrato de trabajo, los niños, los ancianos, los enfermos, los discapacitados físicos o los que diezmados por el hambre y las malas condiciones de vida se mostraban perdidos, errantes, depresivos e indigentes por las calles. La Solución Final a la cuestión judía y la construcción de los campos de la Operación Reinhard aceleraron progresivamente en 1942 el traslado masivo de judíos hacia los nuevos campos de exterminio polacos. A pesar de ello, algunos guetos continuaron existiendo en 1943 y 1944, si bien es cierto que con un volumen de población muy reducido, con el objetivo de continuar con el provechoso trabajo de sus inquilinos para las fábricas. A modo de ejemplo cabe señalar que el gueto más numeroso, el de Lodz, no fue definitivamente vaciado hasta el verano de 1944, momento en que todos sus habitantes fueron deportados a Auschwitz.

La mayoría de judíos, al igual que el resto de prisioneros, ya fueran disidentes políticos, sindicalistas, comunistas, gitanos, homosexuales, testigos de Jehová o soldados cautivos, aceptaron con resignación su destino. Las causas las debemos encontrar en la lógica del poder, la sumisión política y la amenaza de las armas en el precipicio de la miseria y de la muerte en el contexto político y social de la guerra. La transición emocional que habían vivido las familias hebreas en los últimos años era evidente; la ejecución genocida era el episodio final de la evolución antisemita de la sociedad y el Estado. Es así como se había pasado de las puntuales persecuciones judías, los pogromos, a un creciente odio racial evocado por el nazismo a través de la cultura, la educación y la propaganda. El aumento del acoso legislativo del Estado había fomentado las humillaciones públicas y radicalizado el enfrentamiento contra la población semita, que se había visto postergada, humillada, saqueada, robada y aislada en guetos. La inercia y el desgaste de la opresión militar, la explotación económica y social y el menosprecio cultural reservaron poco espacio para la lucha y la resistencia.

El levantamiento del gueto de Varsovia

Los judíos, presos y sometidos por la fuerza, habitualmente se manifestaban ante la opresión con reacciones individuales, formas de resistencia heroica que acababan en un atajo seguro hacia la muerte. Si la lucha personal se convertía en una forma de suicidio, la organización de un grupo de resistencia parecía una quimera, entre otras cosas por la necesidad de armarse si se quería tener alguna esperanza de sobrevivir tras el combate. Una de las sublevaciones más populares, masivas e impactantes que consiguieron provocar los judíos en su lucha por la libertad fue la revuelta del gueto de Varsovia.

De la judería de la capital polaca ya habían sido enviadas a Chelmno y Treblinka trescientas mil personas desde finales de 1941, pero el 19 de abril de 1943 tras propagarse el rumor de que se desalojaría definitivamente el gueto, las sesenta mil personas que aún vivían en él organizaron un levantamiento armado sin precedentes. Con la ayuda de la resistencia polaca, la Zegota, los judíos se sublevaron para plantarse ante la última evacuación. La disputa fue más un acto de dignidad humana y una solución desesperada que un enfrentamiento tras el que se pudiera tener alguna esperanza de derrotar a los nazis. De este modo, los judíos se escondieron en alcantarillas y túneles subterráneos, y con herramientas de trabajo y algunas armas introducidas por la resistencia y otras tomadas a los guardias del gueto, transformaron el barrio en un auténtico polvorín.

El combate contra los nazis era muy desigual: unos militares preparados, organizados y bien armados tenían enfrente a unos hombres hambrientos, inexpertos y un tanto desorganizados que sólo aventajaban a sus rivales en el pundonor de batallar por la vida. Las calles del gueto quedaron desiertas, tan sólo algunas fueron cortadas por improvisadas barricadas donde grupos de guerrilleros se hacían fuertes. En este tipo de confrontación los judíos no tenían opciones de ganar, pero los alemanes parecían incapaces de acabar con la sublevación. Los nazis no podían aceptar tal

Los judíos de Varsovia, liderados por Mordechai Anielewicz y con las armas que había infiltrado la Zegota, se resistieron a la evacuación del gueto en abril de 1943. Asimismo hombres, mujeres y niños, como el grupo de detenidos de la fotografía, decidieron esconderse desafiando las órdenes de las SS. Pese al desenlace favorable para los nazis, la popularidad de esta rebelión fue un símbolo de la resistencia judía y puso en duda la gestión y la capacidad de control de las SS.

desafío e incendiaron el gueto, calle por calle, hasta dejar reducidos los edificios a auténticos escombros con el objetivo de sacar a las personas de sus escondrijos. El 16 de mayo de 1943, casi un mes después del inicio del levantamiento, las SS pusieron fin a la sublevación, dejando como resultado más de diez mil muertos. La lucha armada del gueto de Varsovia simbolizó la primera resistencia de la población judía a gran escala, pero al final todos los sublevados acabaron muertos o en campos de exterminio, especialmente en Treblinka.

La vida en el infierno

La selección inicial

El teniente coronel de las SS Adolf Eichmann era el encargado de organizar la migración de la población judía de los guetos y los campos de concentración hacia los campos de exterminio de Polonia. Para coordinar todo el flujo migratorio se utilizó la red ferroviaria. El transporte en trenes de mercancías, en unas lamentables condiciones, sirvió para facilitar la deportación y asimismo gestionar y sistematizar mejor el genocidio. Tanto los judíos como los prisioneros de guerra, homosexuales, comunistas, disidentes políticos, sindicales e intelectuales, testigos de Jehová o gitanos, en resumen, la mayoría de todos aquellos infortunados que llegaban a los campos de exterminio creían que iban a trabajar y pocos podían llegar a pensar que la función principal de los recintos era su muerte. En este sentido, los nuevos huéspedes recalaron en los campos con poca salud y evidentemente con grandes recelos después de todo lo que ya habían vivido, pero con sus maletas, sus pertenencias y su ración de esperanza. En el mismo andén donde paraban los trenes, muchas veces con aspecto de una estación corriente, se hacía bajar a los maltrechos pasajeros y les hacían formar una fila. Tras ello se iniciaba el proceso de selección.

En un primer momento, quedaban separados los niños y las mujeres por un lado y los hombres por el otro. Luego, normalmente un médico de las SS decidía con un vistazo las personas que estaban sanas y fuertes y las que no. De esta manera se clasificaban en dos filas los considerados «aptos» y los «no aptos» para el trabajo; es decir, los discapacitados, los enfermos, los niños, las embarazadas, los bebés, los ancianos o los que simplemente se mostraban frágiles o con síntomas de inanición eran separados del resto. Este proceso de separación de las familias generaba desgarradoras escenas de dolor, aún sin saber ni imaginar que lo que realmente se estaba decidiendo era quién debía morir y quién continuaba con vida. Las características de cada uno de los campos de exterminio y los objetivos que evocaba el Reich en cada momento, tal y como ya hemos señalado, fueron muy distintos. La selección inicial en Chelmno y en los campos de la Operación Reinhard en 1942 no existió, ya que casi todos los deportados acabaron directamente asesinados en las duchas o en los camiones con gas. En Auschwitz la selección era distinta según los años: si en 1943 era más flexible con el objetivo de llenar los barracones de Birkenau, en las selecciones de 1944 tres de cada cuatro judíos húngaros que llegaban a los andenes de tren eran dirigidos automáticamente a las cámaras de gas.

Las hileras de prisioneros considerados «no aptos» eran exterminadas, pues el Reich no podía mantener a los que ya no eran útiles, no tenía ningún sentido seguir alimentándolos. Por el contrario, aquellos que tenían la suerte de superar la selección inicial y escapar de los hornos crematorios, los «aptos», veían cómo eran despojados de todas sus pertenencias, los desnudaban, les duchaban con agua fría y los desinfectaban con insecticidas para plantas. Después les tatuaban con un punzón un número de identificación en el antebrazo izquierdo, les afeitaban el cuerpo y la cabeza, les daban unos zapatos de número aproximado y eran obligados a vestir con unos ligeros ropajes, a menudo pijamas de rayas, unas prendas que servían para trabajar y descansar, tanto para el invierno como para el asfixiante calor del verano.

Revisiones médicas

Salvarse de este proceso de selección significaba quedarse como trabajador en el campo. Pese a ello, los que conseguían sobrevivir día tras día al esfuerzo físico, al hambre y al frío no estaban exentos de los reconocimientos médicos constantes en los que se discriminaba a los sanos de los que ya no lo estaban. Los doctores de las SS examinaban a los presos que aguardaban desnudos, luego les pesaban, les palpaban el cuerpo, a veces les hacían levantar los brazos y hacer ejercicios, como flexiones, para comprobar su estado físico. A las personas que eran consideradas no sanas, se les revisaba la dentadura y a los que tenían dientes de oro se les marcaba con pintura el pecho. Esto permitiría a los *sonderkommando* distinguir, en el momento en que transportaban los cadáveres de la cámara de gas a los hornos crematorios, a aquellos a los que debían arrancar el metal precioso. Estas revisiones médicas eran verdaderos programas de eutanasia para adultos; es por esta razón que los que conseguían sobrevivir a los trabajos forzados debían además aparentar un buen aspecto, no enfermar ni lastimarse, para poder seguir sufriendo en vida.

En Auszhwitz II o Auschwitz-Birkenau, las vías de tren llegaban dentro del recinto. Los presos bajaban de los vagones, mujeres y niños a un lado del convoy y los hombres al otro. Tras ello, los médicos procedían a la selección inicial, los aptos para el trabajo eran destinados a los barracones y el resto eran dirigidos directamente a las cámaras de gas. Pese a que las chimeneas de los hornos crematorios funcionaban a pleno rendimiento, pocos podían imaginar la solución que los alemanes tenían para ellos. En noviembre de 1944 las SS quemaron los hornos crematorios para no dejar pruebas del exterminio, el 27 de enero de 1945 las tropas soviéticas liberaron el campo y en 1979 la UNESCO declaró Auschwitz Patrimonio de la Humanidad.

Depósitos de almacenamiento y recolección. «El Canadá»

Para los nazis, el genocidio tenía una función social y racial: debía limpiar Europa de los judíos, pero también debía ser lo más productivo posible. En este sentido, las fábricas de matar en las que se convirtieron los campos de exterminio debían explotar los beneficios económicos que suponía la desaparición de tanta gente.

En los campos en que se producía la selección inicial, los considerados «no aptos» para el trabajo pasaban directamente a los vestidores adjuntos a las cámaras de gas. Antes de entrar a las duchas, los guardias obligaban a los presos a desnudarse y dejar sus objetos ordenados y sus ropas plegadas. Con el objetivo de generar confianza y dar un sentido de normalidad, les hacían recordar el número de colgador con el engañoso mensaje de que tras la desinfección recuperarían sus pertenencias. Los que habían pasado la selección inicial tampoco se salvaban del expolio nazi y, tras la desinfección, cuando recibían los uniformes del campo ya podían hacerse a la idea de que no volverían a recuperar sus cosas, su dinero, sus fotografías, sus recuerdos o sus pequeños tesoros.

Todos los objetos robados a los prisioneros eran llevados a los depósitos de almacenamiento, normalmente cercanos a los hornos crematorios, donde se clasificaban las propiedades confiscadas. Podía encontrarse de todo y escondido en cualquier sitio; por ello, rápidamente los *sonderkommando* se dieron cuenta de que una parte de los objetos de valor no estaban en los bolsillos, en la suela de los zapatos, en los calcetines o en el doble fondo de algunas ropas, sino en cualquier orificio imaginable de los propios cadáveres. De esta manera se dio la circunstancia de que muchos presos se llevaron consigo hasta el final sus propiedades más preciadas, ya fueran joyas, monedas de oro o simples amuletos personales.

En los almacenes se clasificaban y guardaban las pertenencias sustraídas de las maletas de los presos, tanto de los que yacían muertos como de los trabajadores del campo. En ellos se podían encontrar joyas, diamantes, dientes de oro que serían fundidos, monedas, billetes, radios, platos y otros bienes materiales, muñecas y juguetes que habían abandonado los niños, fotografías, cartas, pilas de zapatos de los que se aprovechaba el cuero, ropas nuevas para reutilizarse o ropas viejas para trapos. Una reserva impactante era la constituida por las toneladas de cabello que servirían para hacer telas, paños aislantes y suelas para zapatillas y botas; igualmente tuvo lugar el aprovechamiento de las grasas de los cadáveres para hacer jabón o el uso de las cenizas que venían de los hornos crematorios como fertilizantes y abonos para los campos.

El depósito de Auschwitz-Birkenau era conocido como «el Canadá», ya que ese país norteamericano estaba mitificado como referente de riqueza y abundancia. Sin duda, tanto los presos que trabajaban en el almacén de recolección, la mayoría mujeres, como los guardias de las SS, tenían ante sí la tentación de apropiarse del dinero y los objetos de valor. Las prisioneras tenían acceso directo a los objetos requisados y eso propiciaba constantes hurtos que permitían mantener un lucrativo mercado negro, un negocio que pudo funcionar gracias a la corrupción de los *kapos* —que, como sabemos, eran los presos que hacían de guardias de los demás reclusos— y de los oficiales de las SS. Las mujeres y hombres que trabajaban en «el Canadá», así como pasaba con los *kapos* y los sonderkommando, se convirtieron en auténticos privilegiados dentro de los campos. El contrabando les servía para acceder a bienes muy preciados entre tanta escasez como la comida, el chocolate, los cigarrillos o el alcohol. A pesar de que los oficiales de las SS tenían grandes responsabilidades para frenar los negocios fraudulentos, ellos mismos eran cómplices de estas actividades, pues tan sólo les preocupaba cumplir con el expediente y que los vagones de tren que se enviaban al banco del Reich en Berlín quedaran llenos con los objetos decomisados.

Los barracones

Cuando los presos lograban superar la selección inicial, ya habían abandonado para siempre todas sus posesiones materiales, les habían desinfectado, tatuado y entregado sus nuevos uniformes, y por último asignado a un barracón, el lugar que sería en los próximos meses su casa o su celda según se mire. Los barracones en un primer momento eran de cemento y ladrillo, pero a medida que se multiplicaron las necesidades del Reich se redujeron los presupuestos, razón por la que los barracones acabaron siendo de madera, como por ejemplo los construidos en Birkenau en 1943. El material de construcción puede que aparentemente no tenga mayor relevancia, pero la tenía, ya que los barracones de madera dejaban pasar más los ruidos y los gritos de desesperación que perturbaban las noches, no protegían del frío en invierno y no aislaban el calor en verano. Los barracones estaban abarrotados de seres humanos con la mirada perdida, como desalmados, habitualmente clasificados por raza, condición o procedencia. Cada caseta podía albergar más de quinientos presos, que dormían sobre colchones plagados de piojos, según remarcan siempre los que sobrevivieron, y en literas de madera de dos a cuatro pisos. Las barracas casi nunca tenían ventanas y por lo tanto ni luz ni ventilación, no había baño y solamente un cubo servía como improvisado retrete durante las noches. Las condiciones higiénicas eran lamentables y las epidemias y enfermedades se propagaban con cierta facilidad. Sólo el cansancio de las durísimas jornadas laborales permitía conciliar el sueño y esquivar el hambre o el frío. Los testimonios recuerdan por encima de todo los silencios infinitos y estremecedores que había en el interior del barracón, una tensa calma que permitía distraer el miedo y olvidar por un momento el horror y la muerte de los compañeros.

Los recuentos

Cada mañana, entre las cinco y las seis de la mañana, aun en medio de la oscuridad de la noche, sonaba la sirena del campo y todos los reclusos debían formar militarmente ante el barracón perfectamente alineados. Era entonces cuando los *kapos* procedían a largos y humillantes recuentos a pie firme para confirmar las listas del día anterior. Los inventarios permitían a los guardias contabilizar cada mañana a aquellos que no habían superado la noche y asimismo ver los que estaban enfermos, agonizaban o se mostraban demasiado débiles e incapacitados para trabajar. Estos últimos eran conscientes de que serían enviados a la enfermería, o lo que era lo mismo sabían que se desharían de ellos como había pasado con el resto de los compañeros de barracón que habían sido trasladados a las salas de curas.

Estos rigurosos recuentos servían para comprobar también si algún preso se había escondido o fugado; en estos casos, como medida de persuasión para que no se volviera a repetir, los *kapos* o los oficiales de las SS ordenaban la ejecución, a sangre fría y ante sus propios compañeros, de diez miembros del barracón afectado. Las SS se preocupaban de justificar y explicar cada una de las bajas; así dejaban constancia de las causas de todo fallecimiento, a veces aduciendo enfermedad, otras veces ataques al corazón o muertes súbitas. Los recuentos, para los presos, eran una forma implacable de control que generaba una constante sensación de represión, acoso y esclavitud. La sumisión diaria que sentían los reclusos les llevaba a la certeza de que su sino estaba escrito, sólo era cuestión de tiempo.

La comida

La mayoría de los prisioneros duraba apenas unas semanas o unos meses y moría habitualmente por inanición, deshidratación, enfermedad o cansancio. La poca comida que recibían los confinados era siempre la misma, una sopa aguada hecha con verduras y carne, un poco de pan y margarina, a veces patatas o habichuelas, té y un denso café amargo. La alimentación no era suficiente para el esfuerzo físico que sus captores obligaban a mantener a los presos en las fábricas: es por esta razón que los nazis les daban un promedio de nueve meses de vida. La muerte era muy lenta, demasiado para muchos presos, y por ello había quienes no aguantaban la tensión y se suicidaban en el alambre electrificado que rodeaba los campos. Era común tener diarreas, algunos bebían agua de los charcos o de la lluvia, a menudo contaminada por las cenizas que desprendían los hornos crematorios durante toda la jornada, y eso les provocaba infecciones e hinchazones. El hambre vestía los cuerpos esqueléticos como tristes cadáveres ambulantes, la desesperación llegaba hasta tal límite que hubo presos que protagonizaron escalofriantes escenas de canibalismo con los compañeros muertos.

Objetivo sobrevivir

Ante unas condiciones de vida tan extremas, el ser humano construía sus propias defensas para mantenerse abstraído, el objetivo era sobrevivir día tras día entre la inercia del horror. El miedo se entrelazaba con el coraje y la desesperación se adueñaba poco a poco de toda esperanza. Aquellos que estaban unos días en los campos de exterminio ya sabían por rumores de la existencia de cámaras de gas y hornos crematorios para eliminar los excedentes de enfermos, trabajadores o presos. Los *kapos* intentaban crear una atmósfera distendida y tranquila para garantizar el buen funcionamiento del grupo que dirigían; en este sentido, ante la más mínima queja o murmullo sobre gas letal o crímenes masivos, separaban del grupo a aquellos que lo propagaban y nadie volvía a saber más de ellos. Los prisioneros que eran vencidos por la desesperanza, o quedaban enloquecidos por el hambre, eran reprimidos, es decir, eran también selectivamente eliminados por los *kapos* para evitar que enrarecieran el ambiente. Los guardias llevaban a rajatabla a los presos mediante un funcionamiento militar, un estricto control de todos sus movimientos y una constante represión. Golpeaban a los reclusos por andar lento o rápido, por levantar demasiado la mirada o no hacerlo, trataban a los presos como esclavos de antaño, y estos muchas veces tampoco sabían cómo comportarse, ya que no podían mostrar ni una excesiva debilidad ni por otro lado dirigirse de igual a igual a un superior. La constante sensación de sumisión que tenían los presos les provocaba una gran angustia, estaba prohibido llorar, reír o gritar, recibían un trato humillante y degradante, eran tratados como animales a los cuales se debía adiestrar y explotar. Algunos daban chivatazos para denunciar las conductas inadecuadas de sus compañeros con la finalidad de hacer méritos para conseguir algún privilegio, como un simple trozo de pan, una ración extra de comida, unos cigarrillos o una pastilla de jabón.

Las relaciones humanas

La diversidad cultural y lingüística de muchos campos de concentración y exterminio dificultaba la comunicación. Eso llevó habitualmente a la formación de grupos de presos que competían por unos derechos y unos privilegios. Si bien es cierto que excepcionalmente existieron tensiones, peleas y traiciones entre compañeros de barracón, causadas por las situaciones límite que vivían, generalmente el trato entre presos era de fraternidad ante las durísimas condiciones en que vivían. Los lazos de unión y compañerismo superaron con creces las rencillas personales, culturales, políticas o raciales. En el trasfondo de la solidaridad entre prisioneros estaba el participar de una misma barbarie, el compartir las crueles y constantes humillaciones, las torturas, los experimentos médicos, los abusos sexuales, las violaciones o los asesinatos aleatorios de que eran objeto. La obstinación por vivir construía fuertes y profundos lazos emocionales entre los presos, se creaban unas afinidades y unos potentes vínculos de amistad. Un ejemplo fue la ayuda que proporcionó Gisella Perl, una ginecóloga húngara-judía que, de forma secreta y jugándose la vida, aprovechó que trabajaba como médico auxiliar en Auschwitz para provocar el aborto a más de mil madres embarazadas, evitando de esta manera que fueran enviadas a las cámaras de gas.

Las relaciones sexuales

En los campos estaba dictada la orden de la abstinencia sexual para los oficiales de las SS, con la finalidad de mantener el orden, la seriedad y el compromiso, y estaban, como no podía ser de otra manera, terminantemente prohibidas las relaciones entre guardias y prisioneros por razones ideológicas y raciales. Desde 1935 una ley prohibía las relaciones sexuales entre alemanes arios y judíos; a pesar de eso las agresiones sexuales y las violaciones a prisioneras hebreas fueron numerosas. A pesar de que la Gestapo investigó oficialmente a Rudolf Höss por la instalación de un prostíbulo en la barraca número veinticuatro de Auschwitz, lo cierto fue que Himmler la había promovido con el objetivo de mejorar la productividad de los centros, alentar, distraer e incentivar a los *kapos* y los guardias de las SS. Las relaciones sexuales con esclavas, mujeres seleccionadas en el campo, no solamente se establecieron en Auschwitz, sino que diversos testimonios dan cuenta de la existencia de burdeles permanentes en Mauthausen y Buchenwald. Si el propio Höss mantuvo relaciones sexuales con una prisionera política austriaca, Eleanor Hodys, ¿qué no harían el resto de oficiales de las SS en las sonadas fiestas y orgías que montaban para evadirse de la realidad que les rodeaba? Algunos supervivientes comentan que la dependencia y el sometimiento de algunos presos sobre otros y en relación a los *kapos* extendieron prácticas homosexuales en diversos campos.

Las fábricas

Las SS habían establecido a lo largo de 1942 en Chelmno, Sobibor, Belzec y Treblinka unos campos que debían especializarse en la consecución del Holocausto, un macroproyecto genocida que creaba un nuevo concepto de centro, el campo de exterminio. Mientras eso sucedía, los nazis mantuvieron los campos de concentración en los dominios alemanes, cuya función principal era la explotación de la mano de obra esclava para el beneficio económico y militar del Reich. A medida que avanzó la guerra los altos dirigentes de las SS, el ejército y los grandes empresarios alemanes, vieron las grandes posibilidades industriales y bélicas que proporcionaban los judíos y el resto de presos. En este sentido, se entendió que los campos podían tener la doble función de ser campo de trabajo y al mismo tiempo de exterminio: así se establecieron Majdanek y en mayor medida Auschwitz con la construcción de los campos satélites de Birkenau y Monowitz. De este modo, las fábricas se convirtieron en un elemento esencial en el engranaje de los campos, el *«Arbeit macht frei»* que podían leer los presos a la entrada de muchos campos indicaba precisamente lo contrario de lo que sucedía normalmente: el trabajo no salvaba a los trabajadores sino que realmente los mataba. Tal y como hemos señalado anteriormente, la vida media de la mano de obra esclava rondaba los nueve meses. En el fondo, las fábricas eran otra forma de exterminio. Entre 1933 y 1945 se calcula que, de un millón seiscientos mil presos que trabajaron en los campos de concentración, aproximadamente un millón acabaron muriendo.

Los judíos, tanto da si eran administrativos profesores, empresarios, comerciantes, amas de casa, letrados o contables, eran destinados todos ellos a fábricas, minas o canteras asociadas a cada uno de los campos de concentración, pero aquellos que eran herreros, peones, arquitectos, carpinteros, fontaneros, peluqueros o cocineros acostumbraban a trabajar en el propio recinto para el bienestar y la mejora del propio *lager*. Los prisioneros, descansando únicamente el domingo por la tarde, trabajaban en fábricas textiles o de armamento, así como en la construcción y el mantenimiento de grandes infraestructuras tales como carreteras, túneles, canales o naves industriales.

En un primer momento, los reclusos trabajaban en fábricas situadas en el interior de los campos de concentración; luego se construyeron industrias en los alrededores de los recintos y no sólo las SS se beneficiaron de la mano de obra esclava, sino que muchas empresas privadas compraron los derechos para la explotación de obreros de los campos a bajo coste. Industriales como los del conglomerado alemán de industrias químicas de la cual surgiría la Bayern, la I. G. Farben o la automovilística Bavarian Motor Works (BMW), pagaron a las SS por cada trabajador que les enviaban de los campos de concentración o exterminio según la raza —de tal manera que los judíos tenían un coste menor— y la nacionalidad. A pesar de que no fue nada habitual, algunos empresarios optaron por ofrecer un trato digno a sus trabajadores, como si se tratara de una relación laboral normalizada, sin abusos, ni represión o menosprecio, sino respetando los derechos humanos, alimentarios, higiénicos o religiosos de los obreros. En este sentido se enmarcan las acciones de Oskar Schindler, un empresario de origen checo, de la región de los Sudetes, y miembro del Partido Nazi, cuya historia salió a la luz pública y se popularizó a partir del largometraje *La lista de Schindler,* de Steven Spielberg, en 1993. El industrial salvó la vida de mil doscientos judíos del gueto de Cracovia, pagando grandes sumas de dinero por cada uno de ellos, para que trabajaran en sus fábricas de municiones y evitando de esta manera que fueran deportados a Auschwitz, donde les esperaba una muerte segura.

Los *kapos*

Las SS habían delegado en los *kapos* parte del control del campo de concentración. Estos guardias, habitualmente presos comunes, disidentes políticos o sindicales, eran escogidos por sus conocimientos de alemán y del idioma de los reclutas que debían encargarse de vigilar. Normalmente se les asignaba el control de un barracón y debían velar por su buen funcionamiento, evitar epidemias y mantener la salubridad en la medida de sus posibilidades; también eran los encargados de hacer los recuentos y pasar informe diariamente de los fallecidos, así como de gestionar el correcto tránsito de los presos por el campo. Para realizar su tarea tenían vía libre a la hora de castigar y someter a los presos, y en ello les iba su propia vida, así que no ahorraban en torturas y vejaciones de todo tipo para asegurarse de que se cumplieran sus órdenes y conseguir que todas las operaciones se ejecutaran de forma puntual y rigurosa. La presencia de los *kapos* había descargado a las SS de agrias funciones y desagradables situaciones y permitió asimismo agilizar la administración y mejorar el control de los campos de concentración y exterminio. La existencia de los guardias ucranianos, polacos, húngaros o austriacos en los recintos creaba un poder jerarquizado que estaba sustentado en un trato de favor basado en privilegios alimentarios, cigarrillos, alcohol, ropas limpias, barracones mejor acondicionados con colchones en buen estado y sábanas limpias, o en que por ejemplo en Auschwitz se les permitía gozar de la posibilidad de asistir al prostíbulo. El poder que ostentaron los *kapos* y la posición privilegiada que obtuvieron en los campos facilitó una densa red de corrupción y sobornos, de la cual también participaron los miembros de las SS.

Las SS

Los soldados de las SS vivían en zonas especiales de los campos con sus propios barracones, con tiendas comerciales, cantinas, salas de baile o espacios deportivos. El campo de exterminio de Auschwitz fue el referente en este sentido, pues en él prácticamente se reproducía la vida cotidiana de una pequeña ciudad: se había instalado un teatro, un cine y todo tipo de posibilidades para la diversión y el entretenimiento de los miembros de las SS. Asimismo, la mayoría de los altos oficiales vivían con sus familias en las inmediaciones del recinto o en casas requisadas de ciudades cercanas y gozaban de un alto nivel de vida, una comodidad casi inimaginable teniendo en cuenta que su función principal era gestionar la miseria, el hambre y la muerte. Aunque parezca un tanto sorprendente, entre los militares de las SS las ejecuciones y los exterminios no suscitaban desazón o remordimiento; la mayoría comprendía los exterminios como parte de la evolución normal de los acontecimientos históricos y de la dinámica propia de la guerra. Si bien es cierto que lo habitual era el proceder tranquilo y funcionarial de los miembros de las SS, con un gran autocontrol mental, también había oficiales que dirigían su odio y su sadismo sobre las víctimas indefensas, así como otros afectados por crisis nerviosas o quienes superaban sus contradicciones éticas con el alcohol y con fiestas para evadirse de la dura realidad que vivían.

¿Cómo podían los miembros de las SS consentir, participar y utilizar sus capacidades intelectuales para la ejecución de un plan genocida a gran escala y ante sí ignorar en sus acciones la fragilidad de los ancianos o la mirada inocente de los niños? La educación nazi con toda su influencia ideológica existía desde que Hitler se había aupado al poder en 1933, por lo que no era entonces de extrañar que los jóvenes soldados alemanes, los cuales sólo habían aprendido en el colegio las verdades nacionalsocialistas, siguieran con convicción la lógica de un exterminio que les permitiría acabar con el enemigo interno del Reich, los judíos. Para los nazis debía evitarse una nueva conspiración hebrea, prueba de la cual había sido la Primera Guerra Mundial; no solucionar ese problema podía suponer el fin del proyecto ario y la derrota alemana en la guerra.

La falta de una visión crítica y una reflexión personal sobre las acciones que los seres humanos llevamos a cabo nos conduce a un sometimiento a las órdenes que nos dicta una autoridad a la que en un determinado momento le hemos otorgado el poder. Los soldados siguieron órdenes pero no actuaron como autómatas, sino que la gran mayoría, según ellos mismos testificaron posteriormente, estaban convencidos de lo que hacían y de que era el único camino posible. En este sentido, no diferenciaron nunca para ganar la guerra entre vencer al enemigo externo, demócratas y comunistas, y al interno, los inadaptados, los débiles, los gitanos o los judíos.

En una encrucijada histórica extraordinaria confluyeron en la sociedad alemana una serie de elementos para la ejecución de una de las peores masacres que había contemplado la humanidad: la tradición antisemita, la fe ciega en las ideas del *führer* que culpabilizaban al pueblo hebreo de los males de Alemania, la propaganda de un régimen totalitario y su decisiva influencia cultural y educativa desencadenaron el Holocausto. Sencillo evidentemente no era, pero ningún miembro de las SS desertó oficialmente por razones éticas. La brutalidad con la que se emplearon los jóvenes asesinos y el alto nivel de formación educativa que ostentaban no era un resultado contradictorio ni incoherente.

Los *sonderkommando*

Asesinar con conciencia, por principios ideológicos y pleno convencimiento, puede llegar a ser detestable, pero hacerlo por obligación como el único camino para la supervivencia adopta tintes dramáticos. Esta es la historia de los *sonderkommando,* los presos encargados del buen funcionamiento de las cámaras de gas y los hornos crematorios. Las SS organizaron estas unidades especiales de trabajo, muchos de cuyos miembros eran judíos —como en Sobibor o Belzec—, para que acogieran a los seleccionados y gestionaran las largas hileras de condenados hacia el interior de las cámaras de gas. En Auschwitz estas sobrecogedoras escenas estaban mezquinamente acompañadas de música de boda y fiesta hebrea que tocaba la orquesta del *lager*, la cual para mayor humillación estaba formada por muchos judíos. Después, los *sonderkommando* charlaban con las víctimas para relajar el ambiente y ofrecer con un cinismo difícil de digerir la sensación de normalidad mientras escoltaban a los presos hacia los vestidores de las duchas.

Allí les obligaban amablemente a desnudarse y les hacían pasar a las cámaras para acabar cerrando herméticamente las puertas y esperar a que el gas letal, Zyklon B o monóxido de carbono, asfixiara durante veinte minutos a las víctimas. Luego, después de que unos grandes ventiladores expulsaran el gas tóxico y reciclaran el aire, los *sonderkommando* se colocaban máscaras de gas y abrían las puertas de las duchas, retiraban los cadáveres y los trasladaban a una sala anexa donde les afeitaban el cabello y les sacaban los dientes de oro. Seguidamente, transportaban los cuerpos a los hornos crematorios, o directamente los lanzaban a fosas comunes, según el campo. Tras ello, recogían en carretas las cenizas acumuladas que no se habían escapado por las chimeneas y las enterraban. Mientras, otra parte del grupo ya había limpiado las paredes ensangrentadas y los desechos humanos que habían causado la asfixia y la desesperación que se había vivido en el interior de las cámaras; de esta manera las duchas volvían a estar a punto para recibir a otro grupo de prisioneros y así la operación de exterminio se repetía a lo largo de todo el día.

Por medio del trabajo de estos grupos especiales en los crematorios, las SS preservaban el daño psicológico entre sus hombres al alejarlos del contacto directo con la muerte y el horror. ¿Era éticamente reprochable colaborar en el asesinato en masa? La tensión emocional que soportaban los *sonderkommando* ante las atrocidades que vivían diariamente era terrible. A veces debían acompañar a vecinos y compañeros a los vestidores y mientras esperaban la acción del gas oían gritos y arañazos en el interior de las cámaras; constantemente

La experiencia de los *einsatzgruppen* aconsejó no enterrar los cadáveres y sí incinerarlos. A medida que se aceleró el programa genocida el problema era deshacerse de los cuerpos y los hornos crematorios se erigieron en un elemento esencial para una consecución discreta y eficaz de la *Shoah*. En los hornos trabajaban los *sonderkommando,* quienes se ayudaban de las plataformas de hierro, como las de la imagen, para adentrar los cadáveres a las brasas. Cuando los hornos no daban abasto se trasladaban los fallecidos a grandes fosas comunes y se quemaban, pese a que el tremendo olor que desprendían los restos era imposible de ocultar.

veían cuando entraban explosiones de gas acumulado en los cuerpos y otras veces retiraban cadáveres de amigos o familiares. Pese a ello, los *sonderkommando* contaban con los mismos privilegios que los *kapos,* como unos barracones propios con acceso a tabaco, alcohol, alimento o sábanas limpias. Estos grupos eran reemplazados, es decir asesinados, al cabo de unos meses con el objetivo de mantener la tensión, el compromiso en el trabajo y evitar rumores sobre el exterminio. Pese a ser conscientes del fatal destino que les esperaba después, el objetivo de estos presos era sobrevivir día tras día, ya insensibilizados: funcionaban por inercia como robots en medio de una auténtica barbarie. Para introducirnos en el trabajo y en las contradicciones emocionales de estos prisioneros es recomendable la película *La zona gris,* que en 2001 dirigió Tim Blake Nelson. En ella se reproduce la historia del popular levantamiento de los *sonderkommando* el 7 de octubre de 1944 en Birkenau, que acabó con la destrucción del crematorio número dos.

Experimentos médicos

La muerte en los campos podía llegar de muchas maneras, por hambre, sed, frío, cansancio, enfermedad, en los barracones, en las fábricas, las cámaras de gas o mediante los experimentos que llevaron a cabo los doctores de las SS. Con la excusa de encontrar mejores tratamientos médicos para los soldados alemanes y estudiar la esterilización de aquellos que los nazis consideraban inferiores, se realizaron una serie de investigaciones científicas que fueron más allá de lo que el ser humano puede explicarse. Algunos de los tristemente célebres médicos que torturaron, abusaron sexualmente, amputaron extremidades, experimentaron y asesinaron a los presos de los campos, evidentemente sin el consentimiento de los afectados, fueron Sigmund Rascher en Dachau y Auschwitz; Waldemar Hoven en Buchenwald, Herta Oberheuser en Ravensbrück; Karl Gebhardt dirigiendo los ensayos en Ravensbrück y Auschwitz o el equipo de doctores del mismo Auschwitz, donde estuvieron trabajando Eduard Wirths, Carl Clauberg, Horst Schumann o Josef Mengele.

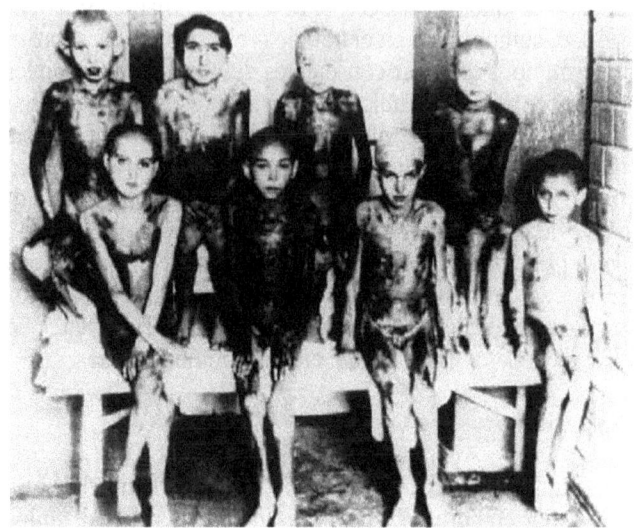

El doctor Josef Mengele, quien llegó a Auschwitz en mayo de 1943, fue conocido como *El ángel de la muerte* por sus macabros experimentos, especialmente con niños. En sus investigaciones dejaba a los recién nacidos morir de hambre, examinaba los que tenían enfermedades hereditarias, estudiaba los embarazos múltiples y realizaba autopsias comparativas entre gemelos para sus estudios de genética, intoxicaba o quemaba a los niños para analizar las reacciones del cuerpo, tal y como puede intuirse en esta fotografía de la documentación privada del doctor. Tras la guerra vivió de forma clandestina en Argentina y Paraguay hasta que falleció en 1979.

La crueldad de los ensayos científicos se manifestaba más allá de lo que puede llegar la imaginación, con pruebas de resistencia humana ante el frío, el agua helada, las bajas presiones, amputaciones sin anestesia, quemaduras, la sed o el hambre. Se aplicaron venenos, analgésicos, gases tóxicos, sustancias químicas, emisiones de rayos X e inyecciones intravenosas con fenol para observar la reacción de las víctimas. Asimismo se procedió a extracciones de todo tipo, tanto en vida como tras la muerte de los pacientes: dientes, médulas óseas u órganos como el útero de las mujeres. Las pruebas también se centraron en análisis sanguíneos, transfusiones de sangre u observaciones del tiempo que tardaba una persona en desangrarse.

Las SS permitieron que los médicos convirtieran los campos en grandes laboratorios humanos en los que los conejillos de indias eran los presos, mujeres, hombres, ancianos y niños; cualquier ser humano servía como paciente para experimentar los límites del cuerpo, el corazón y el alma. En estas indagaciones la gran mayoría acabó muriendo y el resto sufrieron irreversibles consecuencias. Estos crímenes fueron posteriormente juzgados en Núremberg tras la guerra, en 1946: en el conocido como el «Juicio a los doctores» se condenó a muerte a siete médicos y se introdujo un código ético para preservar la experimentación con seres humanos en el futuro.

8

El fin de la barbarie y la guerra

No sé cómo será la tercera guerra mundial, sólo sé que la cuarta será con piedras y lanzas.
Albert Einstein

Colaboracionismo europeo en la Shoah

El plan nazi para la Solución Final a la cuestión judía que se había aprobado en Wannsee tenía la intención original de involucrar a once millones de personas, toda la población semita de Europa, incluidas aquellas provenientes de países que no estaban ocupados como Suecia, Irlanda, Gran Bretaña o Turquía. El proyecto esperaba recibir la expresa colaboración de los estados sometidos o aliados, como Francia, Holanda, Bélgica, Noruega, Dinamarca, Polonia, Hungría, Bulgaria, Rumanía, Eslovaquia, Croacia, Yugoslavia, Grecia o Italia. A la hora de la verdad, la cooperación internacional con el Holocausto estaría en todo momento condicionada por el grado de complicidad de los gobiernos autóctonos y por la propia evolución militar de la guerra.

La gestión del programa de evacuación del pueblo hebreo en Europa era una empresa de una gran complejidad y envergadura, de modo que exigía la entera implicación de todo el Gobierno alemán. El Ministerio de Asuntos Exteriores lideró la ofensiva diplomática presionando, sin complejo alguno, a los estados satélites para que facilitasen la deportación de los judíos de sus respectivos países. Se estableció que la organización de las migraciones quedaba bajo control y responsabilidad administrativa de la *Reichssicherheitshauptamt* o RSHA, Oficina Principal del Reich, dirigida por Eichmann y que había nacido de la fusión de la policía secreta o Gestapo y la policía criminal o *Kriminalpolizei*. De esta manera dicha institución, subordinada a las SS, se especializó en el control del transporte masivo de judíos por Europa, mientras que el resto de las SS de Himmler seguía con la tutela de los guetos, los campos de concentración y los de exterminio. Los esfuerzos diplomáticos de los embajadores y del ministro de Exteriores, Von Ribbentrop, dieron sus frutos, y pese a la resistencia inicial de algunos gobiernos, la mayoría de los países ocupados y aliados ayudaron a los alemanes a la deportación de los judíos que vivían en su territorio.

En las regiones que estaban bajo administración del Gobierno nazi durante la guerra, es decir, Alemania, Austria, Polonia, Bohemia y Moravia, los judíos ya estaban confinados en guetos y a merced del destino que les deparaba la historia con una muerte lenta en las fábricas o rápida en las cámaras de gas. En suelo soviético bajo control alemán, los nazis contaron a menudo con la colaboración de nacionalistas ucranianos, letones, lituanos, estonios, bielorrusos e incluso rusos, para el aislamiento y el destierro de sus conciudadanos judíos. A raíz del odio y el resentimiento de muchas personas contra los comunistas, los alemanes encontraron ciertas facilidades para la identificación, la búsqueda y la detención de judíos, así como la cooperación de los policías locales para las ejecuciones de los *einsatzgruppen,* el establecimiento de guetos o las deportaciones masivas hacia los campos de concentración y exterminio que había dispuesto el Reich.

Hungría, pese a ser un país aliado e incorporar en su legislación leyes antisemitas, negó inicialmente la deportación que demandaban los alemanes y así se convirtió en refugio de judíos europeos que escapaban de países vecinos. En marzo de 1944 la situación bélica había cambiado, las tensiones con Berlín habían aumentado y la proximidad de las tropas soviéticas sobre las fronteras húngaras impulsó a Hitler a ocupar militarmente el país. Fue de este modo como los judíos residentes en Hungría se vieron perseguidos, aislados en guetos y posteriormente, entre mayo y julio, forzados a subir a los trenes que les llevarían a Auschwitz-Birkenau. La operación conocida como *Aktion Höss,* en honor al comandante del campo, conduciría a la muerte a la gran mayoría de las cuatrocientas mil personas que allí fueron destinadas. Los alemanes iban a exhibir un pleno control sobre el país. Una muestra de ello fue la presión que ejercieron para la dimisión del presidente Miklós Horthy, sustituido en octubre de 1944 por Ferenc Szálasi: de esta forma los nazis se aseguraban la plena cooperación con la causa antisemita y una mayor lealtad política ante el inminente desenlace de la guerra.

El primer ministro y dictador en Rumanía Ion Antonescu, quien había asumido el cargo con el aval alemán y el apoyo de los legionarios de la Guardia de Hierro de Horia Sima, se convirtió en un aliado imprescindible para los nazis en el sureste de Europa a finales de 1940. Una vez se consolidó en el poder, Antonescu se liberó de la incómoda asociación con los legionarios y organizó un régimen autocrático muy represivo, aplicando unas durísimas leyes antisemitas y, pese a resistirse inicialmente, entró en la guerra bajo presión alemana en junio de 1941. La implicación con el Holocausto de Rumanía está llena de matices. Durante el verano de 1941 el Gobierno entregó a trescientos mil judíos de las nuevas regiones adquiridas de Besarabia, Transnistria y Bucovina a los nazis, y aquellos murieron asesinados por las SS. La actitud colaboracionista que demostró Antonescu para perjuicio de los judíos de las regiones ocupadas en Ucrania fue muy diferente de la que tuvo con los judíos nacionales. La negativa a deportar judíos rumanos durante la guerra, aun teniendo en cuenta la gran presión política que ejercieron las autoridades alemanas, significó salvar la vida a más de cuatrocientas mil personas.

En la primavera de 1942 el Gobierno fascista eslovaco de la Guardia Hlinka de Jozef Tiso, tras aglutinar a la población hebrea en guetos, facilitó la deportación masiva de judíos hacia los campos de concentración y exterminio de Polonia. A diferencia de otros casos de colaboracionismo, el Gobierno dictatorial de Bratislava aspiraba a la limpieza étnica del pueblo eslovaco: en este sentido no sólo entregó a setenta mil judíos a las autoridades alemanas sino que pagó por ello haciéndose cargo de los gastos de las migraciones. A finales de 1942, la política de Tiso respecto a los judíos sufrió un giro importante denegando más deportaciones; de esta forma las leyes antisemitas que mantenía el país se convirtieron en un mal menor para el refugio de emigrantes judíos que huían de Alemania, Bohemia, Moravia, Austria y Polonia. Ante la proximidad de las tropas soviéticas, a finales de 1944, Eslovaquia fue invadida por los nazis y de esta manera quince mil judíos ya no pudieron escapar del asedio racial alemán.

El régimen del movimiento Ustasa de Ante Pavelic perpetró su propio genocidio y sometió en Croacia a treinta mil judíos con la complicidad y aprobación nazi, así como a gitanos, serbios, musulmanes y disidentes políticos, creando un verdadero terror mediante campos de concentración y exterminio. En este sentido es necesario destacar que en el campo de Jasenovac, junto al río Sava, al sureste de Zagreb, los judíos fueron una pequeña proporción de las setecientas mil personas que allí perdieron la vida con extrema brutalidad y mediante crueles atrocidades, tanto ahogadas, como degolladas, fusiladas o quemadas en vida.

Bulgaria fue siempre un aliado incómodo para los nazis durante la guerra. Aunque participó en 1941 junto a las Potencias del Eje en la invasión de Yugoslavia y Grecia, no declaró nunca la guerra a la Unión Soviética, y además siempre mostró su reticencia a entregar a los judíos búlgaros a las autoridades alemanas. A pesar de ello, el Gobierno de Bogdan Filov facilitó la deportación a Treblinka en 1942 de once mil judíos de Macedonia y Tracia.

En octubre de 1940, tres meses después de que los carros de combate alemanes pasearan por los Campos Elíseos de París, se aplicó en la Francia ocupada el *État juif* (Estatuto judío), una legislación que obligaba a los hebreos a llevar la identificación pública con la Estrella de David amarilla, que les impedía por decreto el derecho a trabajar en ciertas profesiones y por la que se les confiscaban bienes, propiedades y negocios. En el sur del país, el Gobierno de Vichy se mostró igualmente colaboracionista: de esta manera los alemanes contaron también con la ayuda de la Administración francesa y los gendarmes para las persecuciones judías. Uno de los episodios más escalofriantes del colaboracionismo galo fue la redada del Vel d'Hiv (Velódromo de Invierno) del 16 de julio de 1942. Trece mil judíos del casco antiguo de París, entre ellos más de cuatro mil niños, fueron retenidos durante dos días en el recinto sin apenas agua ni alimento en unas deplorables condiciones y en medio de un calor asfixiante. La policía francesa gestionó en todo momento la operación siguiendo las directrices nazis y convirtiéndose en cómplice del fatal destino que aguardaba a los detenidos. Tras la agónica espera, los rehenes fueron trasladados a los campos de concentración de Beaune-la-Rolande y Drancy, a los alrededores de la capital, parada previa para su definitiva deportación hacia Auschwitz. Las vivencias de una niña que vivió la tragedia del Vel d'Hiv son emotivamente expresadas por Tatiana de Rosnay en el best seller *La llave de Sara* publicado en 2007, obra que Gilles Paquet-Brenner adaptó al cine en una película que lleva el mismo título y que fue estrenada en 2010.

La Noruega nacionalista de Vidkun Quisling siempre se mostró orgullosa de su colaboración con los nazis, copiando modelos raciales, políticos y económicos del Reich. El Gobierno había introducido leyes antisemitas para agradar a los alemanes y a partir del verano de 1942 canalizó sin vacilaciones la detención y la entrega de unos setecientos judíos a las SS.

Los judíos belgas y holandeses no tuvieron más suerte y, tras la Solución Final que habían adoptado los nazis en 1942, la marginación social y el desprecio público ya no eran suficientes. De esta manera se inició la evacuación masiva de la población semita hacia los campos de concentración y exterminio, un camino que iba a conducir a la muerte a más de cien mil personas.

Este fragmento del diario de Ana Frank (1929-1945) del 10 de octubre de 1942 dice: «Esta es una foto mía de cómo me gustaría verme siempre. Así quizás tendría todavía alguna posibilidad de ir a Hollywood pero me temo que normalmente me veo muy diferente». Ana y su familia se escondieron de julio de 1942 a agosto de 1944 en «la casa de atrás» de un viejo edificio de la calle Prinsengrancht de Ámsterdam hasta que fueron descubiertos y detenidos por la Gestapo. Cuando se acabó la guerra, Otto Frank, padre de Ana y único superviviente de la familia, recibió el diario de su hija y lo publicó para mostrar la emotiva historia de una niña que intentaba comprender un mundo incomprensible.

Uno de los testigos históricos más populares sobre el sinsentido de las guerras y las persecuciones contra la población civil nos lo ofrece el diario personal de una niña holandesa, Ana Frank, quien estuvo escondida en un piso de Ámsterdam junto a su familia durante dos años, antes de ser descubiertos y deportados a distintos campos nazis. Ana fue destinada a Auschwitz en un primer momento y trasladada un mes después, en octubre de 1944, al campo de Bergen-Belsen, donde falleció víctima de una epidemia de tifus el 12 de marzo de 1945, tan sólo unas semanas antes de la liberación del campo por parte de las tropas británicas.

El fascismo italiano no compartía ideológicamente la aversión contra la comunidad judía. Si bien es cierto que se aprobaron leyes antisemitas durante la guerra para mantener buenas relaciones con Berlín, nunca se facilitó la deportación de judíos que exigió el Reich a partir de 1942 para ejecutar su programa genocida. La evolución del conflicto bélico iba a deparar un nuevo escenario cuando el rey Víctor Manuel III, en septiembre de 1943 y ante la ofensiva aliada que se había producido en el sur del país, destituyó a Mussolini y firmó la rendición de Italia. Por aquel entonces la reacción del *führer* no se hizo esperar e impulsó una gran contraofensiva alemana para ocupar el norte de la península itálica y restablecer al *duce* como jefe supremo del Estado fascista. En esa encrucijada histórica Italia quedaba dividida en dos, el sur ocupado por los aliados y el norte dominado por el fascismo italiano, que ahora sí estaba coexistiendo con la presencia de tropas alemanas y bajo influencia directa de las SS y la Gestapo. Las detenciones y deportaciones de judíos no tardaron en producirse en el norte del país, muchos ciudadanos trataron de evitar el destierro y por ejemplo en Roma cientos de personas se escondieron durante meses bajo tierra en las catacumbas de la antigua capital del Imperio antes de ser delatados y descubiertos. Las vías férreas serían el camino con un solo sentido para miles de judíos italianos, los trenes se convertirían en el trampolín perfecto para la evacuación masiva hacia los campos de concentración austriacos y alemanes o destino a Auschwitz.

Por su parte, Suiza era un país teóricamente neutral, pero que, presionado por la Administración alemana, aceptó el paso por su territorio de los convoyes procedentes de Italia. Este asunto despierta mucha controversia entre los historiadores, ya que mancha la imagen de neutralidad del país helvético y lo implica en el colaboracionismo del Holocausto. Lo cierto es que no son pocos los testigos que explican cómo los trenes circulaban de noche por las vías suizas y cómo cuando paraban en las estaciones se escuchaban gritos de desesperación y socorro entre las personas que abarrotaban los vagones.

Los gobiernos de Finlandia, Albania y Dinamarca esquivaron las demandas nazis para la deportación de la población judía que estaba en sus territorios, argumentando que la cuestión no suponía ningún problema interno para la convivencia de sus ciudadanos. Pese al constante resentimiento nazi ante esa actitud, los tres países se mantuvieron como fieles aliados de los alemanes en el transcurso de la guerra. Por lo que respecta a Dinamarca, estado que tenía una situación geoestratégica determinante, los alemanes siempre actuaron con respeto y tolerancia, ya que se le reconocía como un pueblo con un alto valor racial y ante ello debían permitirle mayor independencia política. El país nunca introdujo leyes antisemitas y siempre negó la deportación de sus judíos, pero la tensión entre el Gobierno autónomo danés y el alemán aumentó a partir de las primeras derrotas nazis en la guerra a principios de 1943. Ello, más la fragilidad que demostró el Gobierno para frenar la conflictividad social, llevó a la ocupación militar alemana a mediados de 1943 y al definitivo control nazi de sus instituciones. Poco después los oficiales nazis ya planificaban una redada para la detención de los judíos, pero los políticos daneses y la policía, a diferencia de como hemos visto en la mayoría de estados aliados de Alemania, filtró la información a la comunidad hebrea y ayudó a miles de personas a huir masivamente por los muelles y cruzar el estrecho hacia Suecia, país neutral. De esta forma, la gran mayoría de los ocho mil judíos daneses pudieron escapar del Holocausto y asimismo los que fueron capturados se enviaron a Theresienstadt, lejos de los campos de exterminio de Polonia, gracias al gran esfuerzo diplomático de la elite económica y política danesa.

La dinámica de la guerra permitió esconder el genocidio ante la comunidad internacional y buena parte de la población alemana. Aun así los nazis nunca abandonaron el discurso antisemita, aunque este fue extremadamente comedido y estratégico. La prensa alemana ocultaba la represión que sucedía en el país pero publicitaba cómo en Francia, Noruega, Eslovaquia, Croacia, Bulgaria o Rumanía solucionaban contundentemente la incómoda presencia judía. En Francia, la prensa oficial explicaba las deportaciones de la población hebrea de otros estados europeos mientras ocultaba todo lo referente a su política antisemita. Y así, sucesivamente, actuaban los países cómplices de la *Shoah*, silenciando lo que sucedía en el interior para mantener el engaño a las víctimas y para que el conjunto de la población aceptase las leyes antisemitas como un mal menor y una realidad común del momento histórico. Los nacionalsocialistas eran perfectamente conscientes de la gran popularidad de las leyes antisemitas en muchas regiones de Europa, así como la expropiación de los negocios y propiedades de los judíos; incluso estaban convencidos de que la mayoría no se opondría a su deportación, pero de esto a participar de un programa de exterminio mediaba un abismo.

El conocimiento del Holocausto

La presión de la comunidad internacional y la Cruz Roja ante las operaciones dirigidas contra la población civil durante la guerra fue siempre muy débil. En ambos bandos los medios de comunicación estaban muy mediatizados por el discurso oficial que interesaba a la nación, pues toda información se había convertido en propaganda política fundamental para el Estado. A medida que avanzó la guerra, el miedo, la indignación, el dolor y la dinámica bélica silenciaron los movimientos pacifistas y relativizaron los horrores que llegaban del frente o la retaguardia.

El desconocimiento de la opinión pública sobre el Holocausto durante la guerra era evidente, pero la proximidad de los guetos o de muchos campos de concentración a pueblos y ciudades no podía ocultar la cruel explotación a la que eran sometidos los presos en los campos y las fábricas. El plan genocida nazi de la población judía era alto secreto, pero el Gobierno polaco exiliado en Londres ya había denunciado exterminios masivos en el país. Asimismo, los servicios secretos británicos ya eran sabedores en 1943 de la presencia de los campos de la Operación Reinhard en el este de

Polonia. La existencia de cámaras de gas era un rumor muy extendido entre los presos de los campos de exterminio polacos, de modo que es evidente que, aunque fueran en pequeñas proporciones, las fugas y huidas de los campos propagaron la idea del exterminio a gran escala que se estaba llevando a cabo. Un informe de un agente secreto polaco con fecha de enero de 1944 habla de cámaras de gas en Birkenau y detalla que los presos eran asfixiados durante más de diez minutos antes de morir. Tras ello, el 18 de abril de 1944 la BBC británica y posteriormente el periódico estadounidense *New York Times* denunciaban también formas masivas de exterminio en Birkenau. Otra referencia de los medios de comunicación sobre las masacres que llevaban a término los nazis fue la realizada por el periódico inglés *The Times* en junio de 1943, cuando publicó un artículo sobre matanzas de judíos a gran escala en Auschwitz. De igual manera la resistencia polaca, la checa, la francesa o la serbia habían denunciado en diversas ocasiones durante la guerra el salvaje proceder nazi con los judíos, pero las voces críticas que se levantaban parecían exageraciones un tanto inverosímiles de grupos partícipes en el conflicto, demasiado interesados en alimentar una gran hostilidad contra los alemanes.

Si realmente los rumores no se hubieran propagado entre los gobiernos europeos, ¿cómo se podrían explicar las reticencias a la deportación de países como Italia, Hungría, Bulgaria y Rumanía? Desobedecer una obstinación y una exigencia nazi en 1942, cuando eran dueños de toda Europa, podía acarrear graves e innecesarias tensiones políticas con Alemania, un sinsentido si no fuera porque dudaban de las intenciones germánicas y del destino final de sus compatriotas hebreos. Asimismo, tampoco se entenderían los esfuerzos diplomáticos de algunos estados, como el que hizo el Gobierno danés, que tras no poder evitar el destierro de sus judíos, movió todos sus hilos para asegurarse de que no serían enviados a campos de concentración en Polonia. De igual modo, parece difícil creer que los altos mandos de las fuerzas británicas y estadounidenses no supieran de eliminaciones humanas a gran escala, más teniendo en cuenta que conocían la desproporción del volumen de migraciones que estaban llevando a cabo los nazis respecto a las dimensiones de los campos de destino.

Esta tesis cobra mayor peso y parece una prueba irrefutable ante la precisión que demuestran las fotografías aéreas realizadas en agosto de 1944 por las Fuerzas Aéreas Sudafricanas, las cuales ya apuntaban la existencia de las cámaras de gas. ¿Debían priorizar las necesidades militares en los bombardeos, o realmente hubo pasividad de los países aliados ante pruebas tan evidentes de exterminios masivos? Es una cuestión de muy difícil respuesta y muy fácil demagogia. Lo cierto es que los altos mandos angloamericanos tenían la capacidad técnica para haber bombardeado las cámaras de gas de Auschwitz a finales de 1944, ya que desde octubre sobrevolaban el campo diariamente, y no lo hicieron. En el caso de que se hubiera realizado la operación aérea para la destrucción de los crematorios, la lógica de la evolución histórica apuntaría a que decenas de miles de personas hubieran salvado la vida, pero esta hipótesis nunca sucedió.

LAS RUTAS DE ESCAPE DE LOS JUDÍOS EN LA EUROPA OCUPADA

Muchos judíos que pudieron escaparon de los territorios europeos dominados por los nazis y emigraron hacia la Unión Soviética y los países neutrales como Suiza, Suecia o Turquía, gracias a lo cual consiguieron sobrevivir a la *Shoah*. Cabe señalar que al principio de la guerra, países aliados de los nazis que negaban la deportación judía también recibieron un buen número de exiliados; este fue el caso de Francia, Hungría o Italia antes de ser ocupadas por los alemanes. Aquellos que tuvieron mejor suerte, generalmente judíos de un alto nivel económico o con buenos contactos familiares lejos de Europa, buscaron refugio fuera del continente, en Palestina, Estados Unidos, América Latina o China. De los países del este de Europa la mayoría de los que pudieron marcharon hacia territorio soviético, de Bélgica y Holanda a Francia para buscar el paso hacia Suiza, de Dinamarca y Noruega a Suecia, de Croacia a Italia y Grecia o de Rumanía y Bulgaria a Palestina.

Aunque en un primer momento el Gobierno alemán facilitaba la emigración de judíos alemanes hacia América Latina, en noviembre de 1941 el Reich dio las órdenes de detener el citado éxodo, justo dos meses antes de la Conferencia de Wannsee. Los estados latinoamericanos se mostraban abiertos a recibir judíos ya que los inmigrantes que llegaban tenían un buen nivel intelectual y económico que podía ayudar al desarrollo nacional. La presión de los pogromos en Europa y las facilidades que se ofrecían en Latinoamérica permitieron a doscientos mil judíos cruzar el Atlántico de 1918 a 1933. A partir de la crisis económica del capitalismo de 1929, el paro y las dificultades económicas y sociales cambiaron el parecer de la opinión pública y las corrientes antisemitas se instalaron en la sociedad latinoamericana como ocurrió en Europa. De esta manera se redujo el flujo migratorio, pero igualmente más de ochenta mil judíos europeos llegaron a países latinoamericanos entre 1933 y 1945. Un hecho significativo fueron los veinte mil judíos que acogió Bolivia desde 1938 hasta 1941, la mayoría alemanes y austriacos. Otro gesto revelador lo impulsó el Gobierno de El Salvador expidiendo veinte mil pasaportes a través de su consulado en Suiza, especialmente a judíos húngaros, a partir de 1942. Se trata de unas acciones poco conocidas y más que relevantes teniendo en cuenta que salvaron la vida a miles de personas. Uno de los destinos tradicionales para la población hebrea europea, esencialmente para los judíos más adinerados, fue Estados Unidos, donde la comunidad ya tenía una gran presencia y gozaba de todas las libertades religiosas que le habían sido negadas en Europa durante siglos. En el extremo oriental, por su lado, la Administración china aceptó la entrada en el país de más de treinta mil refugiados judíos entre 1933 y 1941. Otros estados que aceptaron exiliados judíos durante la Segunda Guerra Mundial fueron Gran Bretaña, Canadá, Sudáfrica, India, Australia y Nueva Zelanda, todos ellos enmarcados en la órbita política británica.

HUIDAS E INTENTOS DE FUGA

Escapar de los guetos, como hicieron los niños de Irena Sendler en Varsovia, era difícil; evitar las deportaciones también era complicado, como demostró la experiencia de Ana Frank; salir de los campos de concentración durante la guerra como ocurrió en Bergen-Belsen era una excepción; huir de un campo de exterminio era misión casi imposible, como enseñó la rebelión de Sobibor, y fugarse si se era conocedor del exterminio era inviable, como demostraron los *sonderkommando* en Auschwitz. Las SS sistematizaron detallados registros sobre los presos, con minuciosas fichas de los reclusos a menudo hasta con fotografía, tatuando un número en el antebrazo de los presos en los campos, haciendo listas y recuentos constantes en los barracones, sometiendo a los internos a amenazas y coacciones diversas o alineando a los muertos tras cada masacre para contar los cadáveres. Pero, a pesar de todo este control, existieron numerosas formas y episodios de evasión.

La estrategia esencial que seguían las SS para impedir intentos de fuga masivos era ejercer duras represalias y castigos a los compañeros de barracón y familiares, lo que permitía ejemplificar ante el resto que una acción individual insensata conllevaba graves consecuencias colectivas. Una de las medidas más utilizadas por las SS y los *kapos* era matar diez personas por preso desaparecido. A pesar de ello, el fatal destino que aguardaba a los presos les inducía a buscar todo tipo de opciones para huir de la barbarie. Habitualmente, probar a escapar de los campos era el camino más rápido de anticiparse a la muerte, ya que las barreras electrificadas y los guardias armados de las torres de vigilancia se convertían en muros infranqueables hacia la libertad. Muchos prisioneros se aventuraron a la fuga aprovechando cualquier circunstancia anómala o diferente, lo cual sucedía por ejemplo cuando trabajaban al otro lado de las alambradas. La mayoría de las veces estos intentos fracasaban y los presos que habían probado suerte recibían un escarnio humillante ante sus compañeros antes de ser fusilados o colgados. Una forma común de tratar de escapar era esconderse en los trenes que partían de los campos y que estaban cargados con las pertenencias requisadas a los reclusos; de esta manera, si lograban pasar desapercibidos entre las maletas, los zapatos o los cabellos que llenaban los vagones podrían aspirar a ser libres. Este modo de huida llegó en cierto momento a ser tan explotado que las SS formaron a trabajadores especializados en inspeccionar las mercancías y así abortar las numerosas fugas. Otra alternativa era intentar aprovechar la menor vigilancia que existía en las fábricas que estaban fuera de los campos para intentar evadirse: muchos presos se escondían y se marchaban anhelando un refugio seguro en pueblos cercanos. Ayudar o encubrir a un fugitivo estaba tipificado con la muerte, así que muchas veces, cuando los presos creían haber salvado la vida, eran mezquinamente traicionados.

LA CONTRAOFENSIVA ALIADA DE 1944

Los aliados cambiaron el signo de la guerra infligiendo duras y simbólicas derrotas a los alemanes en Egipto (batalla de El Alamein, de octubre de 1942), en Rusia (batalla de Stalingrado, de febrero de 1943) o en las batallas navales que se libraban en el Atlántico. Este freno al avance nazi marcaría un punto de inflexión y un giro definitivo al conflicto. Los alemanes pasaron entonces de asediar a la población civil enemiga con los bombardeos aéreos a recibirlos en su propio territorio, como escenificó la desoladora lluvia de bombas sobre Dresde del 13 al 15 de febrero de 1944. Así la moral decaía y las expectativas de un desenlace favorable se diluían. Paralelamente, en la denominada Guerra del Pacífico, los chinos resistían a las embestidas japonesas en el este del país y los estadounidenses contraatacaban de sur a norte desde Nueva Guinea e Indonesia, y de este a oeste, lentamente y con elevados costes humanos, por las infinitas islas del océano. Al tiempo que en el norte de África los generales alemanes se replegaban hasta rendirse en Túnez en mayo de 1943, los alemanes veían cómo crecían los problemas para controlar la resistencia partisana en el sureste de Europa, especialmente en Grecia y los Balcanes. Progresivamente, los aliados abrieron tres frentes militares en el continente europeo que acabarían siendo definitivos: el avance soviético en Bielorrusia y Ucrania en el frente oriental, la ofensiva angloamericana por el sur de Italia desde mediados de 1943 y el desembarco británico y estadounidense en la región francesa de Normandía el 6 de junio de 1944.

La caída del Reich era cuestión de tiempo, pero Hitler y Himmler, en 1944, lejos de arrepentirse o cambiar su plan genocida contra la población semita, aceleraron el exterminio en Birkenau de los judíos húngaros. Las constantes derrotas militares y el inmovilismo estratégico del *führer* evocaron cierto pesimismo entre los oficiales nazis e impulsaron algunas insurrecciones internas. La más conocida de estas fue la Operación Valquiria, un plan para el asesinato de Hitler que se perpetró el 20 de julio de 1944 en el cuartel general del Reich en el noroeste de la actual Polonia. El coronel del ejército alemán Claus von Stauffenberg hizo estallar un maletín con una potente bomba cerca del dictador, pero a pesar que esta mató a cuatro personas, el atentado fracasó, ya que el *führer* tan sólo quedó levemente herido. En medio de una dinámica bélica negativa, los nazis aún buscaron sellar a finales de 1944 un acuerdo con la mayoría de los aliados para combatir conjuntamente a los soviéticos, pero ya era demasiado tarde y el destino del Reich parecía decidido.

MARCHAS DE LA MUERTE

A finales de 1944, la inercia de la guerra conducía inevitablemente a la derrota de las Potencias del Eje, pero el Estado alemán continuaba con su firme propósito de exterminar a los que consideraba enemigos internos del Reich. Entre otros, judíos, gitanos y discapacitados debían continuar muriendo por el bien de Alemania y de la humanidad hasta el final de la guerra. La evolución militar no debía alterar los planes de la *Shoah*, pero la proximidad de las tropas soviéticas en el frente oriental sí condicionaba su ejecución. En este contexto, la optimización de los recursos era esencial, así que se aceleró el programa de exterminio para aquellos que no eran aptos para el trabajo y al mismo tiempo se impulsó una mayor explotación de los presos como mano de obra esclava para la producción industrial y de armamento. El uso de las vías férreas a finales de 1944 había quedado obsoleto ante los incesantes bombardeos de los cazas aliados. En esta dirección, se sustentó la orden que dictó Eichmann a principios de noviembre de 1944 para la evacuación de más de setenta mil judíos de Budapest, quienes iniciarían una larga marcha a pie para desplazarse a las fábricas asociadas al campo de concentración de Mauthausen-Gusen. Durante un mes y medio, los prisioneros recorrieron más de doscientos kilómetros en unas condiciones infrahumanas sin alimentos ni agua suficientes: entre la nieve y el terrible frío muchos de los deportados fallecieron antes de llegar a su destino final.

Este proceder sería el habitual durante el invierno de 1944-1945. Cuando los ejércitos aliados se acercaban a los campos de concentración, las SS recibían las órdenes de organizar largas marchas con los presos que podían ser útiles en las fábricas que estaban alejadas del frente y eliminar a aquellos enfermos, fatigados, viejos o incapacitados que considerasen que no podrían aguantar el duro viaje. El mandato no dejaba la menor duda, se debía proceder al asesinato masivo de aquellos que no podían resistir el éxodo, ningún prisionero debía permanecer en el campo ante la llegada de los soldados enemigos y no debía dejarse prueba alguna de los crematorios, de las cámaras de gas o de cualquier documentación o archivo oficial. Pese a que las SS debían matar a todos los testigos del Holocausto, y por ello primero fueron debidamente ejecutados los grupos de *sonderkommando,* muchos prisioneros sobrevivieron gracias a la confusión, el miedo y la velocidad con la que abandonaron apresuradamente los militares de las SS los campos.

Las forzosas migraciones que establecieron los alemanes con el fin de continuar aprovechando la explotación de la mano de obra esclava condujo a la muerte a muchos de los desplazados debido a las durísimas condiciones de las largas travesías; es por eso que estas deportaciones fueron popularmente conocidas como las «marchas de la muerte». Los prisioneros andaban entre el barro, el frío, la nieve y el viento, arrastrando sus esqueléticos cuerpos sin apenas agua ni comida, en columnas bien alineadas, protegidos con abrigos viejos apedazados, bajo la mirada atenta de soldados armados; y, mientras de fondo se escuchaban los bombardeos aliados, debían a menudo sortear los cadáveres de los compañeros que padecían por el camino. Aquellos que se quejaban, huían, caían por agotamiento, desfallecían o quedaban retrasados ante el ritmo del grupo eran automáticamente eliminados. La marcha debía continuar.

Las principales Marchas de la muerte y deportaciones partieron de los campos nazis de Auschwitz, Buchenwald, Sachsenhausen y Stutthof. Ante la inminente llegada del ejército soviético a Auschwitz a principios de enero de 1945, se movilizó a más de sesenta mil personas, que fueron obligadas a recorrer a pie cincuenta y seis kilómetros hasta el pueblo de Wodzislaw, donde los que habían logrado sobrevivir subieron a trenes de mercancías que les acercarían a los campos de concentración de Alemania y Austria. En la marcha de la muerte de Auschwitz perdieron la vida más de quince mil personas, setecientos presos fueron fusilados por las SS antes del éxodo y unos ocho mil se quedaron en el campo y vieron cómo los soviéticos los liberaban el 27 de enero de 1945.

Unos días antes de esta señalada fecha se iniciaba la segunda evacuación masiva de un campo de concentración nazi. Desde Stutthof, en la región de Danzig en el norte de Polonia, se movilizó a cincuenta mil personas, la mayoría de ellos judíos, hacia el este de Alemania. Sorpresivamente, las fuerzas soviéticas avanzaron más rápidamente de lo previsto y cortaron el paso a la caravana. Ante esta situación el contingente fue obligado a retroceder y volver al campo dejando tras de sí más de diez mil muertos en el camino. El cerco soviético causó un gran nerviosismo entre los oficiales de las SS, lo que explicaría la decisión de organizar posteriormente otra marcha durante diez días en dirección norte con más de cinco mil personas, la mayoría mujeres judías, las cuales fueron obligadas al llegar a la costa a entrar en las heladas aguas del mar Báltico antes de ser fusiladas. El conjunto de las evacuaciones del campo de Stutthof causó la muerte a veinticinco mil personas, un triste balance teniendo en cuenta que se vivía el tramo final de una guerra con el desenlace decidido. Stutthof fue el último de los campos de concentración nazis que fue liberado, el 9 de mayo de 1945.

En abril de 1945, las marchas de la muerte ya no servían para optimizar los recursos de la mano de obra del Reich y así continuar con una gran producción industrial, sino que eran formas de repliegue, sin demasiado sentido a largo plazo, que buscaban preservar a los presos útiles en el interior de Alemania. Durante los últimos días de la guerra y mientras los soviéticos ya se encontraban en las calles de Berlín, las SS ordenaron otras tres marchas de la muerte: treinta mil personas de Buchenwald hacia el oeste, escapando de la ofensiva estadounidense, treinta y tres mil de Sachsenhausen hacia el oeste, alejándose de las tropas soviéticas, y siete mil presos de Dachau hacia el sur para escapar de los soldados norteamericanos. Durante el tránsito a pie de esas tres marchas de la muerte murieron cerca de quince mil personas, una paradoja del destino: la guerra finiquitada, la liberación cercana y aun así se procedía a matar de hambre, frío, sed y cansancio; la barbarie y el ocaso final del Holocausto en su máxima crueldad, la expresión más visible del asesinato sin sentido.

La liberación de los campos

Los altos dirigentes nazis siempre adoptaron la misma estrategia de contención y repliegue esperando poder cambiar el curso de los acontecimientos, pero se produjeron algunas excepciones que flexibilizaron el aparente inmovilismo del Reich. Una muestra de ello tuvo lugar en febrero de 1945, cuando los alemanes llegaron a un acuerdo con rabinos ortodoxos estadounidenses para venderles a mil doscientos prisioneros del campo de Theresienstadt. Estos fueron liberados en Suiza a cambio de una gran suma de dinero que se guardó en bancos helvéticos.

En cualquier caso, el avance de las tropas soviéticas por el frente oriental y el de las fuerzas británicas y estadounidenses por el flanco occidental hizo que poco a poco se liberaran los campos de concentración nazis.

La Unión Soviética liberó el primer campo nazi en Polonia el 23 de julio de 1944; era el campo de exterminio de Majdanek, donde a pesar de que los alemanes demolieron en la retirada el gran crematorio, dejaron en pie muchos barracones y las cámaras de gas. El otro campo de exterminio que quedaba en funcionamiento también fue liberado por los soviéticos. Tal y como hemos señalado con anterioridad, liberaron Auschwitz en enero de 1945, donde no quedaban en pie ni los crematorios ni las cámaras de gas, pero donde encontraron almacenes con miles de zapatos, maletas, ropajes, cabellos y otros utensilios que guardaban en «el Canadá». Estos restos forman parte hoy en día del Museo de la Memoria de Auschwitz, un duro testimonio de la historia que recibió el año 2010 cerca de un millón y medio de visitas. En el tramo final del camino hacia Berlín, el Ejército Rojo llegó a los campos de concentración alemanes de Sachsenhausen, el 22 de abril de 1945; el día 30 de abril al de Ravensbruck; el 8 de mayo al de Theresienstadt, que estaba bajo control de la Cruz Roja desde hacía cinco días, y al de Stutthof el 9 de mayo.

Por el frente occidental avanzaban coordinadamente Gran Bretaña y Estados Unidos, y junto a tropas canadienses y francesas iban superando toda resistencia a la desesperada de los alemanes. Los británicos liberaron el campo de Bergen-Belsen el 15 de abril de 1945: cuando llegaron les esperaba un panorama desolador e impactante, sesenta mil prisioneros desnutridos, la mayoría enfermos de tifus. Pese a intentar reanimar a los supervivientes, diez mil de ellos no pudieron recuperarse y fallecieron a las pocas semanas. Los soldados estadounidenses liberaron a los veinte mil prisioneros que quedaban en Buchenwald el 11 de abril de 1945 y

Los oficiales de las SS y los guardias tenían órdenes al abandonar los campos de matar a los presos y no dejar prueba alguna de los crímenes realizados, pero los soldados sólo estaban preocupados por salvar sus propias vidas. Estas dos fotografías fueron tomadas a mediados de abril de 1945: la imagen de la derecha muestra los cuerpos esqueléticos que provocó la desnutrición en los presos de Buchenwald, muchos ya no se reanimaron al no poder ingerir alimentos, y la de la izquierda una gran fosa común en Bergen-Belsen. Las fotografías y las revisiones médicas que se realizaron en los campos, sirvieron como pruebas para los Juicios de Núremberg en 1946.

allí se encontraron con que los propios presos se habían rebelado contra los *kapos* y se habían hecho con el control del recinto ante la desbandada de los oficiales nazis. Finalmente, el 29 de abril fue liberado Dachau y el 5 de mayo el campo de Mauthausen-Gusen, donde había un numeroso grupo de presos republicanos españoles exiliados de la Guerra Civil, que habían sido detenidos en Francia tras la ocupación nazi.

El final de la guerra

El 21 de abril de 1945 el Ejército Rojo se adentraba en las calles de Berlín, la derrota nazi era sólo cuestión de tiempo, los comunistas habían llegado al epicentro del Reich y Hitler, ya enfermo y trastornado por el desarrollo de los acontecimientos, aguardaba en su búnker berlinés para dirigir una resistencia imposible. El 23 de abril Himmler, a espaldas del *führer,* ofreció la rendición incondicional a Gran Bretaña y Estados Unidos pero no a la Unión Soviética; la petición fue rechazada. El rumor de que Hitler iba a morir como un mártir e iba a suicidarse en su refugio se hizo realidad con un disparo en la sien el día 30. Junto a él se quitó la vida con cianuro Eva Braun, amante del dictador durante casi quince años y su esposa en las últimas cuarenta horas. Ambos cuerpos fueron incinerados por un guardia fuera del búnker. Al día siguiente, en el mismo refugio, se suicidaron Goebbels y su esposa, después de que ella matara a los seis hijos que tenían. El cineasta alemán Oliver Hirschbiegel reproduce fielmente los últimos días del Reich en la película *El hundimiento* (2004), cuyo título original, *Der Untergang,* significa 'La caída'.

Tras el fallecimiento de Hitler y Goebbels, los altos mandos nazis encabezados por Himmler, dieron la orden al resto de oficiales y miembros de las SS de mezclarse entre la Wehrmacht, el ejército alemán. Pese a ello, la persecución de los soldados sería relativamente fácil de llevar a cabo entre los integrantes del ejército, ya que las SS llevaban tatuado el grupo sanguíneo bajo el brazo. El 2 de mayo, aparentemente porque nunca se examinó el cuerpo, murió Bormann cuando intentaba escapar y el 23 de mayo se suicidaba Himmler tras ser reconocido y detenido. La rendición incondicional de Alemania con los aliados y el fin de la guerra en Europa la selló Karl Dönitz el 8 de mayo. Dönitz, quien había sido el alto mando militar de la marina alemana durante la guerra, asumió el papel que le dejó Hitler cuando le designó su heredero en el testamento que dictó antes de morir en el búnker; de esta forma fue jefe de Estado de Alemania del 30 de abril al 23 de mayo de 1945, día en que el Reich quedó bajo total control de los aliados.

La guerra había acabado en Europa pero se alargaba la Guerra del Pacífico. El avance estadounidense era imparable pero lento y costoso, los japoneses convertían cada pequeña isla en una batalla infinita. Finalmente, el 6 y el 9 de agosto de 1945 las bombas atómicas de Hiroshima y Nagasaki demostraron la capacidad de destrucción nuclear estadounidense. Tras ello, el emperador Showa, conocido en occidente con su nombre de pila de Hirohito, comprobó la magnitud de la tragedia que habían dejado las bombas con alrededor de doscientos mil muertos y la evaporación total de kilómetros de terreno urbanizado, y anunció la rendición japonesa el 15 de agosto. La firma de la capitulación se produjo el 2 de septiembre de 1945, día que oficialmente finalizaba la Segunda Guerra Mundial. Un desastre humano que había durado seis años y que había dejado más de cuarenta millones de muertos, entre ellos cerca de seis millones de judíos víctimas de la *Shoah*.

9

De los Juicios de Núremberg a la aparición de Israel

Si el eco de sus voces se debilita, pereceremos
Paul Éluard

Las cifras del Holocausto

La magnitud de la *Shoah* solamente puede entenderse en el contexto de una guerra, por la voluntad colaboracionista de los países aliados y por el apoyo popular al antisemitismo en Europa. El exterminio nazi sobre la población judía fue de tal dimensión y complejidad —con el desarrollo de los pogromos en la década de 1930, la eliminación física de los discapacitados en la operación T-4, el confinamiento y la hambruna que se vivieron en los guetos, las brutales acciones de los *einsatzgruppen* en el frente oriental, los fallecimientos en los campos de concentración, en las fábricas, en las cámaras de gas o en las marchas de la muerte en el tramo final de la guerra— que establecer la cifra exacta de muertos es realmente imposible. La masacre rompió los sueños de niños, adultos y ancianos, quienes sufrieron y padecieron de inanición, de agotamiento, de sed, de frío y fueron fusilados, ahogados, quemados, congelados, enterrados vivos, colgados o asfixiados.

Los estudios menos pesimistas sobre las cifras del Holocausto son los realizados por el historiador británico Alan Bullock (1991) y los franceses Stéphane Courtois y Annette Wieviorka (1994), quienes establecieron en alrededor de cuatro millones y medio los judíos que murieron entre 1939 y 1945 a causa del genocidio nazi. El historiador británico Robert Alexander Clarke Parker (1998) situó en cinco millones los judíos asesinados, su homólogo austriaco Raul Hilberg (2000) fijaba también en cinco millones las víctimas, los historiadores israelíes Yisrael Gutman y Robert Rozzet (1990) estimaban entre poco más de cinco millones y medio y casi cinco millones novecientos mil los hebreos que perdieron la vida y la historiadora estadounidense Lucy Dawidowicz (1975) elevaba también a cinco millones novecientos mil los desaparecidos por el exterminio. La cifra más utilizada es de seis millones de asesinados, la cual procede de la declaración de Eichmann en 1961 cuando era juzgado en Jerusalén, lo que sumaban dos tercios de los judíos que vivían en Europa en 1939. Su testimonio no en vano es importante teniendo en cuenta que precisamente él era el máximo responsable de las SS para las deportaciones y el tránsito de judíos a partir de la Solución Final de 1942.

La mayoría de víctimas eran de origen polaco y soviético y también hubo muchos exterminados húngaros o rumanos, pero la catástrofe afectó, tal y como hemos analizado anteriormente, al resto de países ocupados o aliados de los nazis en Europa. No debemos olvidar tampoco que en la vorágine del Holocausto, cuyas víctimas principales eran los judíos, se asesinó también a prisioneros soviéticos, discapacitados, comunistas, disidentes políticos, testigos de Jehová, homosexuales o gitanos. Los testigos de Jehová, quienes llevaban un triángulo violeta en los campos de concentración, fueron acusados de traidores, pacifistas y poco patrióticos en Alemania. Su alto grado de colaboración y obediencia les convirtió en los criados perfectos de los oficiales de las SS en los campos. Los homosexuales, que llevaban un triángulo rosa, eran enemigos del Reich porque su orientación sexual fue considerada una enfermedad que al propagarse podría convertirse en un obstáculo para la evolución de la raza y la nación alemana. A los gitanos, que debían portar un triángulo marrón, se les consideraba seres indeseables, poco sociales y racialmente inferiores; además, su comportamiento endogámico podía ser un lastre para el desarrollo del pueblo alemán. Los gitanos, a diferencia de otros grupos perseguidos y encerrados en los campos de concentración, sufrieron un proceso de exterminio similar al de los judíos en el que más de doscientos mil perdieron la vida. Dos asesinatos en masa destacan en este sentido, el que llevó a cabo Ante Pavelic en Jasenovac (Croacia) y el cierre del campo gitano de Auschwitz los días 2 y 3 de agosto de 1944, en el que fueron enviadas más de veinte mil personas a las cámaras de gas.

Los Juicios de Núremberg

La liberación de los campos de concentración y exterminio descubrió ante el mundo el horror, el genocidio y la explotación que ejercieron los nazis sobre la población civil en los territorios dominados. El choque psicológico de la opinión pública al conocer detalles sobre las cámaras de gas, hornos crematorios, experimentos médicos, masacres en masa y la desnutrición forzosa de presos debía tener alguna respuesta. Los países vencedores de la Segunda Guerra Mundial debían gestionar la paz sobre Alemania y ofrecer una solución ética ante la barbarie que había aparecido a los ojos del mundo. Para ello, el 8 de agosto de 1945 —precisamente entre las dos bombas atómicas lanzadas en Japón— Gran Bretaña, Francia, la Unión Soviética y Estados Unidos hicieron pública la Carta de Londres, documento que establecía unos principios y fundamentos por los cuales se abriría un proceso judicial contra los altos dirigentes y organizaciones nazis por crímenes contra la humanidad. Los juicios públicos, los primeros de la historia en los que se juzgaban crímenes de guerra, se celebraron en Núremberg, ciudad referente del nazismo y donde se habían publicado las primeras leyes raciales contra la población judía en 1935.

Los Juicios de Núremberg se iniciaron el 18 de octubre de 1945, día en que se presentó el Tribunal Militar Internacional presidido por el juez supremo Iona Timofeevich Nikitchenko y el juez Alexander Volchov, ambos soviéticos, los británicos Geoffrey Lawrence y William Norman Birkett, los estadounidenses Francis Biddle y John Parker y los franceses Henri Donnedieu de Vabres y Robert Falco. Asimismo los fiscales que actuarían como acusación fueron el francés François de Menthon, el británico Hartley Shawcross, el estadounidense Robert Houghwout Jackson, quien fue el portavoz principal, y el soviético Roman Andreyevich Rudenko. Por otro lado, serían alemanes los abogados encargados de defender a los altos mandos nazis imputados en el proceso.

El banquillo de los acusados de los Juicios de Núremberg. En la hilera inferior de izquierda a derecha: Hermann Göring, Rudolf Hess, Joachim von Ribbentrop, Wilhelm Keitel, Ernst Kaltenbrunner, Alfred Rosenberg, Hans Frank, Wilhelm Frick, Julius Streicher, Walther Funk y Hjalmar Schacht. Arriba en el mismo orden: Karl Dönitz, Erich Raeder, Baldur von Schirach, Fritz Sauckel, Alfred Jodl, Franz von Papen, Arthur Seyss-Inquart, Albert Speer, Konstantin von Neurath y Hans Fritzsche.

Constituido el tribunal con los jueces, fiscales y abogados, y sentados los acusados, se inició el 20 de noviembre un juicio internacional, sin precedentes, contra veinticuatro altos oficiales nazis. Antes de empezar el proceso uno de ellos, Robert Ley, líder sindical de la Alemania nazi, se colgó en su celda para evitar ser juzgado y no someterse al escarnio público. A partir de ese momento, guardias estadounidenses vigilarían constantemente y de forma individualizada a los acusados en la prisión anexa al Palacio de Justicia donde se celebraba el juicio. Asimismo, Gustav Krupp, un importante empresario de la industria de acero alemana que se había beneficiado de la mano de obra esclava, no llegó a sentarse en el banquillo de los acusados por su grave estado de salud. Hitler, Goebbels y Himmler se habían suicidado al final de la guerra antes de ser detenidos, Heydrich había sido asesinado por la resistencia checa en 1942 y Eichmann y Bormann estaban desaparecidos; a pesar de ello este último, que podría haber muerto el 2 de mayo de 1945 al intentar escapar, sería igualmente juzgado en Núremberg.

Las acusaciones de los magistrados internacionales sobre los oficiales nazis eran esencialmente tres: crímenes de guerra por el incumplimiento de los acuerdos internacionales referentes a los códigos éticos establecidos para conflictos militares, crímenes contra la paz por haber planificado y sistematizado una agresión contra la población civil y crímenes contra la humanidad por las deportaciones forzosas y el exterminio de grupos étnicos y religiosos. Para probar los delitos se aportó documentación militar nazi de las deportaciones y las fábricas, se contó con testimonios que denunciaron asesinatos masivos, se verificó con fotografías la existencia de cámaras de gas y hornos crematorios, se pasó una película de la liberación de los campos y se mostraron informes médicos para demostrar la inanición y las condiciones infrahumanas a las cuales estaban sometidos los presos.

De los veintiún acusados, diecinueve se declararon inocentes aduciendo que la máxima responsabilidad y autoridad estaba en manos del *führer*. Tan sólo Albert Speer (ministro de Armamento) y Göring (jefe de la Luftwaffe y, como *Reichsführer,* sucesor de Hitler) rechazaron esconderse y asumieron la parte de culpa que les correspondía. Los abogados defensores rechazaban las argumentaciones de los fiscales acusándoles de usar unas leyes de Derecho Internacional que no habían sido aprobadas antes de la guerra, con lo que los crímenes que se les imputaban no podían juzgarse con carácter retroactivo. De igual manera alegaron que parte de los acusados no eran responsables de sus acciones y que su comportamiento respondía a la obediencia al líder. Rudolf Hess, asistente personal de Hitler, intentó eludir sus responsabilidades durante el juicio intentando aparentar trastornos psíquicos y formas de locura, pero quedó en evidencia ante el tribunal cuando mostró su total cordura al defender la figura del *führer* ante Alemania y el mundo.

Los jueces comunicaron el veredicto el 1 de octubre de 1946. De las siete organizaciones imputadas que formaban parte de la estructura administrativa nazi, las SS, la Gestapo y las SD (Servicio de Seguridad del Reich) fueron consideradas culpables; por el contrario, las SA, las Fuerzas Armadas Alemanas, el Gobierno alemán y el Partido Nazi fueron absueltos. La sentencia del Tribunal Militar Internacional fue de doce condenas a muerte: Göring, Ribbentrop (ministro de Exteriores), Rosenberg (gobernador general en los territorios ocupados del este), Keitel (jefe de la Wehrmacht), Kaltenbrunner (jefe de la Oficina de Seguridad), Frank (gobernador general en la Polonia ocupada), Streicher (jefe del periódico antisemita *Der Stürmer),* Frick (ministro del Interior y coautor de las Leyes de Núremberg), Sauckel (jefe del programa de trabajo esclavo), Jodl (jefe de operaciones de la Wehrmacht), Seyss-Inquart (gobernador general de los Países Bajos) y Martin Bormann (jefe de Gobierno del Reich y secretario de

Hitler). Las ejecuciones tuvieron lugar el 16 de octubre de 1946, con la excepción de Göring, que consiguió suicidarse en su celda con veneno antes de ser ajusticiado. Los diez restantes —recordemos que Bormann estaba muerto o desaparecido—, fueron ahorcados y posteriormente quemados.

Del resto de inculpados, siete fueron condenados a pasar los siguientes años en la prisión de Spandau en Berlín, entre ellos tres altos mandos fueron sentenciados a cadena perpetua, Hess, Funk (ministro de Economía) y Raeder (jefe de la marina alemana), y cuatro recibieron sentencias de diez a veinte años de cárcel: Speer, Schirach (jefe de las Juventudes Hitlerianas), Neurath (gobernador de Bohemia y Moravia) y Dönitz (sucesor de Raeder como jefe de la marina y de Hitler como jefe de Estado en abril de 1945). El tribunal decidió la absolución de Fritsche (ayudante de Goebbels como jefe de propaganda), Von Papen (vicecanciller del Gobierno y embajador en Austria) y Schacht (ministro de Economía).

La jurisdicción penal de los países europeos tras el conflicto militar permitió seguir juzgando el colaboracionismo y los crímenes de guerra. De este modo se desarrollaron procesos en Polonia, en los territorios alemanes que quedaron divididos a partir de 1949 en la República Federal Alemana (RFA) y la República Democrática Alemana (RDA), así como en Austria, Francia, Hungría, Rumanía, Yugoslavia o Israel. Asimismo, un tribunal militar estadounidense celebró en Núremberg doce juicios más entre 1946 y 1949: el llamado «Juicio de los doctores» por los experimentos médicos que se llevaron a cabo en campos de concentración y exterminio (a partir del juicio se elaboró el Código de Núremberg, un código ético para preservar las investigaciones con seres humanos), el conocido como «Juicio de los jueces» por la complicidad legislativa nazi en la discriminación racial y el Holocausto y el «Juicio de los industriales» por la implicación de los empresarios con el nazismo y por servirse de mano de obra esclava durante la guerra para su propio beneficio. De igual manera, se juzgó a miembros destacados de las SS, altos mandos civiles, policiales, militares y comandantes de los campos, resultando muchas condenas de prisión y veinticuatro penas de muerte, entre las cuales estuvo la de Rudolf Höss, comandante de las SS en Auschwitz. Se investigaron millones de sospechosos, de los que seiscientos mil alemanes pagaron indemnizaciones económicas y treinta y una mil personas fueron encarceladas. Lo cierto es que las estimaciones sitúan en unos veinte mil los criminales de guerra que quedaron impunes y continuaron tranquilamente con su vida. El alcance de los juicios y las penas impuestas nunca estuvieron, evidentemente, en proporción a los atroces crímenes cometidos.

Los Juicios de Núremberg permitieron establecer un primer Tribunal Militar Internacional, hacer un balance público de los horrores del nazismo y enviar el mensaje a la humanidad de que los actos criminales cometidos durante las guerras no quedarían, en principio, impunes en el futuro. A pesar de eso este proceso planteó algunas sombras que no podemos eludir. La primera es que en los juicios se utilizaron como base legal unos acuerdos internacionales que históricamente nunca se habían usado, y si realmente debían sentar jurisprudencia lo cierto es que después costó mucho que se volvieran a aplicar. En segundo lugar los Juicios de Núremberg escenificaron que los vencedores juzgaban a los vencidos, pero ¿quién juzgaba a los vencedores? Un par de ejemplos

En virtud de los juicios que continuó Estados Unidos en Núremberg, Rudolf Höss, comandante en jefe de las SS en Auschwitz, fue colgado el 17 de abril de 1947, tal y como aparece en la fotografía de la izquierda, en el mismo campo donde había coordinado uno de las mayores masacres de la historia. Los símbolos a veces son importantes, así que Höss fue ejecutado en un patio exterior adjunto al campo principal, mientras su última mirada obligadamente se dirigía a los barracones del interior, tal y como se observa en la imagen de la derecha. De los ocho mil miembros de las SS que trabajaron en Auschwitz sólo setecientos fueron juzgados y el resto, más de siete mil que sobrevivieron a la guerra, pasaron página y continuaron con sus vidas.

muestran hasta qué punto el pleito tenía sus límites y su arbitrariedad. Tras leer el fiscal un durísimo alegato contra Karl Dönitz acusándole de dar instrucciones a las fuerzas navales de no rescatar náufragos de barcos enemigos, su abogado defensor presentó documentos que demostraban instrucciones muy parecidas firmadas por los responsables de las marinas estadounidense y británica. Ante las pruebas se desvió la atención y se ignoraron ambas imputaciones para no profundizar más en la cuestión. Por otro lado, en un momento del proceso, los alemanes son acusados de la masacre de Katyn, una ejecución en masa de siete mil oficiales polacos realizada en la primavera de 1940, pero tras presentarse el caso, observar las pruebas y escuchar la declaración de los testigos, quedaba claro que no eran los nazis los ejecutores de tal matanza sino el Ejército Rojo. Ante la evidencia y el murmullo de la sala, el caso fue archivado por el fiscal ruso con la vergonzante complicidad del resto de jueces.

La barbarie nazi tuvo su máxima expresión en el Holocausto y en los campos de exterminio, y es bueno resaltar el valor simbólico e histórico de unos juicios internacionales de esta índole y magnitud, pero ¿dónde está la responsabilidad internacional sobre los asesinatos en masa que dirigió Stalin durante la liberación de Polonia o sobre las bombas atómicas que autorizó Truman en suelo japonés?

Los judíos supervivientes en una Europa devastada

A aquellos que habían participado en la guerra, en el frente o en la retaguardia, tanto víctimas como verdugos, les fue muy difícil volver a la cotidianidad del trabajo, el estudio, la familia y las formas de ocio. Tras seis años de miseria económica y humana, hombres y mujeres se habían inmunizado lentamente frente a la barbarie, el miedo y el horror. Finalizado el conflicto la mayoría de personas esperaban que todo retornara a ser como antes de la guerra, pero eso emocionalmente nunca sería posible; los jóvenes habían perdido la inocencia, los adultos se cuestionaban el sentido de la ética y la vida, los viejos no entendían cómo habían muerto sus hijos y los judíos nunca olvidarían los guetos y los campos de concentración.

Tras la guerra, la población hebrea estaba anímicamente derrumbada, consternada, desorientada y deseosa de volver a sus barrios, de reencontrarse con su gente; pero al regresar se encontró con que la mayoría de sus casas habían sido saqueadas, sus bienes confiscados y sus pertenencias y recuerdos habían desaparecido. Los vencedores se habían dividido zonas de influencia en Europa, un occidente democrático y capitalista rivalizaba con un oriente comunista. Tanto unos estados como otros trataban de recomponerse de las batallas y manifestaban su enérgica solidaridad con las víctimas del genocidio nazi, pero no ofrecían soluciones al problema de las migraciones judías que había provocado el Holocausto.

Algunos afortunados reconstruyeron sus vidas en sus países adoptivos, pero cientos de miles de judíos supervivientes de la *Shoah* no pudieron volver a sus naciones y permanecieron exhaustos, cansados y sin destino en campos de refugiados que organizaron los ejércitos de liberación. De forma paradójica, doscientos cincuenta mil judíos estuvieron aguardando su sino en los mismos campos de concentración donde habían padecido durante la guerra. Los pogromos, pese a que parezca un contrasentido de la evolución histórica, continuaron existiendo, aunque las persecuciones

Una jornada significativa se vivió el 4 de julio de 1946 en Kielce, localidad al sureste de Polonia, donde el regreso inesperado de ciento cincuenta judíos despertó la oposición de los vecinos que temían un retorno masivo de hebreos que reclamarían sus antiguas casas y pertenencias. Tras la propagación de un falso rumor de que un niño polaco había sido asesinado a manos judías, la ira de la multitud acabó con más de cuarenta muertos. Esta imagen refleja los multitudinarios funerales del pogromo de Kielce. La noticia se difundió rápidamente y el miedo se apropió de muchos judíos polacos, que renunciarían a reanudar sus vidas en sus hogares y entre las calles de su infancia.

antisemitas, mayoritariamente provocadas por la gran crisis económica de posguerra, fueron hechos aislados, a diferencia de lo que ocurrió en la década de 1930.

El pogromo de Kielce junto a otros episodios beligerantes y abusivos contra la población hebrea que se vivieron en el resto de Polonia, Checoslovaquia o la Unión Soviética fueron generalmente reacciones de codicia y resistencia de gentes desesperadas ante la pobreza y la escasez de alimentos en años muy difíciles. El genocidio alemán en la retaguardia de la guerra podría haber supuesto un antes y un después en la persecución de las minorías y la eliminación de las leyes raciales, pero no fue así. Otras víctimas no judías del exterminio nazi continuaron siendo perseguidas; así los gitanos y los homosexuales siguieron durante veinticinco años siendo marginados por leyes estatales en la nueva RFA. La suerte de los prisioneros soviéticos fue mucho peor, ya que los que habían logrado sobrevivir al infierno de los campos de concentración y exterminio fueron inexplicablemente acusados de traidores por Stalin y encarcelados en campos de trabajo. Asimismo, dos de los países que habían derrotado a los nazis y precisamente habían mostrado su tremenda indignación ante las leyes raciales nacionalsocialistas, es decir Gran Bretaña y Estados Unidos, no cambiaron sus leyes de discriminación racial con los negros. Mientras los ciudadanos afroamericanos seguían marginados socialmente, y jurídicamente en sus derechos civiles, los británicos establecieron en Sudáfrica durante la década de 1950 leyes de segregación racial, el llamado *apartheid,* que condenarían a la mayoría negra del país.

El éxodo o la diáspora judía

Tras la guerra, Europa quedó bajo la influencia de las dos grandes potencias que habían vencido al nazismo: en el este del continente los nuevos gobiernos comunistas quedaban bajo control y ascendencia soviética y en el oeste se implantarían regímenes capitalistas que recibirían la ayuda estadounidense para superar la crisis. La posguerra dejaba unos estados arruinados y políticamente debilitados, pero el verdadero desafío era despertar a la gente de la desgana y la apatía tras seis años de una miseria humana sin precedentes. Los ciudadanos debían remontar sus vidas con nuevas esperanzas e ilusiones, reemprender los sueños y apagar lentamente el miedo y el dolor de las almas. Dejar atrás la muerte y el sufrimiento no sería nada fácil y muchos tardarían en olvidar el agrio recuerdo de los campos, los bombardeos y a todos aquellos que se marcharon para siempre.

Las batallas, las persecuciones y las deportaciones forzosas obligaron a millones de personas a abandonar sus pueblos y ciudades, sus familias y sus amigos. Los desplazamientos de población que se habían producido durante las desventuras del conflicto provocaron ineludiblemente roces y problemas en las regiones de acogida; en este contexto el grupo más numeroso e incómodo eran los cientos de miles de judíos afectados por la *Shoah*. A pesar de la sensibilidad ética y la solidaridad que mostró el mundo tras el descubrimiento de la magnitud y el horror del exterminio nazi, los países continuaron con las rígidas políticas migratorias que imperaban antes de la guerra. Ello significaba en la práctica una gran limitación para la recepción de refugiados hebreos que, agrupados en los antiguos campos de concentración, esperaban un destino para empezar de nuevo. La recia e inflexible actitud que mostraron los países europeos ante las necesidades de la apátrida población judía empujó a muchos de ellos a buscar una nueva vida en Latinoamérica. De esta manera, más de veinte mil judíos emigraron entre 1947 y 1953 a Brasil, Argentina, Uruguay y Paraguay, entre otros países. El que acogió un número mayor de refugiados hebreos, un total de cinco mil, fue la Argentina gobernada por Juan Domingo Perón, paradójicamente un régimen en el que se escondieron criminales de guerra que se habían escapado del cerco aliado como Adolf Eichmann, Joseph Mengele o Ante Pavelic.

PALESTINA

Cuando se truncó la primera aspiración de los judíos, que era volver a sus hogares y a sus tierras de origen, quedó un único y agónico deseo, un lugar para construir el futuro de sus familias. El sentir mayoritario era el de reiniciar las nuevas vidas en la antigua provincia romana de Judea, tierra santa del judaísmo, en la región de Palestina situada en el extremo oriental del Mediterráneo. El territorio, que estaba bajo control y dominio de Gran Bretaña desde la Primera Guerra Mundial tras su conquista al Imperio otomano, había sido proclamado por el ministro británico Arthur James Balfour en 1917, mediante la conocida como Declaración Balfour, el hogar idóneo para la creación de un Estado judío. Sea como fuere lo cierto es que muchos judíos trataban de entrar en la colonia anglosajona, pero el Gobierno británico rechazaba enérgicamente la admisión de emigrantes que no acreditasen tener familiares directos en la región. De esta forma, cuando interceptaban a aquellos que intentaban entrar ilegalmente, los llevaban a campos de refugiados en la isla de Chipre, u otras veces los deportaban de nuevo a Alemania. El trato vejatorio y humillante que estaba dando Gran Bretaña a los castigados refugiados hebreos no pasaba inadvertido para la prensa mundial, de modo que el devenir de los acontecimientos aumentaba la presión internacional para que el pueblo judío tuviera una tierra y una patria propias.

La cuestión judía en Europa, pese a la preocupación de los gobiernos, no tenía una fácil solución. Así fue como poco a poco la colonia británica de Palestina se convirtió en el enclave geoestratégico esencial para resolver el problema. La región mediterránea del extremo oriental podía proporcionar el Estado de Israel que anhelaba el sionismo y al mismo tiempo avanzar en la descolonización a la que aspiraba el mundo árabe con la creación de un Estado palestino. La situación en Palestina estaba un tanto enrarecida. Por una parte los árabes palestinos nativos del territorio, mayoritariamente campesinos, estaban enfrentados y enojados ante la creciente inmigración hebrea que recibía el país. Los judíos habían llegado con un capital superior, habían montado sus granjas altamente tecnificadas y con un poder adquisitivo muy alto habían comprado aquellas haciendas más ricas y productivas. Esta lenta ocupación del territorio y la progresiva apropiación de los recursos que sufrían los palestinos condujeron a la emigración de muchos de ellos y a numerosos enfrentamientos contra la comunidad judía y las fuerzas británicas que facilitaban el creciente asentamiento de los nuevos colonos.

El país había visto cómo se incrementaba exponencialmente la comunidad hebrea: si en 1925 se calcula que eran cien mil los residentes judíos, habían pasado a ser más del doble en 1933, quinientos mil en 1939 y sumaban más de seiscientos mil en 1945, año en que ya conformaban un tercio de los dos millones de habitantes de Palestina. Por una parte los árabes tenían la sensación de que la migración masiva que estaban padeciendo los arrinconaba y, por otra, los judíos esperaban que los británicos concedieran un Estado propio como había prometido el ministro Balfour. El duro comportamiento de los británicos con los refugiados judíos que intentaban acceder a la región provocó un aumento de las tensiones entre las comunidades cohabitantes. Desde 1945 el Irgún, movimiento paramilitar integrado en la organización de *Haganá,* un movimiento de resistencia judía creado en 1920, sembró el pánico con una intensa campaña de atentados contra los intereses británicos en la región para forzar la retirada de la metrópoli, como demuestra el centenar de muertos que causó la bomba en el Hotel Rey David de Jerusalén el 22 de julio de 1946.

El episodio del barco de refugiados *Exodus,* repleto de personas como se observa en la fotografía, mostró el drama de los supervivientes del Holocausto. Las imágenes de los refugiados con ropajes viejos y desgastados tuvieron una carga psicológica impactante para la opinión pública internacional y unas consecuencias evidentes para la constitución posterior de Israel. En 1960 el cineasta Otto Preminger, en la película *Exodus* legitimaba la aspiración de los pasajeros hebreos de fundar un estado propio.

El 11 de julio de 1947 partía del puerto francés de Sête, en el suroeste de la costa mediterránea francesa, el *President Warfield,* apodado posteriormente *Exodus,* un barco mercante con más de cuatro mil quinientos refugiados judíos rumbo a Palestina. El buque fue interceptado por los británicos cuando se encontraba a veinte millas del destino, pero los pasajeros, lejos de someterse, resistieron al asalto militar. El suceso se saldó con tres muertos y un escándalo internacional de gran magnitud. Los refugiados, exhaustos y derrotados después de la odisea que estaban viviendo, fueron detenidos, reubicados en tres barcos y la mayoría devueltos a los campos alemanes que seguían bajo influencia británica. La repercusión del incidente del *Exodus* en los medios de comunicación obligó a Estados Unidos y Gran Bretaña a cambiar la política de inmigración para permitir la entrada de refugiados judíos, paso previo para que el Gobierno británico facilitase el ingreso masivo de emigrantes judíos en Palestina.

La creación del Estado de Israel

La presión de la opinión pública en Europa y Estados Unidos sugirió una solución definitiva para los cientos de miles de refugiados judíos. De este modo en una sesión especial de la Organización de las Naciones Unidas (ONU), el organismo que había nacido tras la guerra en la Conferencia de San Francisco y que agrupaba a todos los estados del mundo para garantizar la paz y el desarrollo, el 29 de noviembre de 1947 se aprobó la Resolución 181, por la cual se decidía la creación de un Estado judío junto a otro árabe en el dominio colonial británico de Palestina. La histórica votación en la

Asamblea de las Naciones Unidas contó con el apoyo de la mayoría de países europeos y americanos, la abstención de Gran Bretaña y los votos contrarios de todos los países árabes. La resolución debía dividir la región de Palestina en dos estados y dos gobiernos, uno árabe y uno judío, y asimismo dejar Jerusalén como «zona internacional» bajo control de la ONU.

A principios de 1948, los británicos empezaron a retirarse del territorio y a permitir el desembarco masivo de refugiados judíos en los puertos palestinos, fue de esta manera como los supervivientes de la *Shoah* en Europa, incluidos los pasajeros del *Exodus* y los residentes en campos alemanes o chipriotas, encontraron en Tierra Santa la anhelada patria judía. Si bien este destino pasó a ser el más habitual de los hebreos, también hubo una gran diáspora que se dirigió a Estados Unidos tras el cambio legislativo que admitieron sus autoridades luego de lo acontecido con el *Exodus*. De este modo, en cifras globales unos cuatrocientos mil refugiados judíos empezaron una nueva vida en el país americano entre 1945 y 1952.

La incapacidad de las tropas coloniales británicas de Palestina para controlar la transición política y la creciente oposición que mostraban los países de la Liga Árabe (creada en 1945 por Egipto, Arabia Saudí, Irak, Siria, Líbano, Jordania y Yemen del Norte), impulsó al líder sionista David Ben Gurion a proclamar unilateralmente el Estado de Israel el 14 de mayo de 1948. El nuevo presidente declaró que la inmigración hebrea en el nuevo país se llevaría a cabo sin restricciones, lo cual permitió que entre 1948 y 1951 unos setecientos mil judíos emigraran a Israel. Mientras, el mundo árabe se sentía traicionado y utilizado por los intereses de occidente; pese a dejar claro que simpatizaban y confraternizaban con los mártires de la *Shoah,* rechazaban

Plan de Partición de Naciones Unidas - Resolución 181

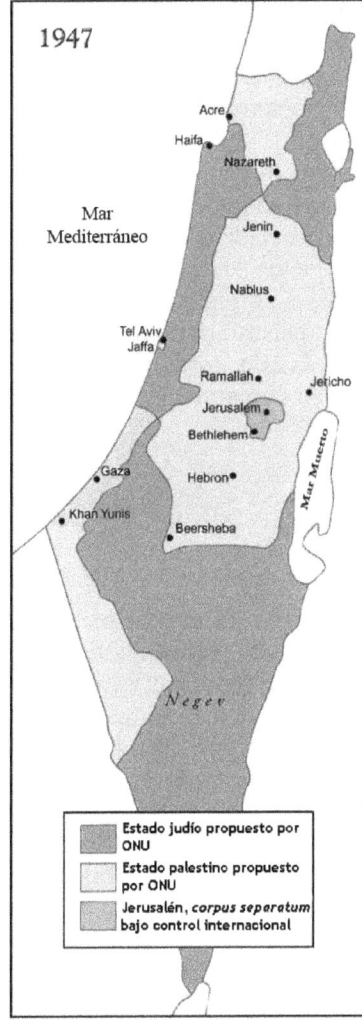

El mapa muestra los límites territoriales de la Resolución 181 de la ONU. La comunidad hebrea tendría por fin un estado propio pero los árabes se sentían desplazados y separados en su propia tierra. El nuevo estado de Israel ocuparía poco más del 56 % de la superficie, región que contaba con quinientos mil judíos y más de cuatrocientos mil árabes. El estado de Palestina con el 43 % del territorio contaría con ochocientos mil árabes y diez mil judíos. La propuesta planteaba, como muestra el mapa, una administración internacional en Jerusalén, ciudad santa para musulmanes, judíos y cristianos, en la que vivían cien mil árabes y otros tantos judíos.

frontalmente que los horribles crímenes de guerra que se habían cometido en Europa los tuvieran que pagar los palestinos. Para el mundo árabe esta partición era humillante e intolerable, los inmigrantes recién llegados a la región se quedaban con más de la mitad de la superficie, con las mejores tierras cultivables y bajo control mayoritario de recursos naturales tan importantes como el agua de la cuenca del río Jordán en el noreste. La Liga Árabe consideraba la creación del Estado de Israel un acto tiránico de los países occidentales, una solución sin sentido que implicaba que gentes inocentes tuvieran que pagar por las atrocidades de una guerra en la que no habían participado. Los países árabes no aceptaron ni reconocieron al nuevo Estado, lo que provocó un torbellino de tensión política que acabó en una terrible guerra.

Las Guerras Árabe-Israelíes durante la Guerra Fría

La proclamación del Estado de Israel por parte de Ben Gurion provocó una ofensiva militar conjunta de los países de la Liga Árabe, lo que dio lugar a la primera Guerra árabe-israelí o «Guerra de la Independencia» desde mayo de 1948 hasta enero de 1949. La superioridad militar israelí, sustentada en el comercio de armamento con Estados Unidos, se selló en distintos armisticios durante la primera mitad de 1949, por lo que Israel ampliaba su superficie hasta comprender el 77 % de Palestina y los árabes perdían la mayoría de su territorio. El suroeste del que debía ser el Estado palestino, la franja de Gaza, quedaba bajo control de Egipto y Cisjordania en el este y Jerusalén oriental serían anexionadas a Transjordania

(Jordania a partir de 1950). Mientras, Jerusalén occidental quedaba bajo administración israelí convirtiéndose unos meses después en la capital del país. En la superficie que ocupaba por aquel entonces el Estado de Israel vivían más de medio millón de árabes antes de la guerra, para quienes las disputas territoriales depararían unas consecuencias más allá de las meramente políticas. De este modo, los combates provocarían un desastre humanitario, conocido como nakba, por el cual setecientos mil palestinos huyeron de sus casas y marcharon de sus tierras para refugiarse en Gaza, Cisjordania y los países árabes vecinos, la mayoría destino al Líbano, Siria y Transjordania.

Egipto, el país más poderoso y poblado del mundo árabe, ejercía el liderazgo internacional contrario a la existencia del Estado de Israel, pero su gobierno carecía de cierta credibilidad ante sus vecinos ya que sus intereses económicos estaban intrínsecamente ligados a los británicos. No obstante las cosas cambiaron en 1952 cuando el golpe de Estado de los llamados Oficiales Libres catapultó al joven y popular Gamal Abdel Nasser al poder del país. Este se erigió en un verdadero líder de la defensa de la unidad cultural del mundo árabe —el panarabismo—, la independencia económica y política respecto a Occidente y la oposición al Estado de Israel. Con el acercamiento a la Unión Soviética en el contexto de la Guerra Fría, nacionalizó en julio de 1956 el Canal de Suez, hasta ese momento gestionado por una compañía franco-británica. Las tensiones internacionales, la falta de diálogo y la contundencia política de Nasser provocaron que Gran Bretaña y Francia se aliaran con Israel, deseoso de acabar con la inseguridad territorial y las constantes amenazas egipcias, e iniciaran una ofensiva contra Egipto invadiendo Gaza y la península del

Sinaí. De esta manera se desarrolló la segunda Guerra árabe-israelí, o «Guerra de Suez o del Sinaí», entre octubre y noviembre de 1956. El apoyo diplomático soviético y militar de los países árabes a Egipto, al mismo tiempo que equilibraba el conflicto amenazaba con desbaratar la frágil estabilidad regional, lo que impulsó la rápida mediación de Estados Unidos y la ONU para sellar la paz. El fin de la guerra dejaba las fronteras como estaban al iniciarse y, pese a demostrar el potencial bélico israelí, la figura de Nasser se realzó como el único líder árabe capaz de frenar los intereses occidentales y hebreos en Oriente Próximo.

En mayo de 1964 se fundó en el flanco oriental de Jerusalén la Organización para la Liberación de Palestina (OLP), una agrupación de organizaciones sociales, políticas y militares palestinas que defendía el final del Estado de Israel, la creación de un Estado árabe en la región y el retorno de los cientos de miles de refugiados causados por la nakba. Mientras los países árabes continuarían presionando a Israel desde el exterior con el apoyo internacional de la Unión Soviética, la OLP se convertiría de aquí en adelante en el grupo de resistencia interna de los árabes en Palestina. La tensión en la región aumentó a principios de 1967, Nasser cerró el paso por los estrechos de Tirán al sur del Canal de Suez, esencial para el comercio exterior israelí, y los países árabes militarizaron las fronteras amenazando la seguridad de Israel. Fue así como el Estado judío tomó la iniciativa el 5 de junio e inició una ofensiva militar preventiva que daría lugar a la tercera Guerra árabe-israelí o «Guerra de los Seis Días». Las hostilidades duraron poco, como su propio nombre indica, lo suficiente para que la contundente campaña bélica israelí provocara más de veinte mil muertos y la ocupación de Gaza y la península egipcia del Sinaí, el territorio de Cisjordania que estaba bajo control de Jordania y la región siria de los Altos del Golán. La incontestable victoria militar de Israel, siempre sustentada en una estrecha amistad política y económica con Estados Unidos, le permitió dotarse de un perímetro territorial de seguridad que podía garantizar la existencia del Estado israelí en el futuro.

La ONU, que se había mostrado otra vez inoperante para evitar el conflicto, aprobaba el 22 de noviembre de 1967 la Resolución 242, que exigía la retirada de las tropas israelíes de los territorios ocupados, insistía en el reconocimiento de la soberanía del Estado hebreo y demandaba abrir una negociación para solucionar el problema de los refugiados palestinos. El objetivo de la ONU era conseguir una paz duradera en Oriente Próximo, pero la intervención militar de Israel y el retraso en la retirada de los territorios ocupados aumentó el malestar y la tensión en la región. Tras la muerte de Nasser en 1970, el nuevo líder de Egipto, Muhammad Anwar el-Sadat, se convertía en la esperanza del mundo árabe a favor de la causa palestina y en contra de un Estado de Israel que retrasaba permanentemente el cumplimiento de las resoluciones de las Naciones Unidas. La OLP, por aquel entonces controlada por el grupo radical Al Fatah y por su nuevo líder, Yasser Arafat, pasaría a ser desde Cisjordania la voz de los palestinos y de sus demandas ante el mundo. Si bien la comunidad internacional simpatizaba cada vez más con la causa árabe en Palestina y legitimaba su reivindicación de un Estado propio, la creciente resistencia de la OLP mediante acciones terroristas suscitaba por el contrario cierta distancia y temor entre los países occidentales. En este sentido, el secuestro de los atletas israelíes en los Juegos Olímpicos de Múnich en 1972 por parte del grupo Septiembre Negro, relacionado con la OLP, que acabó con once deportistas muertos, daba la razón a aquellos que sostenían que los grupos palestinos eran meros terroristas que carecían de base democrática y ética como para poder ser unos interlocutores válidos para unas negociaciones de paz.

En esta disyuntiva histórica, Sadat optó por tomar la iniciativa y, con el apoyo de los países árabes, dirigió una ofensiva militar sorpresiva un día de fiesta sagrada judía (el día del perdón o Yom Kipur) para recuperar el Sinaí mientras Siria trataba de ocupar los Altos del Golán en el nordeste de Israel. De este modo, el 6 de octubre de 1973 comenzaba la cuarta Guerra árabe-israelí o «Guerra del Yom Kipur», la cual dejó en tan sólo veinte días de enfrentamientos el triste bagaje de más de diez mil muertos. El conflicto evidenció de nuevo la gran superioridad militar de los hebreos, pero asimismo y por primera vez mostró la influencia decisiva de los países árabes para controlar los precios del petróleo. El desarrollo de la guerra llevó a los estados de Oriente Próximo a reducir la oferta de crudo como represalia al apoyo occidental a Israel, provocando una subida imparable de los precios de los barriles de Brent y en consecuencia una profunda crisis económica mundial que demostraba la dependencia energética del modelo de crecimiento occidental respecto de los países árabes. La crisis que originó el conflicto aceleró la mediación de Estados Unidos y la Unión Soviética para llegar a un acuerdo de paz; así llegó rápidamente la Resolución 338 de la ONU que instaba al alto al fuego y exigía el cumplimiento de la Resolución 242 aprobada tras la guerra de 1967.

La guerra había mostrado la gran influencia de los países árabes sobre el petróleo y ello hacía ver la fragilidad del modelo de desarrollo presente y futuro de occidente, por lo que la política exterior estadounidense se centró en buscar puentes de diálogo con el mundo árabe, apoyos que permitieran relajar el clima de tensión y acuerdos con los países más moderados. La ONU también anduvo por la misma línea de acción y así fue como, a partir de 1974, la OLP y Arafat fueron reconocidos como los legítimos interlocutores para establecer negociaciones. La distensión regional no era fácil y más cuando en marzo de 1978 el ejército hebreo, saltándose la legalidad internacional, perpetraba una contundente ofensiva militar al sur del Líbano, la Operación Litani que dejó más de mil muertos, para responder a las constantes incursiones fronterizas que realizaban las guerrillas más combativas de la OLP.

Unos meses después, cuando la crispación volvía a alejar la paz, un gran éxito diplomático del presidente de Estados Unidos Jimmy Carter concentró al primer ministro israelí Menachem Begin y a su homólogo egipcio Sadat en Camp David (la residencia veraniega del presidente estadounidense en Maryland). El encuentro generó grandes expectativas para la comunidad internacional y el resultado no defraudó, ya que Egipto se convirtió en el primer país árabe en reconocer la legítima existencia de Israel en Palestina y por ello garantizaría la estabilidad de la frontera, mientras que en contrapartida las tropas israelíes se retirarían del Sinaí. El acuerdo satisfizo a ambas partes y también a los países europeos y a Estados Unidos por lo que podía significar para la estabilidad política y económica regional. La solución partidista que estratégicamente había adoptado Egipto era un revés para la unidad del mundo árabe.

Paralelamente, los acontecimientos que estaban sucediendo en 1979 en Oriente Próximo estaban poniendo un nuevo rumbo a la historia. En el contexto de la Guerra Fría, los Acuerdos de Camp David mostraron el liderazgo internacional de Estados Unidos, lo que empujó a la Unión Soviética de Leonid Brezhnev a iniciar una ofensiva militar en Afganistán para defender sus intereses, una guerra que duraría diez años y abriría de nuevo una tensión entre las dos grandes potencias mundiales. En Irán, una revolución islámica derrocó al sha Reza Pahlevi y sacó al país de la influencia occidental. El nuevo líder político y espiritual, el ayatolá chií Ruhollah Jomeini, se autoproclamaría defensor del mundo musulmán frente a los intereses occidentales y adalid de la causa palestina. La fuerza del chiísmo despertó miedo en la vecina Irak, que estaba por aquel entonces dominada por los suníes y por su líder Saddam Hussein, quien aupado por Estados Unidos decidió entrar en guerra contra Irán sobre la base de unas viejas reivindicaciones fronterizas. La guerra se alargó de 1980 a 1988 y con ella la inestabilidad regional.

El chiísmo pasó a ser un referente en el mundo árabe y fue de esta forma como buena parte de los refugiados palestinos en el Líbano se organizaron en la resistencia paramilitar chií del grupo Hezbolá, que a partir de la primera Guerra del Líbano de 1982 (donde una nueva incursión bélica israelí ocuparía durante tres años el sur del país y provocaría diez mil víctimas más) sería la resistencia armada más activa contra Israel. La resistencia interna de los palestinos en los que ellos denominaban «territorios ocupados», es decir Gaza y Cisjordania, era sorda a los medios de comunicación y los altavoces occidentales, pero a partir de 1987 se visualizó cuando la OLP proclamó la *Intifada,* término que significa 'sacudirse' y que es popularmente conocida como guerra de las piedras. Los palestinos de Palestina lucharían por su libertad y por la constitución de su propio Estado mediante una resistencia activa contra el Estado de Israel. La fuerza de este movimiento catapultó la aparición de una organización islamista como Hamás —en árabe 'fervor'—, que se oponía a la OLP por su laicidad y su forma dictatorial de administrar la representatividad de los palestinos. Los grupos de resistencia palestina aumentaban, la cúpula de la OLP estaba en el exilio, su ala militarizada de Al Fatah mantenía la lucha armada mediante la *Intifada* en el interior, al unísono, con mayor contundencia política y religiosa, había nacido Hamás y los chiíes de Hezbolá en el sur del Líbano perpetraban acciones contra los intereses israelíes con el apoyo de Siria e Irán. A mayor resistencia, más contundencia militar de los gobiernos de Israel, lo que asimismo provocaba el incremento de la presión internacional y el aumento de la inseguridad nacional. La Guerra Fría estaba a punto de pasar página y con los nuevos tiempos se abrirían nuevas esperanzas de paz, que a largo plazo no acabarían nunca de cristalizar.

10

La herencia del Holocausto en el siglo XXI

La educación es el arma más poderosa que puedes usar para cambiar el mundo
Nelson Mandela

ISRAEL Y PALESTINA EN LA ACTUALIDAD

El año 1989 marcaría un punto de inflexión en la historia. De la mano de su presidente Mijail Gorbachov la Unión Soviética había engendrado su propia reforma económica, conocida como *perestroika,* y política, la glasnost, las cuales llevarían al fin de la guerra en Afganistán y la fragmentación del país en un sinfín de repúblicas independientes. El hundimiento del modelo soviético, sellado con la caída del Muro de Berlín y el ocaso de las dictaduras comunistas en el este de Europa, escenificaba el final de la Guerra Fría y la visualización de la supremacía mundial de Estados Unidos, la democracia y el capitalismo. Las reglas del juego de las relaciones internacionales cambiaron, pero no alejaron los conflictos de Oriente Próximo; la causa palestina continuaba aunando al mundo árabe contra Israel y generando inestabilidad en una región de gran importancia geoestratégica por el control y la explotación del petróleo.

A raíz de una sorpresiva invasión iraquí de Kuwait en verano de 1990, las Naciones Unidas, a las que los estadounidenses dieron hábilmente un papel protagonista, organizaron una alianza de más de treinta países para forzar la retirada de las tropas iraquíes del emirato. La intervención militar de principios de 1991, bajo el liderazgo de Estados Unidos y la participación de la mayoría de los países árabes, daría lugar a la Primera Guerra del Golfo. La ofensiva de la ONU, conocida como «Operación Tormenta del Desierto», tuvo respuesta cuando Saddam Hussein bombardeó Tel Aviv y Haifa con mísiles Scud para implicar a Israel en la guerra y forzar de esta manera la retirada de los países árabes de la coalición internacional. La estrategia no funcionó y la resistencia silenciosa israelí, pese al pánico que vivió la población civil con la distribución de máscaras antigás ante un posible ataque químico, permitió crear un clima de distensión que acercaría la paz a la región. La guerra, la primera realmente televisada en directo a través de las cámaras de la CNN norteamericana, había demostrado en tan sólo seis semanas la supremacía mundial estadounidense y su buena relación diplomática con Arabia Saudita, Siria y Egipto.

De este modo las nuevas circunstancias permitieron unos meses después, el 30 de octubre de 1991, la celebración de la Conferencia de Madrid, una cumbre internacional que sentó en la misma mesa de negociación a los representantes de Israel, la OLP y los países árabes. Las relaciones diplomáticas se normalizaban, el diálogo superaba el enfrentamiento y ello cristalizó, con la determinante mediación estadounidense, en los Acuerdos de Paz de Oslo de 1993. Por una parte Israel legitimaba a la Autoridad Nacional Palestina (ANP), que lideraba la OLP, como Gobierno provisional en

Gaza y Cisjordania, territorios de los que retiraría a sus militares, mientras que la OLP, igual que pasaría con Jordania, reconocía la existencia del Estado de Israel y renunciaba a la violencia de la *Intifada*. Las disputas se centraban esencialmente en cuatro aspectos: la repartición de Jerusalén, la aceptación y protección de los asentamientos de colonos judíos en los territorios ocupados, el posible retorno de los palestinos refugiados durante la *nakba* y el establecimiento de garantías para la seguridad de las fronteras israelíes.

Esta fotografía del 13 de septiembre de 1993 es el símbolo de los Acuerdos de paz de Oslo, de izquierda a derecha, el primer ministro israelí Isaac Rabin, el presidente estadounidense Bill Clinton y el líder de Al Fatah y la OLP Yasser Arafat. Pese a la concesión a Rabin, Arafat y Shimon Peres (ministro de exteriores israelí) del Nobel de la Paz en 1994, este tratado tenía la oposición de grupos palestinos como Hamás y la de muchos hebreos como el joven Yigal Amir, quien asesinó con dos disparos a Isaac Rabin el 4 de noviembre de 1995.

La ANP, pese a los atentados terroristas que se perpetraban en Gaza y Cisjordania, era el único interlocutor válido del pueblo palestino ante el mundo, y su líder, Arafat, tenía toda la legitimidad para las negociaciones, más aún tras ganar holgadamente las primeras elecciones palestinas en 1996. La OLP, con la excusa de organizar un gobierno fuerte, proyectó una política represiva y nada democrática en los territorios ocupados, lo que acrecentó la oposición interna de organizaciones como Hamás. La transición política no era un proceso fácil: si la transferencia de poder y el repliegue militar israelí ya eran, a ojos árabes, exageradamente lentos, la creación de nuevos asentamientos de colonos judíos en Cisjordania ponía contra las cuerdas al Gobierno palestino. Con el objetivo de disipar la tensión social y recuperar la credibilidad y la unidad nacional, Arafat proclamó en septiembre de 2000 la segunda *Intifada*. La lucha *yihadista*, en defensa del Islam, contra Israel teñía de sangre otra vez las calles de Ramallah, Jericó y Hebrón, y volvían los ataques suicidas palestinos con bombas lapa en Tel Aviv, Jerusalén y Haifa. La ruptura diplomática dejaba sin sentido la hoja de ruta de los Acuerdos de Oslo e Israel aprobaba en junio de 2002 la construcción de un muro de hormigón en la frontera de Cisjordania para protegerse de las acciones terroristas.

El epicentro de los conflictos internacionales volvía a centrarse en Oriente Próximo y más tras lo acontecido en Nueva York con los atentados de Al Qaeda (movimiento de resistencia islámica liderado por Bin Laden), que conmovieron al mundo en septiembre de 2001 y que originaron guerras en Afganistán, un mes después, e Irak a partir de 2003. El mundo árabe, a pesar de las grietas abiertas con el reconocimiento de algunos países del Estado de Israel, seguía mostrándose unánime en la defensa de la causa palestina, aunque cada vez con mayores matices. Mientras Siria e Irán ayudaban a la organización chiíta Hezbolá en el Líbano, Irán hacia lo mismo con Hamás, y Egipto y Arabia Saudita servían de intermediarios de Al Fatah ante Estados Unidos y el mundo occidental. La muerte de Arafat en 2004 y el nuevo liderazgo de Mahmud Abbas (conocido como Abu Mazen) al frente de Al Fatah, la OLP y por extensión del Gobierno de la ANP no conciliaron las disputas internas ni ayudaron a reemprender las negociaciones de paz con Israel. Las elecciones palestinas de 2006 dieron una clara victoria, especialmente en Gaza, a Hamás sobre Al Fatah, pero los de Abu Mazen no aceptaron los resultados y ello abrió un enfrentamiento civil en los territorios ocupados. Al Fatah controlaba Cisjordania manteniendo la legitimidad ante Occidente, mientras que Hamás, considerado por Israel, Estados Unidos y la Unión Europea como un grupo terrorista, pasó a administrar la Franja de Gaza con la idea de que la lucha armada de los palestinos era la única forma posible para la emancipación nacional.

La política de Israel en los últimos años (bajo presidencia de Simon Peres desde julio de 2007), tanto con el primer ministro Ehud Ólmert a partir de abril de 2006 como con Benjamín Netanyahu desde marzo de 2009, se ha caracterizado por llevar a cabo controvertidas ofensivas militares para garantizar la seguridad de sus ciudadanos ante las amenazas terroristas. En este contexto en verano de 2006 se desarrolló la Segunda Guerra del Líbano, una campaña israelí que, aparte de provocar centenares de muertos, sirvió para destruir las bases militares que tenía Hezbolá en el sur de aquel país y así parar el lanzamiento de proyectiles sobre Israel. De igual modo ocurrió a finales de diciembre de 2008, cuando las fuerzas israelíes entraron en Gaza para acabar con la amenaza militar de Hamás. Lo que para los soldados hebreos fue la «Operación Plomo Fundido», para los estados árabes fue la «Masacre de Gaza», ya que la intervención bélica provocó mil cuatrocientos muertos, la mitad de los cuales eran civiles, en apenas tres semanas. Tras los combates Israel mantuvo al ejército activo en las fronteras de la Franja de Gaza, estableciendo un bloqueo de bienes y personas para cerrar el comercio de armas que vía Egipto abastecían a Hamás. Hoy, un millón y medio de personas están viviendo un drama humanitario de grandes proporciones y sobreviven exclusivamente de las ayudas internacionales en forma de alimentos básicos que pasan bajo supervisión de militares hebreos. Los cortes de suministro de electricidad, agua, comida, mercancías, medicinas y combustible y la falta de trabajo y educación están abocando a la región a una situación de delincuencia y pobreza insostenible, que atenta, como denuncia la ONG Amnistía Internacional, contra los derechos humanos más esenciales.

A principios del año 2011, en el contexto de crisis económica mundial, se ha vivido la «Primavera del Mundo Árabe», en la que las revueltas sociales en Túnez, Egipto, Libia, Bahrein, Yemen y Siria han ido paulatinamente derrocando las dictaduras de los estados árabes, lo cual puede dar un nuevo enfoque a las relaciones internacionales de estos países respecto a Israel. Por otro lado, la dramática situación humanitaria de Gaza está cambiando sustancialmente el panorama en los territorios ocupados. La presión internacional ha hecho que Israel, pese a mantener un férreo control fronterizo, levante el bloqueo terrestre entre la Franja y Egipto. Asimismo, se ha iniciado la reconciliación entre Hamás y Al Fatah para trabajar en pro de la unidad y la oficialidad del Estado palestino, que ya había proclamado en 1988 Arafat, como miembro de pleno derecho en la ONU. La iniciativa que ha impulsado Abu Mazen para tal reconocimiento ha tenido una gran aceptación los dos últimos años con la conformidad de casi todos los países sudamericanos y algunos de Asia y África. A 1 de julio de 2011, ciento diecisiete países de los ciento veintiocho necesarios han dado su aprobación para la admisión definitiva del Estado palestino en la ONU. La oficialidad del Estado árabe en los territorios ocupados —hoy la ANP sólo es reconocida como entidad observadora—, provocaría un giro más que significativo al conflicto endémico de la región. Israel está moviendo todas las redes diplomáticas a través de sus estrechas relaciones con Estados Unidos, Alemania, Gran Bretaña, India y Japón para evitar lo que consideran un verdadero despropósito. De igual manera Jerusalén ve con enorme recelo la reconciliación nacional que se está consolidando entre Hamás y Al Fatah y Netanyahu avisa de que es la forma más fácil de alejarse de la paz.

En el epicentro de la solución se encuentra sin duda Barack Obama, presidente de Estados Unidos desde enero de 2009, quien declaró en mayo de 2011 que la paz es posible con el reconocimiento del Estado palestino sobre las fronteras fijadas en 1967 con la Resolución 242, siempre que paralelamente los estados árabes admitan el derecho a existir de Israel. En unas hipotéticas negociaciones para la paz, los elementos clave para el reconocimiento de un Estado independiente de Palestina continuarán siendo los mismos: la seguridad nacional de las fronteras israelíes, el retorno de los refugiados árabes, el estatuto de Jerusalén y qué hacer con los asentamientos de colonos judíos en los territorios ocupados, que por cierto, sorprendentemente, siguen aumentando.

El Estado de Israel en el extremo oriental mediterráneo tiene dominio militar de los Altos del Golán en Siria, y administración política sobre Gaza y Cisjordania. Si la Resolución 181 de la ONU de 1947 reconocía tras el Holocausto un estado hebreo y uno árabe en el 43 % de la superficie del mandato británico de Palestina, a mediados de 2011 el Estado palestino tan sólo comprende el 28 % de la antigua colonia y está pendiente del pleno reconocimiento internacional.

Indemnizaciones y compensaciones a las víctimas de la *Shoah*

Regresar en 1945 a la cotidianidad del trabajo, la familia y los amigos era difícil tras todo el horror sufrido. El choque emocional era tremendo, guetos, campos, muerte, cámaras de gas, fábricas y bombardeos, demasiadas sombras para empezar de nuevo. La comunidad judía, especialmente sensibilizada tras todo lo acontecido y refugiada en su mayoría en la colonia británica de Palestina, demandaba que la nueva Alemania (en esos momentos custodiada por los países vencedores) asumiera sus responsabilidades para la restitución de bienes, la compensación por el expolio de propiedades y la indemnización por los daños físicos y psíquicos a las víctimas del Holocausto. De ahí en adelante la Conferencia Internacional de Reclamaciones contra Alemania, que nació en 1951 dentro del Congreso Mundial Judío, una federación de organizaciones judías surgida en Suiza en 1936 y con sede en Nueva York, sería la encargada de demandar y gestionar fondos económicos para el resarcimiento moral de aquellos judíos y no judíos humillados, robados y explotados por los nacionalsocialistas.

El Estado de Israel era en sí mismo una compensación política de los países vencedores de la guerra ante la barbarie que había sufrido el pueblo hebreo, por lo que el nuevo país no podía escatimar esfuerzos para acoger y ayudar a todos los judíos que lo necesitaran. La primera forma de hacerlo fue con la aprobación en 1950 de la Ley del Retorno, que concedía la ciudadanía y la posibilidad de vivir en el país a cualquier judío del mundo que lo solicitase. Esta legislación, ampliada en 1970 a hijos, nietos y a sus respectivos cónyuges, facilitó la inmigración hebrea. En 1952, mediante el Tratado de Luxemburgo, Israel restableció las relaciones diplomáticas con la RFA tras el compromiso alemán de pagar todas las compensaciones necesarias a los supervivientes de la *Shoah*. Casi sesenta años después, más de sesenta mil millones de euros se han entregado para la reparación moral y simbólica de los sufrimientos y las pérdidas resultantes del genocidio nazi. Más de treinta países, como Polonia, Austria, Hungría, Holanda, Francia o Bélgica, han recompensado económicamente las confiscaciones judías durante la guerra. Por el contrario, Suiza se resistía a aceptar la implicación de sus bancos en el expolio judío hasta que en 1999, ante la gran presión internacional, aprobó la donación de más de mil millones de dólares, aceptando con ello su implicación en la barbarie.

Una ley original del Parlamento israelí o Knéset de 1953 y desarrollada diez años después por el Yad Vashem, una institución creada para preservar la memoria del Holocausto, estableció el programa «Justos entre las naciones» para el reconocimiento y la distinción de aquellas personas no judías que con sus acciones ayudaron, de forma altruista y arriesgando sus propias vidas, a salvar judíos durante la guerra. Este organismo, en base al precepto del *Talmud* (libro sagrado hebreo) «quien salva una vida, salva el mundo entero», se ha esforzado en las últimas décadas a buscar a los «justos» para transmitirles el agradecimiento del pueblo judío. Las formas de auxilio y solidaridad que recibieron los judíos para escapar de la represión nazi fueron muchas, desde el cobijo y atención clandestina en hogares al rescate y cuidado de niños, muchos de ellos huérfanos, o la expedición de certificados de bautismo y pasaportes falsos para evitar el traslado a los campos de concentración.

Algunos de los que han sido reconocidos como «Justos entre las naciones» y hemos tratado en el presente libro son: Irena Sendler, por los niños que salvó en el gueto de Varsovia; el industrial alemán Oskar Schindler, por acoger en su fábrica a los judíos del gueto de Cracovia y así evitar su deportación a Auschwitz; Miep Gies, por esconder a la familia de Ana Frank, y miembros de la resistencia danesa y la polaca *Zegota,* por facilitar el éxodo judío hacia Suecia y por el abastecimiento clandestino de los guetos respectivamente.

Otras acciones que han merecido esta distinción las llevaron a cabo algunos diplomáticos de consulados y embajadas que transfirieron documentación falsa a muchos judíos para escapar del yugo nazi. Al cónsul de El Salvador en Suiza durante la guerra, José Arturo Castellanos Contreras, se le concedió la distinción de «justo» gracias a la acreditación fraudulenta de la ciudadanía salvadoreña a cuarenta mil judíos. Ángel Sanz-Briz fue un diplomático español que hizo lo propio con cinco mil judíos en Hungría y ello permitió que eludieran la deportación masiva de 1944 al campo de exterminio de Auschwitz. Gilberto Bosques Saldívar, cónsul mexicano en Marsella durante la *Shoah,* emitió cuarenta mil visados falsos a judíos y refugiados políticos, como también hizo el diplomático portugués Arístides de Sousa Mendes para salvar a treinta mil personas, doce mil de las cuales eran judías, de la Francia ocupada por los alemanes. En la actualidad más de veintitrés mil personas de cuarenta y cuatro países, especialmente de Polonia, Holanda, Francia, Ucrania y Bélgica, han sido identificadas y honradas como «Justos entre las naciones». Se les ha entregado una medalla conmemorativa, su nombre se ha inscrito en el «Muro de honor del Jardín de los Justos» en Jerusalén y se les ha dado el derecho a vivir en Israel y a recibir una pensión vitalicia del Estado.

En los últimos tiempos han aparecido muchas organizaciones que aúnan esfuerzos para la recuperación de los derechos y la memoria de las víctimas del Holocausto. En 1992 se creó la Organización para la Restitución del Mundo Judío con el fin de trabajar en la devolución de la propiedad judía en Europa, fuera de Alemania, especialmente en Austria y Polonia. Dos años después Steven Spielberg, judío y director de la galardonada película *La lista de Schindler,* creó la Fundación para la Historia Visual y Educación de la *Shoah,* donde se trabaja para la preservación del recuerdo de las víctimas del Holocausto. Entre 1994 y 1999, se registraron más de cincuenta mil entrevistas a judíos, testigos de Jehová, gitanos y homosexuales para preservar la memoria de las víctimas del genocidio. En el mismo año 1994 apareció en Israel la Fundación para la Asistencia a las Víctimas de la *Shoah,* una ONG que trabaja fundamentalmente para la asistencia social básica de los ancianos supervivientes del Holocausto. Estas personas, a quienes se les robó la infancia y la juventud, viven habitualmente solas y con muchas dificultades para cubrir las crecientes necesidades de su avanzada edad. Estudios recientes van más allá y señalan que dos tercios de las víctimas sufren estrés postraumático, la mitad padece depresión y la mayoría tiene problemas de insomnio.

Esta situación fue denunciada en 2007 en el documental *Paying for justice,* realizado por Guy Meroz y Orli Vilnai en la propia televisión israelí, donde se destapó que una cuarta parte de las víctimas del Holocausto (hoy doscientas mil personas) que aún viven en Israel lo hacen en condiciones de extrema pobreza. El reportaje generó una indignación mayúscula, más teniendo en cuenta la riqueza y los grandes fondos económicos para la compensación de la *Shoah* que tienen en sus arcas organizaciones como la Conferencia de Reclamaciones contra Alemania o el Congreso Mundial Judío, y las elevadas subvenciones que para ello recibe el Estado hebreo, quien parece tener otras prioridades. El dinero sí existe; gobiernos, asociaciones industriales y bancos que colaboraron con los nazis siguen compensando económicamente por los trabajos forzados, los perjuicios de salud como la esterilización, las restricciones de libertad de movimiento, las migraciones forzosas y las lesiones y amputaciones. También se dan indemnizaciones a los huérfanos de padres asesinados, a la recuperación de comunidades judías o a la restitución de bienes y obras de arte confiscadas. Alemania está asumiendo su responsabilidad y está aumentando las compensaciones para las víctimas; el último plan de ayuda es de cuatrocientos millones de euros de 2012 a 2014. El dinero sí existe, pero las transferencias tardan demasiado en llegar a las personas que lo merecen y lo necesitan, verdaderamente un flaco favor a la memoria y al sufrimiento de unos supervivientes del Holocausto que poco a poco nos van dejando.

Revisionismo, negacionismo y pensamiento neonazi

Parecía que la liberación de los campos de concentración al final de la Segunda Guerra Mundial y los testimonios que emanaron de ello, más las pruebas que reflejaron los Juicios de Nuremberg, desvanecerían cualquier duda sobre la consecución y la magnitud del

Holocausto, pero no fue así. Desde un primer momento aparecieron posiciones, que muchos tildaron de antisemitas, que negaban parcialmente o totalmente el exterminio. En este sentido hablamos de «revisionismo» cuando aparecen interpretaciones divergentes de la historiografía tradicional de la *Shoah,* tesis a contracorriente y alejadas de lo políticamente correcto que siempre tienen su pequeño eco mediático que las alimenta, a pesar de que en países como Alemania y Austria están prohibidas, por «ocultamiento, consentimiento, aprobación o justificación del genocidio».

La mayoría de los revisionistas del Holocausto, como el popular escritor inglés David Irving, ponen en duda el conocimiento por parte de Hitler del programa de exterminio contra los judíos, ya que consideran que ninguna de las pruebas corrobora explícitamente esta hipótesis. Algunos historiadores no discuten la existencia de las cámaras de gas para la asfixia masiva de presos, pero sí ponen en tela de juicio el número de víctimas que fallecieron en ellas y consideran que tras la exageración está la justificación del Estado de Israel y el interés por las compensaciones de guerra. Asimismo, estos autores sostienen que el gran índice de muertos de los campos de concentración es debido a los bombardeos aliados que cortaban el suministro de alimentos y medicamentos, hecho que explicaría la inanición y las epidemias que sufrieron los presos. Los estudios revisionistas también apuntan a la complicidad de la Cruz Roja, del Vaticano, de Suiza y de los países aliados en la muerte de cientos de miles de personas en manos de los nacionalsocialistas. Muchos que se autodefinen como revisionistas acaban sus tesis negando el Holocausto en sí; es decir, pasan a ser negacionistas.

El «negacionismo» del Holocausto es la refutación de su existencia como plan trazado por los nazis para el exterminio masivo de judíos durante la Segunda Guerra Mundial. Los negacionistas rebaten las principales pruebas que los países aliados han presentado para demostrarlo; así por ejemplo consideran que la Conferencia de Wannsee nunca se produjo, y quienes admiten su celebración ven en ella un simple programa para el reasentamiento y la evacuación de judíos hacia el este de Europa. Otros estudios como los del escritor francés Paul Rassinier, quien había estado preso en Buchenwald, niegan la presencia de las cámaras de gas como método de asesinato en masa y consideran que el gas Zyklon B encontrado en los campos servía para desinfectar los barracones y erradicar las plagas de colchones y ropas con el fin de evitar así la propagación de epidemias. La mayoría de autores no rechazan la presencia de los hornos crematorios, pero los observan como una lógica ante las muertes que se producían por enfermedad, hambre y muertes naturales. Los negacionistas intentan desacreditar los argumentos de las tesis oficiales; así esgrimen por ejemplo que en el diario original de Ana Frank hay modificaciones en bolígrafo de Otto Frank donde se observa el evidente cambio de caligrafía o denuncian que los montajes fotográficos, de imágenes y grabaciones de audio fueron constantes en los Juicios de Nuremberg. También sostienen que los testimonios de los supervivientes son contradictorios, que existen falsas declaraciones de presos realizadas bajo tortura y que la mayoría son más reflejo del rencor y los rumores que existían en los campos que resultado de las propias experiencias.

Los negacionistas atacan la única prueba de voz concluyente sobre el genocidio que se ha aportado, basada concretamente en el discurso del 6 de octubre de 1943 de Himmler en el Castillo de Poznan, en el oeste de Polonia. En la citada alocución el jefe de las SS usa la palabra *«ausrottung»* al dirigirse a los altos dirigentes de la organización, un término que significa en los diccionarios alemanes de la época 'exterminio, desarraigo, aniquilación total, erradicar'. Según estas tesis, ello demostraría la poca solidez de la prueba y explicaría cómo la verdadera intención era la deportación y expulsión (desarraigo y erradicación) de los judíos hacia el este. Si las cifras del genocidio desde un primer momento se habían considerado graves falsedades de la historia por parte de los negacionistas, estos encontraron en el informe demográfico de 1959 del sueco Einar Aberg, supuestamente basado en las cifras de la propia comunidad judía estadounidense, la prueba irrefutable de que no pudieron morir seis millones de personas, ya que aparecían datos que demostraban que la población judía antes y después de la guerra se mantuvo prácticamente estable entre quince y dieciséis millones de personas. La mayoría de estos estudios sitúan en ochocientos mil los muertos en los campos nazis, y entre ellos consideran que hubo trescientos mil judíos. Historiadores como el estadounidense Harry Elmer Barnes arremeten contra el Holocausto considerándolo una burla para la comunidad internacional, un verdadero fraude del mundo occidental y una mera propaganda bélica para justificar Israel y las reparaciones, así como para tapar los horrores, si cabe mayores, que los países aliados ejecutaron durante la guerra.

Si bien es cierto que en la actualidad grupos islámicos como Hamás y algunos estados árabes como Arabia Saudita o Irán, que organizó en 2006 una conferencia internacional al respecto, valoran y dan cobertura a las tesis revisionistas y negacionistas, estos estudios son marginales y repudiados en el mundo occidental, aunque asimismo han servido de base ideológica al pensamiento neonazi.

La derrota alemana provocó que la mayoría de dirigentes nazis que no habían muerto fueran capturados, a excepción de aquellos criminales de guerra que consiguieron escapar gracias a supuestas organizaciones secretas como ODESSA (siglas en alemán de Organización de Antiguos miembros de las SS) y Die Spinne ('araña' en alemán), quienes les facilitaban documentación falsa para poder huir y ocultarse en Sudamérica, España o Portugal. La popularidad del nazismo se derrumbó después de la barbarie y los horrores que mostraron los campos de concentración y el testimonio de los que allí sufrieron. Las ideologías totalitarias y autocráticas fueron repudiadas en la mayoría de países del mundo occidental, especialmente en Italia, Austria o Alemania, donde sus ciudadanos renegaban de su pasado y sentían vergüenza por el apoyo masivo de sus sociedades a la brutalidad con la que habían actuado sus regímenes. A pesar del rechazo casi unánime del nazismo después de la Segunda Guerra Mundial, siempre se expresaron movimientos sociales y políticos, basados en tesis negacionistas, que criticaban la debilidad de la democracia al mismo tiempo que ensalzaban la figura de Hitler, las SS y el nacionalsocialismo.

El pensamiento neonazi arraigó en Estados Unidos en la década de 1960 asociándose a la defensa de la supremacía racial blanca frente a los negros que propugnaba el Ku Klux Klan (KKK), y en Europa a finales de la década de 1970 vinculándose a la ideología estética juvenil de los *skinheads* (cabezas rapadas), que actuaban como bandas urbanas con un gran sentimiento de protección colectiva y un fuerte nacionalismo con el rechazo de los extranjeros. En los últimos tiempos estos movimientos han evolucionado hacia la constitución de partidos políticos que, aunque marginales y al límite de las leyes que permite la democracia, dirigen en nombre del patriotismo discursos racistas y excluyentes contra los inmigrantes. En Alemania, donde la exhibición de símbolos nazis está prohibida, existen diversos partidos en este sentido, como el Partido Nacional Democrático o la Unión del Pueblo Alemán. En Francia con un significativo apoyo electoral Jean-Marie Le Pen lidera el Frente Nacional para la Unidad Francesa. En Bélgica el partido flamenco Vlaams Belang nació en 2004 con mucha fuerza y no para de crecer en la región de Flandes. En Austria Jörg Haider, hijo de un miembro de las SS, obtuvo un resultado tan destacado en las elecciones de 1999 liderando el Partido de la Libertad de Austria, que la UE tomó cartas en el asunto y presionó para la disolución del partido, de manera que desde 2005 hasta su fallecimiento en 2008 Haider estuvo al frente de Alianza para el Futuro de Austria.

Las posiciones fascistas están ganado su espacio sociológico y político en el mundo occidental a medida que se manifiestan las consecuencias sociales de la crisis económica de septiembre de 2008. Los altos índices de desempleo y el aumento de la delincuencia y la inseguridad fomentan en la sociedad un aumento de la exclusión, la xenofobia y la intolerancia religiosa como formas para la defensa del trabajo y el país. Así los inmigrantes se convierten en una amenaza interna y los países extranjeros en los culpables del declive nacional. Si bien es cierto que en la actualidad el pensamiento neonazi es absolutamente marginal, no debemos olvidar lo seductora que es la ideología autocrática y fascista, con un líder, unos símbolos, un pensamiento único, la fuerza del colectivo o el atractivo de la superioridad nacional. Estas ideologías pueden tener fácil aceptación en una sociedad individualista donde las decisiones políticas y económicas están cada vez más alejadas de los ciudadanos, y pueden propagarse ante la crisis económica, de valores y de identidades existente en el contexto de la globalización. La película alemana *La ola,* dirigida por Dennis Gansel en 2008, es una buena advertencia de ello.

Los neonazis niegan el Holocausto y ensalzan la figura de Hitler, tienen la cruz celta —en la imagen—, la esvástica nacionalsocialista y los símbolos de las SS como principales referentes. Habitualmente estos grupos, racistas y nacionalistas, se sienten marginados y perseguidos por la sociedad, es por ello que utilizan códigos para expresar su pensamiento libremente. El número 88, al ser la octava letra del alfabeto (H), tiene el significado de «Heil Hitler»; 18NS, por la primera letra del alfabeto (A) y la octava (H), es «Adolf Hitler Nacionalsocialismo», o el grito de resistencia Combat 18 significa el «Combate de Adolf Hitler».

Los genocidios continúan...

El descubrimiento de la *Shoah,* su dimensión y la repercusión mediática de las barbaridades nazis en los guetos, los campos, las fábricas, con las cámaras de gas y los hornos crematorios, no ha evitado que los genocidios como exterminios planificados de grupos étnicos, religiosos y nacionales hayan desaparecido desde 1945, sino más bien al contrario. Parecía que con los Juicios de Núremberg, donde se juzgaron por primera vez crímenes de guerra y contra la humanidad, y con la Declaración de los Derechos Humanos aprobada por las Naciones Unidas en la que la Resolución 217 A (III) de 10 de diciembre de 1948 (en el artículo 2, «todo el mundo tiene todos los derechos y libertades proclamados en esta Declaración, sin distinción de raza, color, sexo, lengua, religión, opinión política o de cualquier otra forma, origen nacional o social, fortuna, nacimiento u otra condición [...]», en el artículo 3, «toda persona tiene derecho a la vida, la libertad y la seguridad», y en el artículo 5, «nadie será sometido a torturas ni a penas o tratos crueles, inhumanos o degradantes»), la comunidad internacional podría evitar las masacres y los exterminios sin sentido, pero como ya sabemos no fue así. Algunos ejemplos de ello los encontramos en China, Nigeria, Uganda, Camboya, Irak, Sierra Leona, Ruanda, Bosnia, República Democrática del Congo y Sudán.

En la China de Mao Zedong entre 1959 y 1962 se impulsó el programa del «Gran Salto Adelante» para una rápida industrialización del país que acabó con la vida de entre veinte y treinta millones de personas. La dictadura comunista obligó a la colectivización de las pequeñas propiedades campesinas y organizó la población en comunas agrícolas e industriales que debían entregar una exigente producción, especialmente de acero, para las necesidades fabriles y alimenticias de las ciudades de la costa este del país. Las autoridades locales presionaron a la población con unas cuotas inalcanzables; así, mediante el terror y la represión empujaron a la hambruna a millones de personas, tal y como había hecho Stalin con diez millones de ucranianos en 1932 y 1933.

El intento de secesión de la región de Biafra en las provincias del sureste de Nigeria dio lugar entre julio de 1967 y enero de 1970 a una guerra que enmascaró una auténtica masacre de la etnia ibo por parte del Gobierno nigeriano, con la connivencia de Gran Bretaña, que provocó alrededor de un millón de muertos. La codicia por el control del petróleo del delta del Níger, donde están las reservas más importantes del continente, ofreció unas imágenes salvajes de pobreza y hambre que dieron la vuelta al mundo, lo que tuvo como consecuencia la creación en 1971 de la organización Médicos Sin Fronteras.

Idi Amin Dada derrocó en Uganda la dictadura de Milton Obote en 1971 e inició un verdadero genocidio contra los grupos étnicos acholi y lango que precipitó la muerte de más de doscientas cincuenta mil personas. Con el pretexto de consolidar su poder dentro de una guerra civil, las milicias gubernamentales sembraron el pánico en el norte del país con una crueldad y un sadismo aterradores. Dada, quien es popularmente conocido por su presunta tendencia caníbal, fue interpretado por Forest Whitaker en el film *El último rey de Escocia,* de Kevin MacDonald, en 2006.

En Camboya, de 1975 a 1979, el régimen comunista de Pol Pot buscó la supremacía étnica de los Jemeres Rojos en el país y con este fin asesinó a más de dos millones de personas, de entre los que fue especialmente perseguida la etnia cham. El Gobierno camboyano de la Kampuchea Democrática evacuó, bajo amenaza de un inminente ataque aéreo estadounidense, las zonas urbanas y obligó a la población a adentrarse en las selvas del norte del país. El éxodo masivo no esperó a niños, ancianos y enfermos, los cuales eran abandonados, así como asesinados aquellos que se resistían a la migración. Cuando llegaron a cientos de kilómetros de distancia de sus casas, los Jemeres disolvieron las familias, violaron a muchas mujeres, sometieron a trabajos forzados a la población y exterminaron a los débiles, intelectuales y disidentes.

La brutalidad de los Jemeres Rojos al amparo de un proyecto maoísta fue escalofriante, es conocida la clasificación y exhibición de esqueletos que hacían de sus víctimas como botín de guerra, tal y como aparece en la fotografía. El régimen de Pol Pot instaló campos de concentración y centros de tortura en todo el territorio, el más célebre de los cuales fue el de Tuol Sleng, una antigua escuela que se convirtió en una terrible prisión donde perdieron la vida unas trece mil personas. Este centro, que era conocido por los campesinos de los alrededores como «el lugar donde se entra pero no se sale», es en la actualidad el Museo del Genocidio.

La descolonización del Imperio otomano dejó la región del Kurdistán sin estado y bajo administración esencialmente de cuatro países, Turquía, Siria, Irán e Irak, lo que convirtió a los kurdos en una minoría incómoda y perseguida a nivel político y cultural. En el transcurso de la guerra contra Irán, el Gobierno iraquí de Saddam Hussein impulsó una campaña genocida contra el pueblo kurdo con el uso de armas químicas (gas mostaza, gas venenoso y gas nervioso) causando alrededor de doscientas mil víctimas. Cuando en 1988 ya se intuía el final bélico entre sunnitas y chiítas, Hussein intensificó el exterminio étnico provocando hambrunas con la quema de cosechas y masacres en masa, como el gaseamiento del 17 de marzo en la ciudad de Halabja, donde murieron más de cuatro mil personas, para forzar la emigración kurda del país.

El final de la Guerra Fría acabó con la financiación económica y militar de las grandes potencias capitalistas y comunistas a las dictaduras africanas, lo que llevó a una oleada de democratización durante la década de 1990 que paradójicamente provocó luchas étnicas para hacerse con el poder del Estado y el control de sus recursos. La codicia, la miseria y el odio tribal arrastraron a los pueblos africanos a durísimas guerras civiles y a millones de refugiados. Uno de estos enfrentamientos dejó un mínimo de cien mil muertos en Sierra Leona entre 1991 y 2002. El RUF, siglas en inglés del Frente Revolucionario Unido, de Foday Sankoh, perteneciente a la etnia de los temne, inició una campaña de terror en las selvas del sureste del país, con la ayuda posterior del presidente liberiano Charles Taylor, contra la hegemonía de la etnia mende que representaba el presidente Valentine Strasser. Las guerrillas del RUF vendían diamantes a cambio de armamento para sufragar la guerra (los conocidos como «diamantes de sangre») y se caracterizaron por la crueldad de sus acciones, como las mutilaciones y violaciones en masa contra la población civil, y por el exterminio de los mende. Asimismo salió a la luz pública internacional el secuestro de «niños soldado» que actuaban, drogados habitualmente, en el frente de batalla y «niñas soldado» que servían como esclavas sexuales. No es una realidad tan lejana como podríamos imaginar; en 2011 la ONG Amnistía Internacional cifra en más de trescientos mil los menores que están luchando en distintas guerras de países en desarrollo.

La lucha endémica por la supremacía del poder en Ruanda condujo al país a uno de los más trágicos exterminios de la historia en apenas tres meses. De abril a julio de 1994 ochocientos mil hutus moderados y tutsis fueron asesinados en manos de las milicias radicales hutus de los *interahamwe* (los que luchamos juntos) siempre alentadas desde la radio *Mil Colinas*. El genocidio fue macabramente planificado y ejecutado con armas, machetes y martillos que habían financiado el Banco Mundial, el Fondo Monetario Internacional, el Gobierno belga y el francés. Las tropas de las Naciones Unidas desplazadas en la región, lejos de intervenir para impedir la masacre, se limitaron a facilitar la repatriación de los extranjeros.

En Europa parecía que no podría volver a suceder un genocidio pero la desintegración de Yugoslavia en la década de 1990 trajo consigo el horror. En el contexto de la Guerra de Bosnia, el presidente de Serbia Slobodan Milosevic, el líder bosnio proserbio Radovan Karadzic y el jefe militar Ratko Mladic, ordenaron entre el 13 y el 22 de julio de 1995 la ejecución en Srebrenica, al este de la región, de más de ocho mil varones bosnios musulmanes. La masacre, que acabó con ejecuciones sumarias de niños, ancianos y mujeres, se produjo en una zona que estaba custodiaba por cuatrocientos cascos azules holandeses de la ONU, quienes se mostraron impasibles ante la campaña de limpieza étnica serbia. Tras la Guerra de Bosnia, durante la Guerra de Kosovo en 1998 y 1999, las fuerzas militares de Milosevic perpetraron de nuevo una persecución racial, esta vez contra los albaneses de la región, lo que obligó a decenas de miles de personas a exiliarse.

El exterminio ruandés provocó la mayor oleada de refugiados de la historia; de los dos millones de exiliados, más de un millón doscientos mil llegaron a la República Democrática del Congo, un país que estaba sumido en una gran crisis política y económica. El contraste existente entre la miseria de la población, la hambruna, el analfabetismo y las abundantes riquezas minerales del este y el sur del país (oro, diamantes, cobre y coltán) provocaron la Primera Guerra del Congo, entre 1996 y 1997, y la Segunda Guerra del Congo, también conocida como Gran Guerra de África, entre 1998 y 2003. Ambas guerras, que dejaron un desolador bagaje de casi cuatro millones de muertos, fueron un desastre humanitario de tal magnitud que contó con episodios, nada puntuales, de exterminios étnicos y violaciones masivas a mujeres de las tribus vencidas. Estas guerras, junto a los conflictos locales que aún persisten, han sido vergonzosamente ignoradas por la comunidad internacional. En estos momentos los problemas de desnutrición, epidemias y sida, extendido a causa de los abusos sexuales, acechan a las poblaciones de esta región.

El último de los genocidios que analizamos es el que tuvo lugar en Darfur, en el oeste de Sudán, donde se desarrolló un conflicto militar entre 2003 y 2009 que provocó más de doscientos mil muertos. Sudán, uno de los países más pobres del mundo había sufrido más de treinta años de guerra cultural y religiosa entre el norte árabe y musulmán y el sur cristiano y animista. A pesar de ello el origen del Conflicto de Darfur, donde la mayoría de la población era musulmana, no fue la religión sino la raza. Las milicias árabes de los yanyauid, formadas por las tribus abbala y baggara, con el apoyo del Gobierno sudanés de Omar Al Bashir, intentaron el genocidio de las tribus de raza negra, los fur, los masalit y los zaghawa.

La Corte Penal Internacional (también conocida como Tribunal Penal Internacional o TPI), con sede en la ciudad holandesa de La Haya y en funciones tras la Guerra Fría, es la audiencia encargada de juzgar los crímenes de guerra, la tortura, la esclavitud y el genocidio en el mundo. En abril de 2011, ciento catorce países han ratificado el Estatuto de Roma de 1998, la carta que define las competencias jurídicas del organismo, pero países de tanto peso demográfico y político como Estados Unidos, Rusia, China, India o Israel aún no han reconocido el tribunal.

Mao Zedong continúa siendo un referente en China; la dictadura comunista continúa minimizando y ocultando el mayor genocidio del siglo xx. El Gobierno británico nunca asumió su responsabilidad en el intento de exterminio de los ibo en Biafra, mientras que compañías petrolíferas como la Shell siguen explotando las riquezas minerales del delta del Níger. Idi Amin Dada, tras ser depuesto en 1979, huyó de Uganda y se refugió en Tanzania camino de Arabia Saudita, donde disfrutó de su vejez hasta que falleció en el año 2003. Saloth Sar, conocido como Pol Pot, perdió el poder de Camboya en 1979 y estuvo refugiado en la selva del norte del país durante casi veinte años; enfermo y juzgado por su propia guerrilla Jemer, murió en prisión en 1998. En 2006 se creó un tribunal en Camboya para juzgar a los líderes Jemeres vivos y cómplices del genocidio.

Saddam Hussein fue detenido por Estados Unidos en el tramo final de la Segunda Guerra del Golfo (2003), tras lo cual el nuevo Gobierno formó el Alto Tribunal Iraquí, que lo juzgó por el genocidio kurdo, siendo declarado culpable y colgado en diciembre de 2006. Foday Sankoh fue detenido en una operación con participación británica en el año 2000; juzgado a partir de 2002 como líder del RUF, falleció un año después en prisión a la espera de la sentencia. Charles Taylor perdió el poder de Liberia en 2003 y se refugió en Nigeria hasta 2006, cuando fue entregado para ser juzgado en Sierra Leona. Ante la tensión regional que podía suscitar el juicio, Taylor fue extraditado en 2007 a Holanda, pero a mediados de 2011 aún espera juicio en el TPI. La Corte Penal Internacional sí se ha mostrado eficiente para los genocidios de Ruanda, donde más de setecientas personas han sido condenadas como partícipes del exterminio tutsi de 1994 en los juicios que se están llevando a cabo en Arusha (Tanzania), y de la Guerra de Bosnia. En este sentido Milosevic fue detenido en Serbia en 2001 y extraditado para ser juzgado en La Haya por los crímenes de guerra que ordenó en la década de 1990. Murió durante la celebración del juicio en su celda, en extrañas circunstancias, en marzo de 2006. Los dos máximos responsables del genocidio de Srebrenica han sido recientemente detenidos, Karadzic en julio de 2008 y Mladic en mayo de 2011, y entregados al TPI para ser juzgados. También el presidente sudanés Omar Al Bashir ha sido condenado por La Haya por el genocidio de Darfur, aunque continúa como presidente de Sudán. Pese a ello, la presión internacional ha precipitado los acuerdos de paz del Gobierno sudanés para acabar con la endémica guerra civil del país, lo cual ha provocado la independencia de la región sureña y el nacimiento en julio de 2011 de un nuevo país: la República del Sudán del Sur.

LA MEMORIA DE LAS VÍCTIMAS ES LA HERENCIA DEL SIGLO XXI

Desde el ocaso del nazismo en 1945 se crearon monumentos, memoriales y museos en honor a las víctimas de la *Shoah,* aunque el proceso de normalización para la recuperación de la memoria histórica como un valor de responsabilidad ética, cultural y patrimonial de los pueblos no maduró hasta la década de 1980. Fue entonces cuando los gobiernos, las agrupaciones locales, las comunidades judías y las asociaciones de supervivientes establecieron espacios para el recuerdo del Holocausto en cada uno de los lugares simbólicos donde se habían desarrollado los dramáticos acontecimientos. Los centros que conmemoran la tragedia son lugares para el duelo de los que padecieron o sufrieron, y el vivo testimonio del horror que ha de servir para la difusión de la barbarie y la educación de las futuras generaciones.

En numerosas ciudades del mundo, especialmente en los países europeos que vivieron las persecuciones en su propio territorio, como Alemania, Austria, Polonia, Bélgica, Holanda, Chequia, Hungría, Rumanía, Italia, Francia, Lituania, Letonia o Ucrania, se han erigido museos para el recuerdo del Holocausto. También se han levantado memoriales en ciudades como Sudáfrica, Australia, China, Argentina, Canadá,

Japón o los muchos existentes en Estados Unidos. En la actualidad algunos de los más significativos son: el memorial del gueto de Varsovia y el de Lodz, el

A pocos kilómetros de Cracovia en el sur de Polonia está el museo más visitado (1,38 millones de personas en 2010) del Holocausto, Auschwitz. El *arbeit macht frei* da paso a barracones de piedra que guardan fotografías de presos, montones de latas, cazos, peines, gafas, zapatos, prótesis, así como maletas —en la fotografía— con las inscripciones que hacian los reclusos al llegar al campo con la esperanza de recuperarlas después. En el bloque 11 las celdas de castigo y tortura, más allá de las alambradas la horca en que fue colgado Höss, una cámara de gas y hornos crematorios. Tres kilómetros separan el recinto de Birkenau, donde las vías de tren llegan a su fin; barracones de piedra a la izquierda y de madera a la derecha. En el interior, las letrinas y literas nos recuerdan la vida de las víctimas.

monumento de Rumbula Forest en Riga y el «Contra la Guerra y el Fascismo» en Viena, el Memorial del Holocausto en Budapest, Berlín o París, la Casa Marlier en Wannsee y la de Ana Frank en Ámsterdam, el Museo Memorial Conmemorativo del Holocausto en Washington y el Museo Yad Vashem de Jerusalén. Los campos de concentración alemanes, austriacos y checos se han convertido en memoriales y museos, como el de Terezín (Theresienstadt), Dachau, Mauthausen, Bergen-Belsen, Buchenwald, Ravensbrück o Sachsenhausen, así como los campos de exterminio polacos de Belzec y Treblinka, Majdanek-Lublin o Auschwitz-Birkenau.

En 2005 las Naciones Unidas establecieron el 27 de enero como Día Internacional de Conmemoración en Memoria de las Víctimas del Holocausto, día de 1945 en que las tropas soviéticas liberaron Auschwitz. En Israel se celebra el Yom Hashoah *('Día del recuerdo de la Shoah')*, el 27 Nisán del calendario lunar hebreo, día nacional desde 1959. Debería haber sido el 15 Nisán, coincidiendo con el aniversario de la revuelta del gueto de Varsovia el 19 de abril de 1943, pero finalmente se estableció el 27 Nisán, a finales de abril de nuestro calendario. El Yom Hashoah es un día festivo para la memoria de las víctimas y a las diez de la mañana suenan las sirenas aéreas durante dos minutos, en los cuales paran los vehículos y las personas permanecen en silencio. Es un día en el que la gente se reúne alrededor de los monumentos conmemorativos, se realizan lecturas, oraciones y cánticos y los supervivientes comparten sus experiencias.

Explicar el Holocausto ha sido el objetivo de este libro. En la memoria quedarán los discursos antisemitas, los pogromos, los primeros campos de concentración, el programa de eutanasia para enfermos, los presos convertidos en esclavos para fábricas, la miseria de los guetos y el cinismo del *judenrat,* las masacres de los *einsatzgruppen,* el colaboracionismo de los países europeos, la Solución Final, las deportaciones y las condiciones de los trenes, los camiones de Chelmno, el salvaje desorden en Treblinka, los experimentos médicos, las hambrunas y epidemias, las cámaras de gas y los hornos crematorios, el exterminio de Birkenau o las dramáticas marchas de la muerte. Se puede explicar todo esto, pero ¿cómo expresar el miedo, la humillación, la tristeza o el sufrimiento de las víctimas? Quienes estuvieron en los campos nazis recuerdan más la carga psicológica y la angustia de sus experiencias que cualquier otra cosa: los silencios infinitos de los barracones, la complicidad de las miradas entre presos, las lágrimas en la separación de las familias, el olor a carne humana que salía de los hornos o la incertidumbre ante ejecuciones aleatorias. Mujeres violadas que tienen que volver a sonreír ante sus verdugos, padres que ven morir a sus hijos, cuerpos esqueléticos que no pueden abrazarse, compañeros que ceden su comida a los más necesitados, la asfixia, el olor y el calor de trenes sin ventanas, el frío de las mañanas en recuentos interminables, la imposibilidad de enfermar para continuar siendo útiles, amigos que se suicidan ante tus ojos porque ya no aguantan más, los desfallecimientos por cansancio en las marchas del final de la guerra, el optimismo como único antídoto para sobrevivir, la desesperanza de un éxodo sin camino, la deshumanización de la vida o la durísima mentalidad de acostumbrarse a la muerte. La gran fuerza y crueldad de todo lo que hemos visto es ser conscientes, otra vez, de que ha pasado y es real. Recordar y explicar el Holocausto es el pequeño homenaje que podemos hacer a las víctimas, aprender la historia ayuda a entender el presente, como vemos en Israel y Palestina, y debe evitar que las barbaries se repitan. La retórica ética y moral que conmueve nuestras conciencias es sana, pero nuestra actitud y mirada debe ser crítica ante el mundo que nos rodea. Hoy no son Alemania, Croacia o Bulgaria, sino Costa de Marfil, Nigeria, Siria o Afganistán; hoy las ciudades no son Berlín, Budapest o Cracovia, sino Trípoli, Bagdad o Mogadiscio; hoy en día los protagonistas no son Himmler, Eichmann o Heydrich sino Al Bashir, Mladic o Bernard Munyagishari.

> *Si el libro que leemos no nos despierta de un puñetazo en el cráneo, ¿para qué leerlo? Un libro tiene que ser el hacha que rompa nuestra mar congelada.*
>
> Franz Kafka

Bibliografía

ABELLÁN, Joaquín. *Nación y nacionalismo en Alemania. La cuestión alemana (1815-1990)*. Madrid: Editorial Tecnos, 1997.

ARACIL, Rafael; OLIVER, Joan y SEGURA, Antoni. *El mundo actual. De la Segunda Guerra Mundial a nuestros días*. Barcelona: Edicions Universitat de Barcelona, 1995.

ARENDT, Hannah. *Los orígenes del totalitarismo*. Madrid: Alianza Editorial, 2005.

—, *Eichmann en Jerusalén*. Barcelona: Editorial DeBolsillo, 2006.

BARGHOUTI, Mustafá. *Permanecer en la montaña. Conversaciones sobre Palestina*. Barcelona: Editorial Icaria, 2006.

BELENGUER, Elisenda. *Neus Català. Memoria i lluita*. Barcelona: Ediciones DeBarris, 2006.

BENZ, Wolfgang y GRAML, Hermann (eds.). *Historia universal. El siglo XX. Europa después de la Segunda Guerra Mundial, 1945-1982*. Madrid: España Editores, 1986.

BOLINAGA, Iñigo. *Breve Historia del fascismo*. Madrid: Ediciones Nowtilus, 2008.

BOURKE, Joana. *La Segunda Guerra Mundial. Una historia de las víctimas*. Barcelona: Ediciones Paidós, 2002.

CATALÀ, Neus. *De la resistencia y la deportación. 50 testimonios de mujeres españolas*. Barcelona: Ediciones Península, 2005.

CAVERO, Juan Pedro. *Breve Historia de los judíos*. Madrid: Ediciones Nowtilus, 2011.

COHEN, Asher. *La Shoah*. Bilbao: Editorial Desclée de Brouwer, 1992.

COURTOIS, S. y WIEVIORKA, A. (coords.). *L'État du monde en 1945*. Paris: Ed. La Decouverte, 2005.

DAWIDOWICZ, Lucy Schildkret. *The war against the jews, 1933-1945*. New York: Banatam Books, 1976.

DWORK, Déborah y VAN PELT, Robert Jan. *Holocausto. Una historia*. Madrid: Ediciones Algaba, 2004.

EBAN, Abba. *El Holocausto.* Jerusalén: Yad Vashem, 1990.

FARIAS, Víctor. *Heidegger y su herencia. Los neonazis, el neofascismo y el fundamentalismo islámico.* Madrid: Editorial Tecnos, 2010.

FEST, Joachim. *Hitler. Una biografía.* Barcelona: Editorial Planeta, 2005.

FRANK, ANA. *El diario de Ana Frank.* Barcelona: Editorial DeBolsillo, 2003.

FRIEDLÄNDER, Saul. *El Tercer Reich y los judíos (1939-1945): los años del exterminio.* Barcelona: Editorial Galaxia Gutenberg, 2009.

GALLEGO, Ferrán. *De Auschwitz a Berlín: Alemania y la extrema derecha, 1945-2004.* Barcelona: Editorial Plaza y Janés, 2005.

GOLDENSHON, Leon. *Las entrevistas de Núremberg.* Barcelona: Editorial Taurus, 2004.

GOLDHAGEN, Daniel Jonah. *Los verdugos voluntarios de Hitler. Los alemanes corrientes y el Holocausto.* Madrid: Editorial Taurus, 1998.

HEADLAND, Ronald. *Messages of murder. A study of the reports of the einsatzgruppen of the Security Police and the Securety Service, 1941-1943.* Pennsylvania: Ediciones Universidad de Dickinson, 1992.

HERNÁNDEZ, Jesús. *Breve Historia de la Segunda Guerra Mundial*. Madrid: Ediciones Nowtilus, 2006.

HERF, Jeffrey. *The jewish enemy: nazi propaganda during World War II and the Holocaust*. Massachusetts: Ediciones de la Universidad de Harvard, 2006.

HERZL, Theodor. *El estado judío*. Barcelona: Ediciones Riopiedras, 2004.

HILBERG, Raul. *La destrucción de los judíos europeos*. Madrid: Editorial Akal, 2005.

HILGEMANN, Werner y KINDER, Hermann. *Atlas histórico mundial II*. Madrid: Ediciones Istmo, 1994.

IRVING, David. *La guerra de Hitler*. Barcelona: Editorial Planeta, 1978.

JOHNSON, Paul. *La historia de los judíos*. Barcelona: Ediciones B, 2004.

KERSHAW, Ian. *Hitler, los alemanes y la Solución Final*. Madrid: La Esfera de los Libros, 2009.

LEVI, Primo. *Los hundidos y los salvados*. Barcelona: Editorial El Aleph, 2000.

MASALHA, Nur. *Políticas de la negación. Israel y los refugiados palestinos*. Barcelona: Ediciones Bellaterra, 2005.

MAZOWER, Mark. *El imperio de Hitler*. Barcelona: Editorial Crítica, 2011.

MILMANIENE, José E. *El Holocausto: una lectura psicoanálitica*. Buenos Aires: Ediciones Paidós, 1996.

MORENO, Paz. *En el corazón de la zona gris. Una lectura etnográfica de los campo de Auschwitz*. Madrid: Editorial Trotta, 2010.

OVERY, Richard. *Interrogatorios. El Tercer Reich en el banquillo*. Barcelona: Editorial Tusquets, 2003.

PARKER, Robert Alexander Clarke. *Historia de la Segunda Guerra Mundial*. Zaragoza: Prensas Universitarias de Zaragoza, 1998.

PAYNE, Stanley G. *Historia del fascismo*. Barcelona: Editorial Planeta, 1995.

PLANTIN, Jean. *Paul Rassinier (1906-1967), socialiste, pacifiste, révisionniste*. Lyon: Universidad Jean Moulin, 1990.

RAMONET, Ignacio. *Guerras del siglo XXI*. Barcelona: Editorial Mondadori, 2004.

REES, Laurence. *Auschwitz. Los nazis y la Solución Final*. Barcelona: Editorial Crítica, 2007.

RHODES, Richard. *Amos de la muerte. Los SS Einsatzgruppen y el origen del Holocausto*. Barcelona: Editorial Seix Barral, 2005.

ROIG, Montserrat. *Els catalans als camps nazis*. Barcelona: Ediciones 62, 2001.

ROSEMAN, Mark. *La villa, el lago, la reunión. La Conferencia de Wannsee y la Solución Final*. Barcelona: RBA Editores, 2002.

ROSENBERG, Alfred. *El mito del siglo XX*. Madrid: Editorial Retorno, 2006.

SALA, Rosa. *Diccionario crítico de mitos y símbolos del nazismo*. Barcelona: Ediciones El Acantilado, 2003.

SARCINELLI, Franco. *Vida y muerte en los campos de concentración y de exterminio*. Barcelona: Editorial De Vecchi, 1973.

SEGURA, Antoni. *El món àrab actual*. Gerona: Editorial Eumo, 1997.

SEMPRÚN, Jorge. *El largo viaje*. Barcelona: Editorial Tusquets, 2004.

SHAW, Warren y WHEAL, Donald James. *The penguin dictionary of the Third Reich*. London: Penguin Books, 1997.

TRALLERO, Mar. *Neus Català. La dona antifeixista a Europa*. Barcelona: Ediciones Raval, 2008.

VIDAL, César. *El Holocausto*. Madrid: Editorial Alianza, 1995.

VIDAL-NAQUET, Pierre. *Los judíos, la memoria y el presente*. México: Fondo de Cultura Económica, 2002.

VV. AA. *El África que viene*. Barcelona: Intermón Oxfam, 1999.

VV. AA. *La deportación: el horror de los campos de concentración*. Barcelona: Librería Universitaria, 2005.

WESTERMANN, Edward B. *Hitler's Police Battallions: enforcing racial war in the East*. Kansas: Universidad de Kansas, 2005

WIESEL, Elie: *La noche*. Barcelona: Editorial El Aleph, 2002.

WIEVIORKA, Michel. *El espacio del racismo*. Barcelona: Editorial Paidós, 1992.

WISTRICH, Robert. *Hitler y el Holocausto*. Barcelona: Editorial Mondadori, 2002.

BREVE HISTORIA
www.BreveHistoria.com

Hágase amigo de **Breve Historia** en Facebook

Visite la web y descargue fragmentos gratuitos
de los libros, participe en los foros
de debate y mucho más.

www.ingramcontent.com/pod-product-compliance
Lightning Source LLC
Chambersburg PA
CBHW070605170426
43200CB00012B/2593